保育が見える おたよりづくりガイド

よりよい情報発信のために

大豆生田 啓友＝著

赤ちゃんとママ社

はじめに――「発信力」が大切な時代を迎えて

社会の変化とともに、保育の制度やあり方が大きく変わろうとしています。これからは、親たちが、わが子や自分たちにとってふさわしい園はどこなのか、一層厳しい目で園を選ぶ時代になるでしょう。園によって保育の特徴はそれぞれ異なりますので、園側は、自分たちを選んでもらえるよう、わかりやすく情報を発信し、アピールしていくことが、より重要になるでしょう。

その第一歩として取り組んでいただきたいのが、在園児の保護者に向けての発信です。今、あなたが働く園では、**保護者に園やクラスの魅力が十分伝わっているでしょうか？** それらがきちんと伝わっている園では、保護者の満足度はとても高い傾向にあります。そして保護者の園や保育者に対する安心感があり、感謝の気持ちが強く、保護者と保育者（園）の信頼関係が非常に強い。加えて、保護者の行事などへの協力意識が高いため、**保護者同士の関係も良好、園のファンにもなっている**――と良い結果ばかりが生まれているのです。

実は、私が「おたより」が持つ力のすごさを知ったのは、長男が小学校に入ったときでした。小学校は送り迎えがないので、学校のことは見えにくいと予想していました。しかし、担任の先生はクラスだよりを頻繁に発行してくれました。そこには写真とエピソードが満載で、紙面から先生の思いがあふれ、わが子の様子だけでなく、クラスメートのことが手に取るようにわかりました。日々のことがきちんと伝わってくるおたよりのおかげで、クラスの親たちは学校に対する満足度が上がり、先生のファンになりました。親同士の結びつきも強まり、学校への態度も協力的になっていったのです。

そこで気づいたのです。**「おたよりの持つ発信力って、なんてすごいのだろう」**と。そしてそのカギは、**「子どもの魅力的な姿や育ちを具体的に伝えることにある」**とわかったのです。

私は数年前、「おたよりを魅力的に変えよう！」というテーマで1年間、ある保育研修会にかかわりました。みなさん、多忙な中でおたよりについて見直しました。その結果、一様に保護者からたくさんのいいリアクションがありました。そうです。**保育者が発信の内容や方法を変えれば、親とのかかわりが変わる**のです。

本書では、子どもの姿や保育について、積極的に発信している園の実例を紹介しています。発信方法として、最近ではブログなどインターネットを使ったものも増えてきています（本書では、それらについても触れていますので、ぜひ参考にしてください）。形、スタイルは様々ですが、大事なことは「子どもの姿や園での育ちを具体的に伝える」ことです。

乳幼児期の子どもたちが、園での日常的な遊びや生活を通して、大事な学びや成長をしている。そのすごさを多くの保護者に伝えたい。——現場の先生方の願いは、私の願いでもあります。

本書は、園からの発信を機に、子ども・園・保護者・地域が、ともに育ち合う21世紀型の保育が全国でデザインされることを願って作成しました。多くの関係者に読んでいただき、お役立てくださされば幸いです。

大豆生田　啓友

保育が見える おたよりづくりガイド・目次

3 4月から3月までのおたより 実例と解説 …… 33

4 クラスだより以外のおたより …… 83

＊この本は、弊社発行の「つたえる&つたわる 園だより・クラスだより 保護者とのコミュニケーションの新手法」に加筆・修正したものです。

1

親にとってのおたよりとは

ここでは、園の保護者を対象に実施したおたよりについての
アンケート結果を紹介します。普段、なかなか聞くことができない保護者の
率直な声をもとに、今、どんなおたよりが必要なのか考えてみましょう。

おたよりは、家庭でどれだけ読まれ、活用されているか？

おたよりは園全体で取り組む価値がある

私が保育の中で、おたよりに注目しはじめたのは、自分が親の立場になり、長男が小学校に入ったのがきっかけでした。

それまで私は、保育の現場で「親が園に協力してくれない」など、親への不満をよく耳にしていました。しかし、自分が保護者の立場になると、親の側の不満も理解できるようになってきました。自分の子どもが園で毎日どのように過ごしているのか、園の先生がどのようにわが子をみてくれているのかが、なかなか伝わってこなかったからです。

私は保育にかかわる者として、保育者のみなさんが、一人一人の子どもをみつめ、どうすれば子どもたちの成長を促していけるのか、日々、工夫を凝らしておられることを知っています。しかし、そのような保育者の思いも、園の外からは見えにくいものだということに、自分が親になって気づきました。なぜなら園は、中で何が行われているかわからないブラックボックスになりやすいからです。

園での保育の様子が、家庭に伝わりにくいのはなぜでしょう。いろいろな理由がありますが、園だよりやクラスだよりといったおたよりの類も要因の一つではないかと思います。残念ながら、子どもたちの育ちの素晴らしさやみなさんの思いや頑張りが「伝わっている」とはいえないおたよりも、まだまだ多いのではないでしょうか。

親と保育者が子育てのパートナーとしてつながっていくためには、保育者からの情報発信が大切です。園からの情報発信の役目を担うおたよりは、園全体で力を入れていく価値のあるものだと考えます。

以下のアンケートは、保護者への発信に力を入れている園の保護者を対象に行ったものです。今後の参考にしてみてください。子どもの姿を伝えるおたよりが、保護者にとっていかに意味のあるものかがよくわかります。

◎**調査対象**
保育園・幼稚園の保護者１０３人

◎**調査方法**
園からアンケート依頼状を配布後、ＷＥＢにて回答

◎**質問数**
７問（うち記述回答＝３問）

Q1 園からのおたよりを読んでいますか？

（クラスだより、園だより、その他園からのおたよりすべてについてご回答ください）

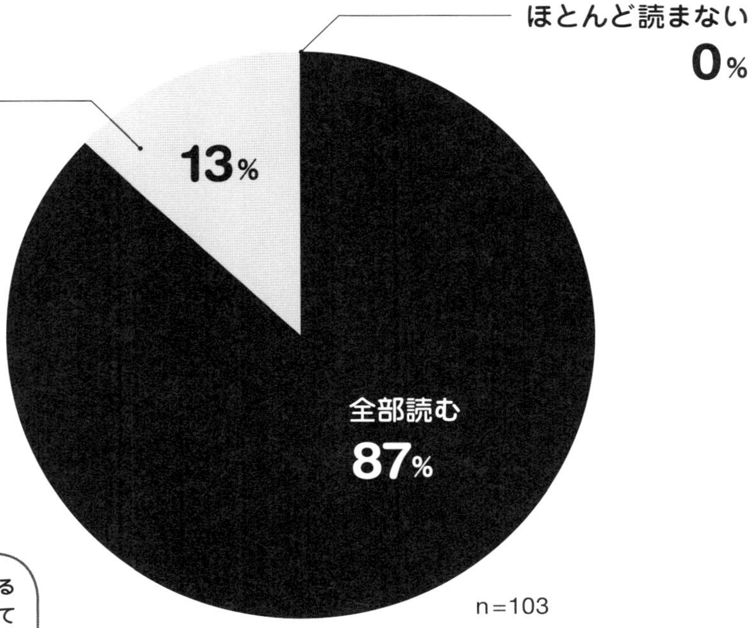

Q2 園からのおたよりを配布されたとき以外に読みかえすことはありますか？

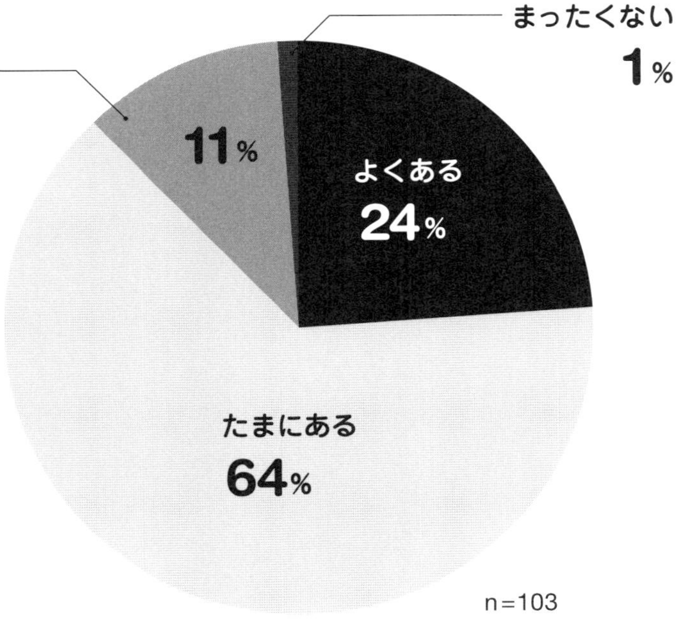

Q3 園からのおたよりの内容について ご家庭で話をすることは ありますか？

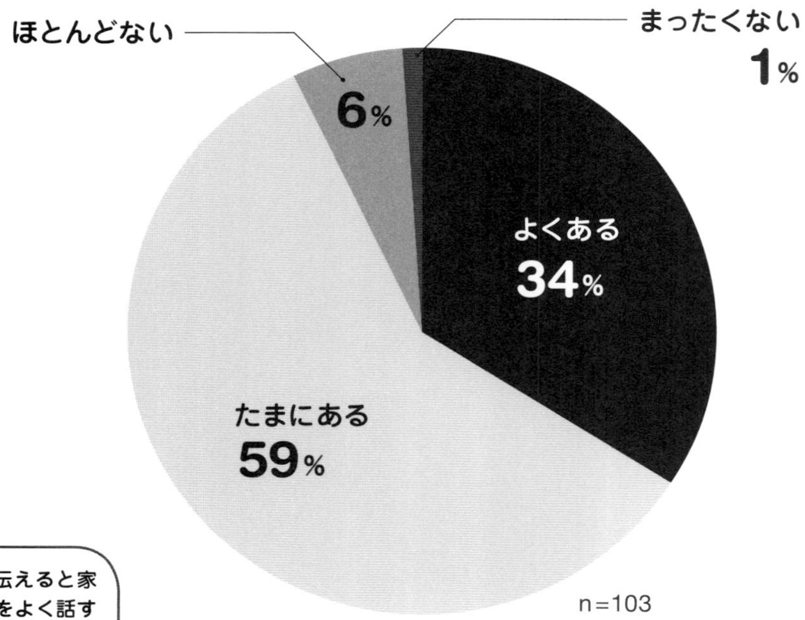

子どもの姿を伝えると家庭で園のことをよく話すようになります。

Q4 園からのおたよりを 保存していますか？

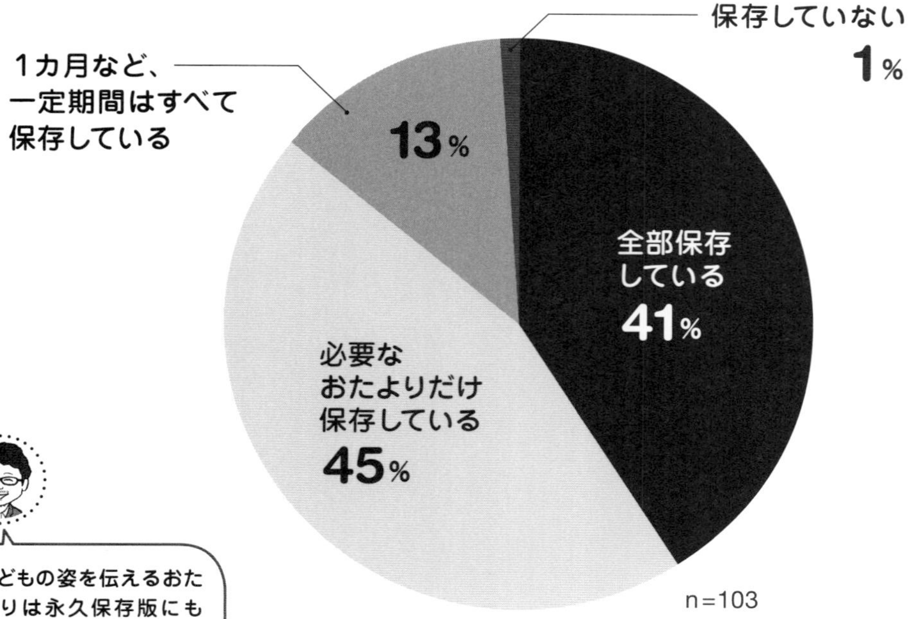

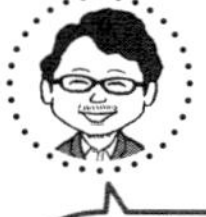

子どもの姿を伝えるおたよりは永久保存版にもなっています。

Q5 園からのおたよりで、役立っている、良かった、嬉しい、おもしろい、と思うことはどんなことですか？

▼園での子どもたちのかわいいエピソードで、自分の子どもの名前が出てくると嬉しいです。（保育園／6歳・3歳）

▼自分の子どもの様子を書いてもらえると嬉しい。遊びについて具体的に書いてあると、家でもやってみたくなる。（保育園／4歳・3歳）

▼やはり、子どもたちの様子がわかるクラスだよりが一番楽しみです。どんな遊びをして、何がみんなの中で流行っているのかがよくわかります。子どもが家で歌っているめちゃくちゃな歌が何だったのか、解明できるのもクラスだよりです。保健だよりも、その時期に流行る感染症の症状や対処法がわかり、大変参考になります。（保育園／5歳・2歳・0歳・0歳）

▼子どもたちの日常が目に浮かぶような文章で書いてあるので、楽しく読ませてもらっています。役に立つといえば、つい先日のおたよりに『わが子の好きな料理』という企画があり、レシピが紹介されていたので、今度作ってみたいと思いました。先生方の日誌も載っていて、それに対する園長先生のコメントにしばしば感涙しています。（保育園／4歳・1歳）

▼保健だよりや成長についての解説（○歳児はこういう時期、などの話）は、忙しい日々において、よい情報源です。園内での様子などのエピソードは楽しく読んでいます。（保育園／0歳）

▼他のご家庭の様子がわかり参考になる。（保育園／3歳）

▼園で散歩に行く場所の説明や普段の園生活のタイムスケジュールがわかり、役に立ちました。（保育園／2歳）

▼子どもたちの園での姿が載っていると、家庭では見えない姿を知ることができて楽しいです。（保育園／5歳・5歳）

▼今日は何をして、どんな反応をしたなど、日々の様子がわかると、言葉の説明がうまくできない年齢の場合に助かる。写真つきだと楽しい表情も見られて、親子でその日の振り返りをするのが楽しい。これからの行事に向けての準備が早々にわかると役立つ。（保育園／4歳）

▼先生の目から見た子どもの姿についての報告や解説。子ども同士のかかわりについて。今の子どもたちのブームや歌。（保育園／5歳・3歳・0歳）

▼園生活の流れや様子がわかると、子どもとのコミュニケーションが取りやすい。親としてもリアクションに困ることなく、会話ができるので有り難い。（保育園／3歳・1歳）

▼園長先生をはじめ、いろいろな先生方の目線を感じられるのでとても楽しく、気持ちの共有ができるようで心が温まります。（保育園／5歳）

▼毎回、いろいろな特集があって、その都度役立っている。また、子どもたちの様子が写真入りなのでよく知ることができる。給食についてや感染症、来月の予定なども書かれてあり、助かる。保護者がおたよりの編集委員に入っているので、親が知りたい情報を特集に持ってくることができ、良いと思う。（保育園／6歳）

▼各イベントの日時確認。職員の異動や職員の結婚なども知ることができ、役立つ。（保育園／6歳）

▼子どもの園での様子、他の家族の子育て方法などを知ることができるので良い。（保育園／1歳）

▼園での様子や行事などへの子どもの意気込みがよく伝わってくる。（保育園／5歳）

▼保育園のことがよくわかる文章や写真入りだと、子どもたちの表情や様子がとても理解でき、

嬉しいです。写真は、わが子が写っているものはもちろん嬉しいですが、他の子の様子も楽しそうだったり一生懸命だったりして、興味深いです。家庭と保育園の連携が大切だと思うので、保育園でどんなことをしているか、先生方にどのようなねらいや思いがあるのかを親が知ることに役に立っていると思います。保育園で取り組んでいることをおたよりで知り、子どもとの話題にしたり、家庭でも取り入れたりするようにしています。（保育園／4歳）

▼おたよりを読み、園の先生方に助けてもらい、一人で子育てをしていないと感じます。（保育園／6歳・3歳）

▼今、園でどんな取り組みをしているかわかる。クラスメイトの家族のことなど知ることができて、距離が縮まる気がする。写真付きなので見るだけでも楽しい。（保育園／5歳・1歳）

▼月1回のおたよりは、全クラスの様子が載っているので、自分の子の学年はもちろん読みますが、下の学年を読んで「去年、うちもこうだったなぁ」とか、上の学年を読んで「来年はこんなこともできるようになっちゃうんだ」と思って面白いです。時短レシピとかは、マネをしてときどき作っています。（保育園／3歳）

▼いろいろな情報が得られる。クラスを超えて、保育園のことがわかりやすい。（保育園／6歳・1歳）

▼子どもやクラスの様子、これからの成長における見通しがわかる。育児について参考になる。園長の考えや保育士について知ることができる。特集記事で他の家庭の様子や保護者との交流もわかるのでありがたい。（保育園／4歳）

▼保育園で子どもがどのように過ごしているのかがわかるのが楽しみ。また、他のクラスの様子や取り組み、成長の様子なども伝わってくるので、毎回楽しみにしている。（保育園／1歳）

▼園児ひとりひとりにフィーチャーする企画（命名の由来など）は読んでいて面白い。（保育園／0歳）6歳）

▼年長から年少までの学年を超えてのかかわり合いの様子、進級後の子どもたちの様子を丁寧に書かれていたおたよりは良かった。毎年最後のおたよりには、子どもたち一人一人についての特徴やメッセージが書かれているので、いつも楽しみ。（幼稚園／6歳）

▼子どもたちの発した言葉や、友達との細かいやり取り、心の動きを取り上げてもらえると、親の知らない部分がわかり面白い。「今、こんな病気が流行っている」といった情報は役立つ。実際、園からのおたよりで、子どもの頭じらみを発見できた。親としての心構えのようなものを、さりげなく教えてもらえた。（幼稚園／5歳）

▼先生の手書きなので、文章に温かみが感じられ、長文でも読みたくなる。子どもの様子が上手に文章で書かれているので、普段わからないクラスの様子がよくわかる。（幼稚園／5歳・5歳）

▼子どもの様子や流行っていることなどがイラスト入りで掲載されている記事は、とても興味深く読んでいます。入園して間もない頃、先輩ママの体操着の汚れの落とし方など、役立つ情報が掲載されていたのは嬉しかったです。（幼稚園／4歳）

▼一番面白いのは、やはり園での子どもたちの様子ですが、おすすめの絵本や育児本などの情報も楽しみにしています。（幼稚園／3歳）

▼先生の温かく専門的な視点での描写に、親としてハッと気づかされることが多々あります。（幼稚園／5歳）

Q6 園からのおたよりについて希望や不満などを教えてください。

▼クラスだよりに出るわが子の名前の回数が、他のお子さんに比べ極端に少ないことが気にかかります。これは不満ではなく、「ウチの子は、ちゃんとみんなの輪の中で遊べているのか？」「人としっかりコミュニケーションがとれているのか？」と不安になります。お友達同士・保育者とのかかわりやり取りについての記述が多い中、ほとんど登場しないので親としては心配です。こんな意見を出すと「ズルい！　他の子ばっかり…」と受け取られがちなので、直接申し上げることはないですが…。（保育園／5歳・2歳・0歳・0歳）

▼希望や不満はありません。種類ごとに用紙の色やサイズも統一されていて、わかりやすく、読みやすく、整理しやすいので、きちんとやってもらっていると思っています。（保育園／4歳・1歳）

▼園での子どもたちの写真を載せたら、より家庭内での話題が増えるのではないでしょうか。（保育園／1歳）

▼保護者との間で問題になっていることを、もっと取り上げて記事にしてほしい。（保育園／2歳）

▼園での生活の様子やこれからの行事に向けての見通しがわかる。一枚でいいので、少なくとも週一回での発行を希望したいです。（保育園／4歳）

▼楽しみではありますが、記事を書く依頼が結構な頻度でくるので少々困っています。年に1回程度であれば負担が少ないのですが…。親の負担する部分はもっと簡略化していただけると、枚数も少なくなると思います（園は経費削減や職員の負担について話されるので）。園行事に対しての感想を減らし、園の様子についての記事を増やしてほしいです。（保育園／5歳）

▼**低年齢の場合は、こまめにおたよりがもらえると安心。幼児の場合は、本人も話してくれるようになるので、月1回程度のおたよりでも心配が少ない。（保育園／5歳・3歳・0歳）**

▼用紙サイズのバラツキがあり、保管に不便を感じることもある。1色刷りであっても、内容を強調する方法などを工夫していただき、親の見落としがないような配慮あるおたよりを作ってほしい。毎月のおたよりや冊子の保管期間は悩ましく、またその処分方法も悩む（個人情報が記事になっているため）。（保育園／3歳・1歳）

▼毎月、おたよりのボリュームがかなりある園なので、編集や発行に関わる方々は大変かと思われます。先生方や保護者も、無理のない範囲で発行していただければと思います。（保育園／5歳）

▼毎回読み応えがあって、月に1回の発行でも十分情報が足りている。（保育園／6歳）

▼こまめにおたよりを発行してもらえるので、子どもの状況がよくわかる。その半面、配布頻度が多過ぎて、何が本当に必要な情報かが曖昧になると感じる時もある。（保育園／6歳）

▼不満はありません。（保育園／2歳）

▼紙面でもいいのですが、WEB版などがあると、いつでも見られていいなと思います。（保育園／5歳）

▼充実した内容のおたよりなので、園の様子を知ることができ、満足しています。今後も続けてほしいと願っています。（保育園／4歳）

▼もらうと、帰ってからすぐに読みたくなる。週末にゆっくり読めるので、金曜日の発行が嬉しいです。（保育園／6歳・3歳）

▼忙しいときに立て続けに原稿依頼がくると大

変。（最近はありませんが…）（保育園／5歳・1歳）

▼どの先生方もみなさん、しっかり書いておられると思います。忙しい中で、よく頑張ってくださっていると感じます。（保育園／3歳）

▼月1回のおたよりがとっても充実していて、役に立っています。週に何回か出るミニおたよりも嬉しいです。（保育園／6歳・1歳）

▼毎回、色々な企画があり、非常によいと感じている。家族紹介のページでは、普段会えないご家族のことを身近に感じられるので、とてもよい。できるだけ原稿協力はしたいと考えているが、年2回も同じテーマ（家族紹介）の原稿を依頼されてしまうと、何を書いていいのか困ってしまう。違う内容であれば大歓迎！　おたより係の方は、全体を把握するのは大変だと思いますが、それまで、原稿依頼をした家族とその内容を把握しておくとよいのでは？　原稿テーマを決めず、様式だけ決めて、フリーテーマで原稿を依頼するのも面白いかと思う。（保育園／1歳）

▼読みやすい字の大きさ、行間だと有り難い。吹き出しや絵などがある記事は、興味がわき伝わりやすく感じる。重要事項は別紙か、強調して文字が大きめだとありがたい。（保育園／6歳）

▼どのページも、手が込んでいて満足。（保育園／6歳）

▼園をお休みしてしまうと、連絡事項などを期日を過ぎて知ることが多いので、配布時期があらかじめわかると嬉しいです。（保育園／1歳）

▼特に不満に思ったことはありません（伝染病については、随時、掲示板でお知らせもありますので）。ノートに添付する形式から、時間短縮のため配布に変更されましたが、かえってしっかり見るようになりました。（保育園／3歳）

▼いつもこまめに、わかりやすくて丁寧なおたよりをいただき感謝しています。（保育園／6歳）

▼配布されるタイミングが遅いものがあるように感じます。（保育園／3歳）

▼毎年、同じ内容のお手紙があるので、重複するものはいらないです。（幼稚園／6歳）

▼あらかじめ決まっている行事や持ち物などは、なるべく早く教えてほしい。年間予定表に、もう少し日時が決まっている行事について記載してほしい。（幼稚園／3歳）

▼写真つきのクラスだより（子どもたち数人が写ってる写真10枚位で構成されているようなもの）を一学期に一枚でいいので、保存版として発行していただけるとうれしいです。（幼稚園／3歳）

▼日にちが間違っていることが多々あるので、情報が混乱する。きちんと校正してから発行してほしい。（幼稚園／5歳）

▼おたよりに写真が数枚載っているが、わが子が載ったことはなく不満。もっとまんべんなく載せてほしいです。（幼稚園／5歳）

▼配布枚数が多いため、読みかえす時にどこに書いてあったかな、なんて探すことがあります。（幼稚園／4歳）

▼誤字など見つけると、ちゃんとチェックしているのかな？　と思ってしまう。（幼稚園／6歳・3歳）

▼準備する物について、もう少し早めに知らせてほしい。家になく、買って用意しなければならないものもあるので、せめて一週間前には教えてほしい。（幼稚園／4歳）

▼手書きの文字が汚いとびっくりします。（幼稚園／4歳）

Q7 園からのおたよりについて 他に、意見やエピソードがあれば教えてください。

▼園での子どもたちへの声かけについての記載があった時、非常にタイムリーで、ためになった。進級に対する親としてのプレッシャー（排泄や着がえなど）を子どもにぶつけてしまいがちだったが、「進級が楽しいものとなるよう、できたところを褒めて、他の子へのいい影響になるように…」という記事を読んで、親として子どもへのかかわり方を方向修正するいい機会になった。（保育園／5歳・3歳・0歳）

▼イベントごとにリアルタイムの発行、ご苦労様です。（保育園／6歳）

▼毎月とても楽しみにしています。先生方も担当の保護者の方々もお忙しい中、ボリュームのある内容のおたよりは、自慢の一つです。園外の方もおたよりを見れば（読めば）、楽しい園だということがわかると思います。（保育園／2歳）

▼毎回の編集・発行、ありがとうございます。大変だとは思いますが、子育て中の家族には、目を通すのがとても心が休まる時間になっています。（保育園／6歳・3歳）

▼わが子のエピソードが載った後、ほかの子のママから声をかけられ、嬉しかったです。（保育園／5歳・1歳）

▼父の日や母の日のプレゼント製作について、子どもの思いや過程を知らせてもらえるので、ありがたみが更に増します。（保育園／6歳）

▼成長する上でのトラブルについての記事は、リアルタイムで息子に重なることが書いてあったので、理解でき、ホッとしました。子どもは子どもなりにいろいろあって、仲良しの友だちでも、うまく気持ちが伝えられないときもあると知り、なるほどと納得しました。（幼稚園／3歳）

▼園からのおたよりがある日は、娘が必ず「ママ、今日はお手紙があるよ。よかったね！」と言います。いつも私が嬉しそうにおたよりを読んでいるからだそうです。（幼稚園／6歳）

▼夫も毎回、クラスの様子が書かれたおたよりに目を通します。園の方針や先生の保育の視点が具体的にわかって、とても満足しています。職場の部下に対する視点へのヒントもあったりします。育てるという視点で、共通するものがあるのでしょうね。（幼稚園／5歳）

▼先生方が子どもたちをどのように見てくれていて、愛してくれているか、どういう教育方針なのかがよくわかり、安心して子どもを預けることができています。（幼稚園／6歳・4歳）

おたよりのあり方を振り返りましょう

アンケート結果から、おたよりによる発信を大切にすることが、どれだけ保護者に大きな意味をもたらすかということがご理解いただけたのではないでしょうか。

保護者はいつも、おたよりに関する感想を寄せてくれるとは限りませんし、何を感じ、考えているのかは、保育者には見えにくいものです。しかし、保育者が発信に力を入れることは、保護者が園の保育や子どもの姿を理解する上で、非常に役立っていることがわかります。「もっとこうあってほしい」という希望や厳しい意見もありました。ご自身の園やクラスのおたよりのあり方を振り返り、より保護者に伝わる発信となるための材料にしていきましょう。

はじめまして！
イラストレーターの
イシグロフミカです！

イラストを描く機会がとっても多い保育の現場。
苦手…と悩まれているかたも多いのでは？
私も以前、幼稚園で働いていました。
その経験を生かして
紙上でイラスト講座を開講します。
気軽に楽しく、イラストを練習してみましょう♪

手描きイラストにはおトクがいっぱい！

その1　ほっこりあたたかくて親近感アップ！

イラストが苦手な私。がんばって描いてみたけど
やっぱりゆがんじゃった でもそのイラストが
きっかけで保護者と会話がはずんだんですよ！

その2　いろいろな場所や場面にすぐに対応OK！
（おたよりはもちろんのこと、ホワイトボード、黒板、個別連絡帳、急な貼り紙など）

次の日の持ち物について連絡するとき、黒板に
イラストを描いてお知らせしたら、忘れものがゼロでした！

その3　園やクラスのオリジナル感が出せる

インパクトがあって、雰囲気が盛り上がりますよ！

などなど他にもいっぱい！

自分で描けたらいいかも～♡と思っていただいたところで
次からはさっそく基本のイラストのコツをお伝えしていきます。

P28へGO！

2

おたよりを変えるための10のヒント

この章では、従来型のおたよりを変えるための10のヒントを紹介します。
おたよりが、もっと子どもの姿や保育の中身について保護者に伝え、
保護者とのパートナーシップが強まるような発信媒体になるための提案です。
取り入れることが可能なものから、ぜひ実践してみてください。
きっと、予想以上の効果があるはずです。

提案 1

具体的なエピソードで語ろう

まず、おたよりを作成するうえで大切なのは、子どもの魅力的なエピソードを掲載することです。多くの保護者は園での子どもの具体的な姿を知りたがっています。しかし、それはあまり伝わっていないのが現実。だからこそ、具体的なエピソードの発信が不可欠です。

子どもって「こんなにかわいい姿があるんですよ！」「こんなにおもしろいことをしてるんです！」「こんなに素敵な経験をしているんです！」という実際の姿や様子を書きましょう。また、トラブルを乗り越えた姿や日常のちょっとしたことを見逃さず、小さなドラマも織り込めるといいですね。

抽象的な言葉で保育のねらいを伝えるよりも、具体的なエピソードの方が保育者として大切にしたいことが保護者に説得力を持って伝えることができます。それは、保護者の安心感や園への理解を深めることにもつながります。また、家庭での親子の会話につながるきっかけにもなります。

この本では、エピソードが載った実例が掲載されていますので、参考にしてください。日々の活動の中で、子どもたちが豊かで多様な経験をしているかをどれだけ伝えられるかがポイントです。

ステップアップアドバイス

子育てのヒントになるようなエピソードは、親に喜ばれる情報です。例えば「やんちゃな子どもたちのパワーには、いつも圧倒されています。今日は、こんなふうに話してみたら、集中してこちらの言葉を聞いてくれました」のように、子どもを大切に思う対等な立場からの体験談を伝える書き方にするとよいと思います。

心が動いた姿を書いてみよう

保育をしていると、子どもって「かわいいなあ」とか「すごいなあ」という魅力的な出来事がたくさんありますよね。おもしろかった遊びや子どものちょっとしたかわいらしい姿、クラスで流行っている踊りのこと、初めて○○ちゃんが立って歩いた様子、縄跳びに何回もチャレンジしている姿…。原稿を書くときに大切なことは、保育者が「おもしろかった！」「感動した！」という〝自分の思いや感情〟を書き入れることです。書き手の心が動いている記事は、読み手にも魅力的に伝わるものです。

指導的な書き方は避けて

おたよりの目的は、『園と親とのパートナーシップを作ること』ですから、くれぐれも親を上から指導するような書き方や、家庭での子育てに注文をつけるような書き方にならないよう十分心がけましょう。

提案 2

読みたくなる構成の工夫を

おたよりにも、保護者が読みたくなるおたよりとそうでないおたよりがあるようです。保護者の声を聞くと「だらだらと長文で文字ばかり」「子どもや保育の具体的な姿が見えない」「レイアウトがごちゃごちゃしていて読みにくい」ものが評判がよくないようです。せっかく忙しい中、労力をかけて書くのですから、保護者にしっかりと読んでもらえるものにしましょう。（7ページからのアンケート結果も読んでみてください）

紙面構成で参考になるのは、みなさんが気に入って普段読まれている雑誌です。売れている雑誌の記事は、レイアウトやキャッチコピーの付け方がとても上手ですし、様々なプロによる見せ方の工夫が満載です。ぜひ、それらのアイデアも真似たりしながら、もっと保護者が読んでみたくなるようなおたよりになるようレイアウトやタイトルの付け方などに工夫をしてみましょう。

最近では、書店やCDショップなどで「店長おすすめの1冊（枚）」というようにポップで商品を紹介していたりしますね。見るとつい買ってみたくなることはありませんか。ときには、そんなアイデアを参考にしてもいいかもしれませんね。

ステップアップアドバイス

記事のタイトルを魅力的に

やはり記事のタイトルは重要です。まずは、掲載するエピソードのタイトル(見出し・キャッチコピーなど）の付け方を魅力的にしてみましょう。

たとえば、5歳児が運動会のリレーの順番について話し合いをした場面を記事に載せるとしましょう。その場合、「リレーの順番の話し合い」とすれば、オーソドックス。内容はわかりますし、悪くはないと思います。ですが、そこでもう一ひねり加えて「リレーの話し合いをめぐって大事件!」と書いてみるとどうでしょう？ 「何？ 何？ 何？」と、読み手は、とても興味をひくのではないでしょうか。しかも、そのタイトルの文字を太く、ポップな感じで書いたり、囲みをつけたりすれば、さらに素敵になりますよ!

レイアウトにもっとアレンジを

せっかくの記事も、文字だけでだらだらと書いているだけでは、パッと見て「読むのが大変」と保護者に敬遠されがち。たとえばある程度、文字量をしぼって原稿を書いてみるのも一案です（もちろん、長く書いても魅力的なエピソードや記事もあります）。そして、その記事の外枠を太線や飾り罫線でグルッと囲ったりするだけで、ずいぶん雰囲気は変わります。こうしたひと工夫で、見せ方のレベルは格段にアップします。（108ページのイシグロフミカさんのコーナーも、ぜひごらんください!）

提案 3

保育のプロセスを伝えよう

運動会や発表会などでは、保護者はわが子の「できた」「できない」や、他の子と比べてうちの子がしっかりできていたかなど、出来栄えばかりに目が行きがちです。でも、保育で大切なのは、結果（出来栄え）ではなく、そのプロセスにあります。

しかし、それまでの子どもたちの姿が伝わっていなかったために、保護者の不安や誤解を招くことも少なくありません。だからこそ、プロセスを伝えることが非常に大切なのです。

これまで一度も踊ろうとしていなかった子が自分なりに参加しようとした姿、リレーの順番でもめていた子どもたちが気持ちを合わせようとしている姿などに大事なことがたくさんあるのです。でも、それは園にいない保護者には見えません。そうした日々の保育中のプロセスを具体的に伝えることによって、保護者の行事の見方、感じ方は大きく変わります。こうしたプロセスの中に大事な子どもの発達があることを伝えることがおたよりの大切な機能です。

もちろん、特別な行事のことばかりではありません。ふだんの保育の中でも、どれだけプロセスを伝えるかが、みなさんが行っているプロの保育の深さについて保護者にきちんと理解してもらう大事なカギとなります。

ステップアップアドバイス

見どころを事前に発信して

運動会や発表会などが近づいてきたら、練習で子どもが頑張っている姿、葛藤している姿などを事前に伝えることによって、保護者の当日の見方は大きく変わります。劇の発表であれば、発表会当日までにどのようなドラマがあったかを伝えましょう。それまでの流れや様子を丁寧に伝えることで、保護者は子どもの目線で行事を見られるようになります。わが子だけでなく、他の子への関心も生まれ、園全体に温かい雰囲気が生まれます。

子どもの育ち（発達）を伝える

日常の子どもの遊びや活動についても、行事の場合と同様に取り上げていきましょう。たとえば、子どもたちが廃材を使用して作った作品も、その子がどれだけ時間をかけて、どのように工夫して作ったかなど過程について記事を書けば、それはガラクタではなく、芸術作品に見えてきたりするのではないでしょうか。泥団子作りも、夢中になっている子どもたちの姿が伝われば、ただの泥団子ではなくなります。

試行錯誤の様子や友達とのかかわりあい、または、うまくいかないことがあっても「育ちのストーリー」としてエピソードをおたよりで語れば、保護者の子どもたちの遊びへの理解はぐっと深まります。

提案

4 保育者の思い（I《アイ》メッセージ）を入れよう

くり返しになりますが、保育者がどのような願いをもって子どもにかかわっているのかは見えにくいものです。また、残念ながら、みなさんが子どもに情熱を持ってかかわっていても、その思いは保護者に伝わっていないことも多いようです。バス通園の場合は、特にそうでしょう。だからこそ、おたよりを通して、保育者の思いや願いをどんどん伝えることが大切なのです。

加えて、保育者の人柄を伝えることも重要です。＊I《アイ》メッセージ（愛メッセージ）という手法を使い、「私」を主語にして、自分の思いを発信していきましょう。

保育者の思いが伝われば、保護者は安心感を持つとともに、保育者へ信頼感がわいてくるようにもなっていきます。よいクラスや園ほど、保育者の思いが保護者によく理解されているといえるでしょう。

ステップアップアドバイス

保育者の願い（保育のねらい）を伝えよう

日々の保育のねらい（子どもたちへの願いや意図）は保護者には見えません。ですから「子どもは、園で毎日遊んでいるだけ」とも思われかねません。だからこそ、「いま、○○組では、虫取りを通して、身近な自然への関心が持てるように見守っています。虫が苦手な子もいますが、大好きな友達が関心を持つ中で、次第に自分からかかわろうとする姿を大切にしながら様子を見ています」など、状況を詳しく伝えることが大切です。

保護者からすれば、一見、ただ遊んでいるだけと感じるような場面でも、子どもが様々な学びをしていたり、保育者がそれぞれの子に目配りをしていることがわかります。

保育者自身のことを伝えよう

多くの保護者は、担任の先生のことを「もっと知りたい！」と思っています。「○○ちゃんの△△という姿（子どもの姿）に感動しました！」といったような、保育者自身の声を書くことも大切です。

それ以外にも「夏休みに趣味のダイビングを楽しみました」など、ときには保育者のプライベートなことも発信すれば、保護者が気軽に声をかけるきっかけにもなります。職員への親しみがわき、もっと話してみたいという気持ちにつながるでしょう。

＊Iメッセージとは、一般にIT用語として使われているが、ここでは「発信者の思いを込めて伝えるメッセージ」の意味。

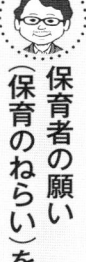

提案 5 トラブルこそ上手に発信を

子どものけんかやトラブルなど、一見、問題と思われるような出来事や姿を保護者にどのように伝えるかはとても難しいテーマです。あまり積極的におたよりには載せたくないと思うことも多いでしょう。

しかし、このようなマイナスと思われるような場面ほど、実は保護者の関心は高く、保育者の思いや大切にしていることを伝えるうえで非常に重要です。おたよりなどをもっと上手に活用して、発信していくことが必要でしょう。

とはいえ、とてもデリケートな内容ですので、言葉遣いや書き方などによっては、大きな誤解を招くことにもなりかねません。内容などは吟味を重ね、より慎重に、丁寧に取り上げることを心がけましょう。

ステップアップアドバイス

「よさ」「意味」「発達」を伝える機会に

保護者にとって、園でのけんかやトラブルは心配であり、それが「起こらない＝よいこと」と思われがちです。しかし、小さなけんかやトラブルなどは、子どもの育ちにおいて、とても大切なことであることは、保育者であればみなさんおわかりかと思います。

では、こうした場面を上手に発信していくにはどうしたらよいのでしょう。ポイントは、この出来事の「よさ」や「意味」をきちんと伝えることです。

たとえば、A君とB君がけんかしたけれど、その後その二人は、前にも増して仲良くなり、相手の立場を考えることが大切であることを学んだなど、子どもたちの成長や変化を強調して記すことです。また、ちょっとしたいざこざが増えるのは友達への関心が高まっている時期であるなど、その「意味」や「発達」について、保育のプロとして見方・かかわり方をわかりやすく伝えていきましょう。

保護者の思いに十分配慮し、信頼関係を形成して

園でのトラブルは、保護者にとっては、保育者が思う以上につらく、気がかりなものです。まず、その思いに十分共感することが大事です。「このところ、子ども同士の小さないざこざが増えており、親御さんとしてはとても心配になりますよね」など、保護者への共感メッセージを発することも非常に重要といえます。トラブルなどが起こった背景やその状況、この事柄がもつ成長の上での意味、この時期の育ちの特徴などをしっかりと伝え、理解・納得してもらえるようにしましょう。

そしてさらに、保育者がそれらの場面で具体的にどのようにかかわっているのか、あるいは、今後かかわろうとしているのかが記されると、保護者は安心してそのことがらを受け止めることができます。

このようなマイナスと思われる部分をきちんと説明できるようになれば、保護者との信頼関係がより深まると思います。

提案6

写真で伝えよう

おたよりは子どもたちの写真を入れることで、ぐっと魅力的になります。写真は、文字と比べて情報量が多いので、文字だけで伝えるよりも、ひとめでその様子がわかります。おたよりに写真を入れ始めた園が、保護者からの反響のよさ、反応の大きさに驚いたと聞いたことがあります。

また、多くの保護者にとって、おたよりにわが子の写真が掲載されることは単純に嬉しいようです。さらに、その記事や写真を通して「このとき、ぼくは頑張ったんだよ」など家庭での話題づくりにもつながるでしょう。この効果は園と家庭の連携という意味でとても大きいと思います。さらに、「この子はだれ？」など、親子で会話しながらクラスの友達のことについても関心を広げるきっかけにもなります。

おたよりだけでなく、写真を保育室の前に貼り出すのも、保護者にとってはとても嬉しいものです。そこに一言コメントを入れれば、子どもたちの姿はよりイキイキと見えてきます。特に、その場面にある背景（これまでのいきさつなど）や、子どもの思いや試行錯誤の様子、子ども同士の関係なども記していきましょう。たとえば、「雲梯《うんてい》の挑戦、これで10回目です！」と書けば、ライブ感が出ます。

ステップアップアドバイス

写真を使用する際の留意点

写真は、個人情報にかかわります。たいていの保護者はわが子の写真が載ることを喜びますが、一部の保護者はさまざまな理由から、おたよりなど園の発行物に子どもの写真が載ることを拒否する場合があります。

そのため、お子さんの写真の掲載について、年度初めに説明し、了承を得る、もしくは不安がある方は申し出てもらうように声掛けなどするとよいと思います。

また、防犯上、顔のわかる写真には実名入りのキャプションを付けないなどの配慮が求められます。写真に実名をつけて掲載する場合は、事前に保護者の承諾をもらう方がよいでしょう。それに、意図せず、おたよりに載る子どもに偏りが出る場合があります。あまり載らない子どもの保護者にとっては不公平感が募り、苦情につながる場合もあります。掲載回数を記録するまで徹底するかどうかは園の考え方によりますが、バランスへの配慮は必要です。

中野幼稚園

提案 7

発信回数を増やしてみよう

おたよりの発行は、月1回程度の園が多いようです。保育者の業務を考えると、それだけでも手いっぱいというのが現実でしょう。しかし、保護者からは「もっと子どもの姿を知りたい」という声が多くあります。

送迎時にちょっとした立ち話などができる園であれば、リアルタイムで子どもの姿を伝えることができますが、バス通園や長時間にわたる保育時間のお子さんなどの場合は、なかなかリアルタイムに子どもの姿が伝えられないもどかしさがあります。たとえば、運動会の様子を書いたおたよりが開催1ヵ月後に届いても、すでに保護者の関心が薄れているということも多いかもしれません。

そこで、おたよりの発信回数を増やす工夫をしてみましょう。号外を出す、連絡帳・ボード・ドキュメンテーション・ブログなどのおたより以外の発信方法を模索することもよいと思います。（89ページ以降をごらんください）

それもなかなか難しい場合は、子どもたちの写真を掲示するだけでも効果的です。写真の掲示による発信を行っている園では、お迎えに来た保護者がじっくりとそれを見ていることも少なくありません。

ステップアップアドバイス

号外を出すために

行事などについては、見どころなどを掲載した号外（特集号）を出すのも一つの方法です。たとえば、運動会前に号外が届くことで、運動会に向けての子どもの様子が伝わったり、子どもの試行錯誤するプロセスが見えれば、保護者の当日の参加の仕方や意識も大きく変わる可能性があります。普段のおたよりも大切にしつつ、保護者の思いをたくさん入れた発信を心がけましょう。

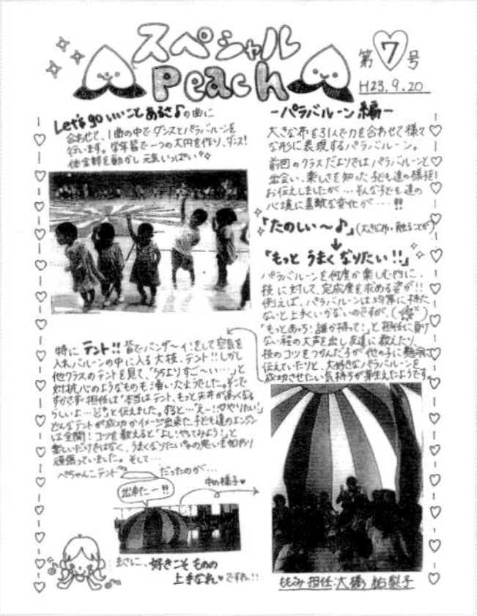

育和幼稚園

仁慈保幼園

ボード・ドキュメンテーション・ブログという手段

おたよりの回数を増やすのは、なかなか難しいことかもしれません。ならば、おたより以外の方法にチャレンジしてみませんか。

保護者が送迎する園などでは、保育室の前に掲載する「ボード」や「ドキュメンテーション」がとても効果的です。お迎えに来た時に、クラスの前に今日の様子が記されていれば、保護者は興味を持って目を通し、お迎え時の楽しみにしてもらえるかもしれませんし、家で園の話題が出るかもしれません。（これらの手段については、89ページから紹介しています）

提案8 オリジナルイラストで盛り上げて

おたよりでは、市販のカット集のイラストが使われることも多いようです。この本でもすぐに使えるイラストを110ページから掲載している他、付録のCD-ROMにも収録されていますので、どうぞご活用ください。

ただし、市販のイラストはかわいいですが、そればかりだと個性に乏しく、インパクトも薄れがちです。日々の子どものリアルな姿を発信するために、オリジナルイラストを使う工夫もオススメです。

その一つが、子どもの絵や写真を縮小コピーしイラストとして使用する方法です。この方法は、個性的でアートな雰囲気が生まれるだけでなく、おたよりから子どもたちの姿がより強く浮かび上がります。子どもたちの絵をただ並べるだけでなく、文字の位置とのバランスを考え、どう配置するか、作り手のセンスの見せどころですね。

もちろん、保育者がイラストを描く方法もあります。絵が苦手な人のために簡単に描ける方法を16ページから紹介しています。イシグロフミカさんのコーナーを参考にして、実践してみてください。描き方のコツをちょっと知るだけで、イラストを描くことがこんなに簡単で楽しいものかと気付く方も少なくありません。

ステップアップアドバイス

温かみのある手描きイラストのよさ

保育者が描くイラストは、保育の中での子どものリアルな雰囲気を表現することができます。ちょっとした描き方のコツさえ押さえれば、とても素敵なおたよりになります。この場面は文字では伝えにくい、でもいい写真もない！　という場合にとても効果的。カット集を使わず手描きにするだけで、ほんわかと温かい雰囲気になります。

保育者の思いでバリエーション豊かに

おたよりに子どもの作品を載せることは、保護者ばかりでなく、子どもたちも喜びます。とくに自分の絵などが載っていたら、嬉しいでしょう。ですから、できるだけいろいろな子どもの作品をバリエーション豊かに載せたいですね。ある子に意図的に光を当てたいときに用いるのもいいでしょう。

提案 9

保護者を巻き込もう

おたよりは、園への理解と日ごろの活動に保護者を巻き込んでいく機能も持ちえます。そのためには、これまで述べてきたように、保護者がおたよりを読むのを楽しみにするようなワクワクする魅力的な内容であることが大切です。

またこれからは、園側からの一方的な発信に終わらず、行事などに協力を呼びかけ、それに対する保護者の声を掲載するような「双方向的なおたより」にすることが求められると考えます。保護者からリアクションがあると、とても励まされますね。ときには厳しい意見もあるかもしれませんが、預ける側の思いを知ることは大事です。

実際に、保護者を巻き込む手段としておたよりを活用している園では、保護者と保育者とが強い信頼関係を形成していたり、多くの保護者同士がつながり、保育に保護者が協力的になっているといった強い結びつきがあります。

もちろん、おたよりだけで、それができるわけではありませんが、園と保護者がしっかりとしたパートナーシップを形成していくことが重要なテーマですので、その手段の一つとして、おたよりのもつ可能性はとても大きいといえます。

ステップアップアドバイス

いろいろな内容の呼びかけを

「いま、○○の製作に夢中なので、家庭でいらなくなった△△があれば、お子さんに持たせてください」「散歩の時に弱ったカエルを捕まえて、園で育てています。よい餌など飼育についてご存知の方は情報提供をお願いします」など、おたよりを通じて、いろいろな内容の呼びかけができます。どんどん保護者とのやりとりをつくっていきましょう。

親からの反応をおたよりに

園からの呼びかけに対して、保護者から反応があった場合、そのことを次号のおたよりに掲載しましょう。保護者からすれば、協力したことについて丁寧に受け止めてくれていると感じると同時に喜びにもつながります。また、他の保護者にもその様子が見えるので、「今度は自分も協力しよう」という雰囲気も作れます。

そのほか、運動会などの大きなイベント後は、親の感想を集めたプリントを発行したり、懇談会後のおたよりで会で出た話を取り上げたり、保護者から出た質問に答えるのもよいでしょう。保護者からの声に丁寧に対応することが大切です。

提案 10 作成時間を短縮しよう

日々の保育業務が多忙な中、おたよりを充実させていくことは、決して簡単なことではありません。そのためには、作成時間の短縮が不可欠ですが、それを実現させるためには、それなりの工夫を要します。毎回、何の準備もなく、一からおたよりを作成するのは大変なことですので、日ごろから、「次のおたよりにこの事例を掲載しよう」などと考えながら、普段の記録や写真をストックしておくことが必要でしょう。

また、作業時間の短縮には、合理化も欠かせないポイントです。そのためには、パソコンでの原稿作成がとても効果的でしょう。もちろん、手書きのよさがあることもたしかですが、パソコンを使うことで、記事の修正がしやすくなる他、写真も掲載しやすく、他の記録への転記も容易になるなど、作業効率がかなりあがります。

ボードやドキュメンテーションを実施している園では、毎日のように発信を行っています。しかし、決して作成のために長い時間をかけてはいません。それは、今日の保育のトピックスをしっかり意識しながら子どものエピソードを拾い、写真を撮り、パソコンをうまく活用しているからです。合理化の大きなポイントは、これらができるようになることにもありそうです。

ステップアップアドバイス

文書作成ソフトのフォーマット活用

時間短縮を考えた場合、パソコン用の文書作成ソフトのフォーマット活用がとても有効です。写真のレイアウトや文字直しも簡単です。こうしたソフトの使用にチャレンジすると、あっという間に原稿が作成できるため、手書きとの違いに驚くでしょう。また、パソコンでおたよりを作成することで、文書や写真データを園内で共有でき、とても便利です。

日常の保育記録と連動させて

現在の保育現場では、日誌、記録、計画、評価、連絡帳など、書く作業がとても多くなりがちです。なるべく時間の無駄を省くため、別のところで書いた文章を活用することも効率化につながります。

たとえば、日々の記録で書いたエピソードをおたよりに転用するのもその一例です。パソコンで文書作成しておけば、あっという間に転記できますね。

イシグロフミカの簡単イラスト講座

基本の形を描いてみよう！

カンタンと思える形も意外と難しいもの。でも、この手順をおぼえれば大丈夫！

● 一筆で描く「まる」・「三角」・「しずく」

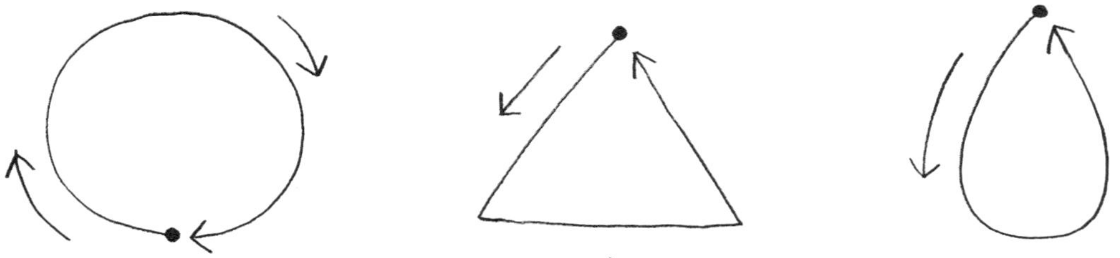

下から時計回りに
一気にぐるっと！
まんまるお月さまをイメージ。

直線をしっかりと
意識して！

長い三角を
イメージすると
描きやすい！

● バランスに気をつけて描く「四角」・「コップ」

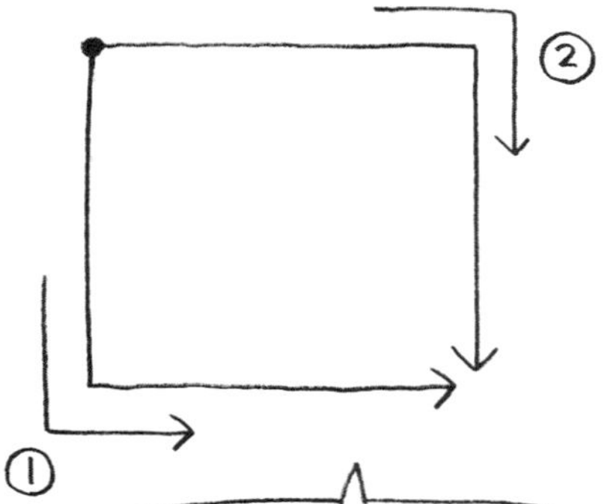

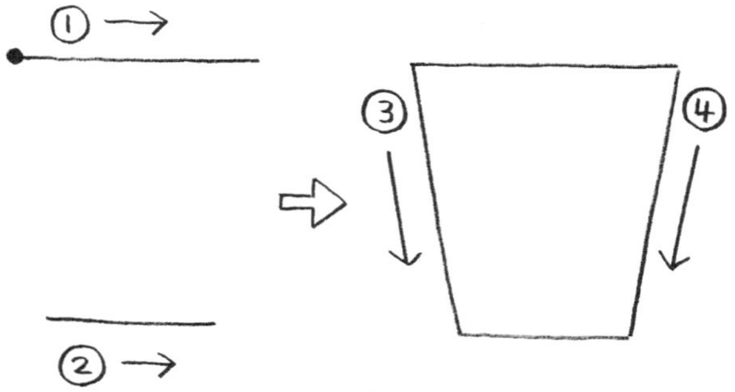

先に引いた下の線を見ながら
上の線を引けるのでゆがみにくい！

上下の線を先に描いて
それをつなげるようにタテの線を描こう！

ゆがんでも大丈夫！ 次は基本の形をアレンジしてかわいいイラストに変身させましょう♪

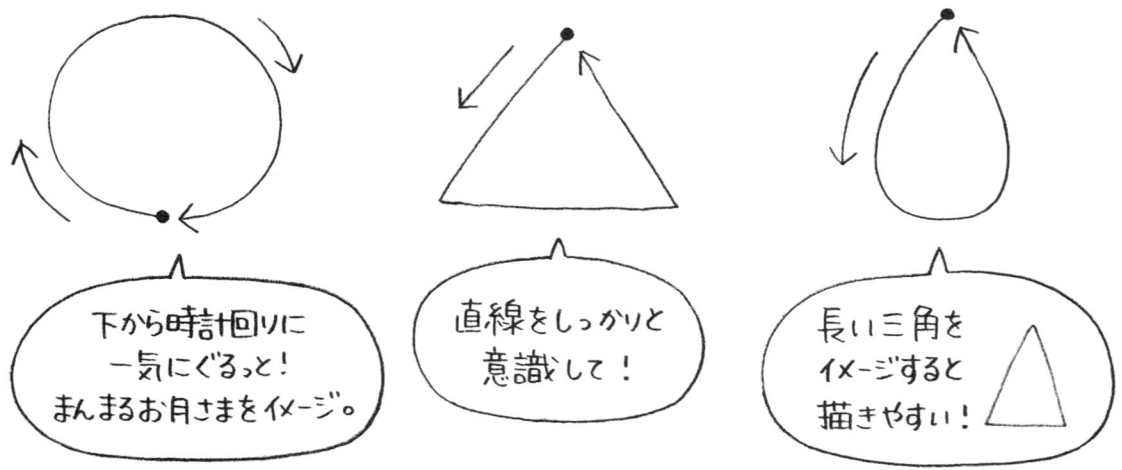

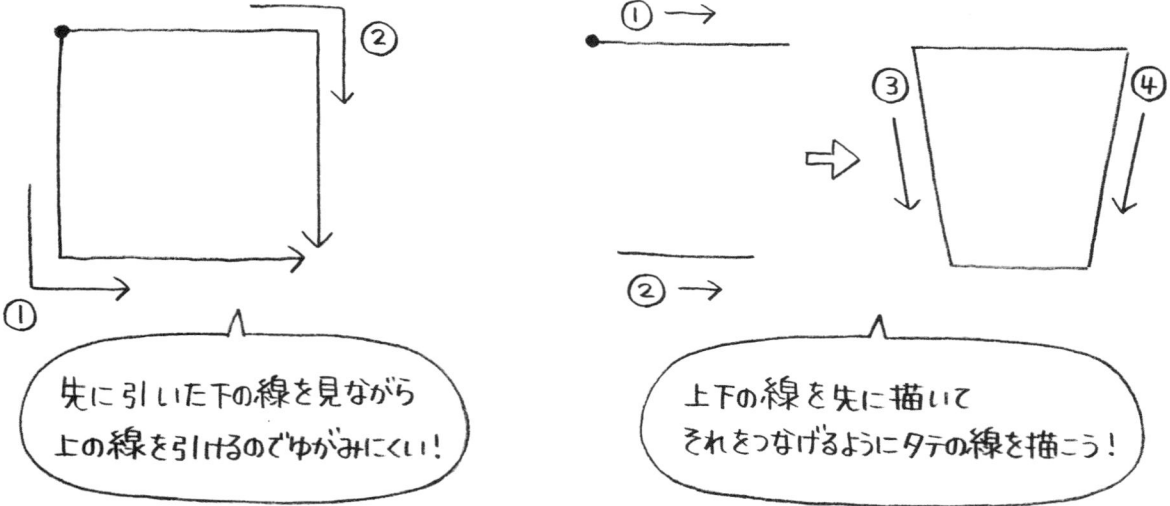

基本の形は描けましたか?
簡単な形もちょこっとアレンジするだけでかわいいイラストに大変身!
ぜひチャレンジしてみてください。

- 表情をつけてかわいいキャラクターにしよう!

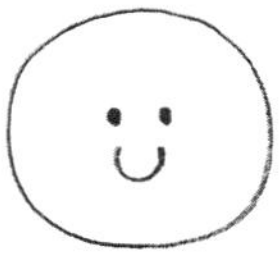

- まるをいろいろアレンジしてみよう!

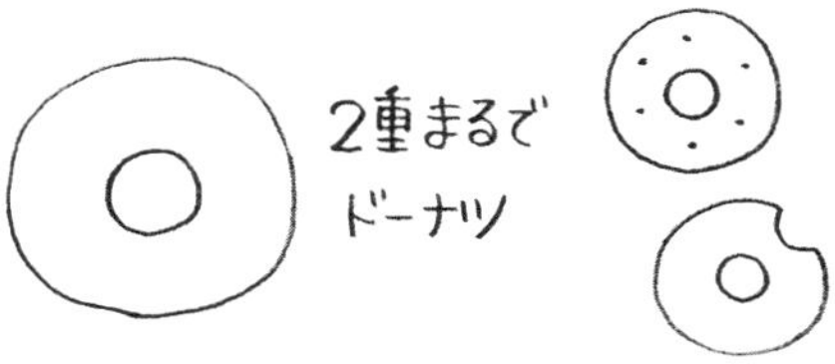

2重まるで
ドーナツ

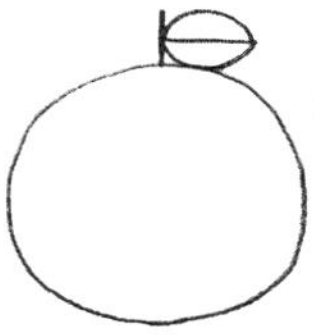

枝と葉っぱで
りんご →

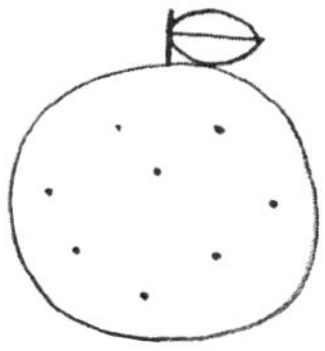

点々を描けば
梨に変身!

- 三角をいろいろアレンジしてみよう!

模様を描いて
パーティー帽

三角2つで
ちょうちょ

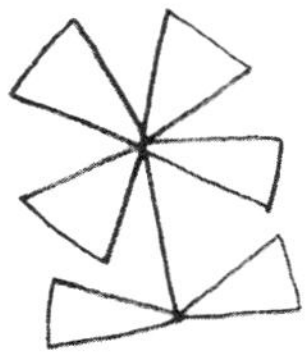

三角いっぱいで
お花

- 四角をいろいろアレンジしてみよう!

リボンをつけて
プレゼント

線1本で
ノートや絵本

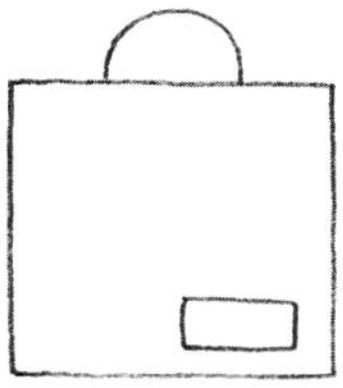

持ち手とネームタグで
子ども用バッグ

かわいくアレンジできましたか? 次は保育に使えるイラストを描くコツをお伝えします!

イシグロフミカの簡単イラスト講座

幼くてかわいいイラストを描こう！

カチっとキレイなイラストはどこか冷たい印象になりがち。
コツをつかんで今すぐ園で使えるイラストを描いちゃいましょう！

幼くてかわいいイラストのコツ①　ちょこっとつぶして＆まるっこく

正円

なんとなく
キリッ！とした印象

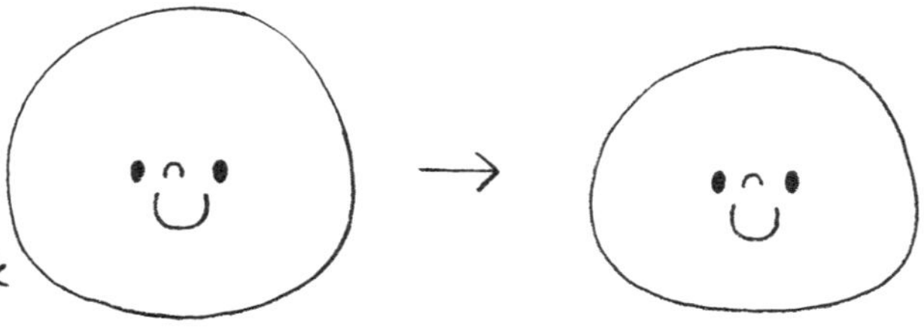

ちょこっと
つぶれた円

ぽっちゃりした
子どもの顔に！

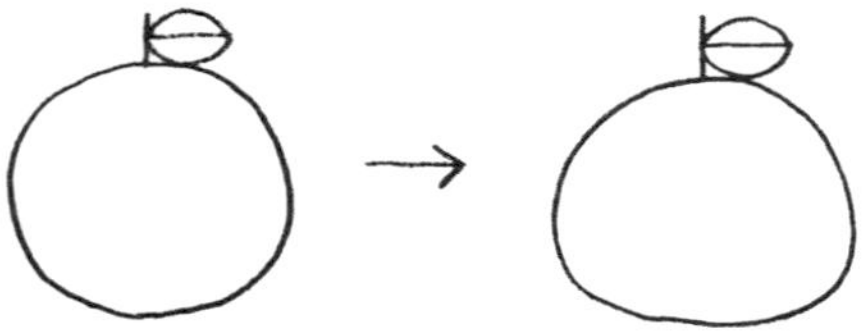

りんごもつぶすと幼い印象に。

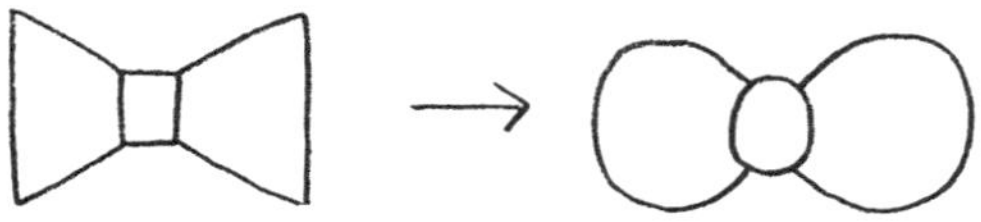

まるっこいリボンは子どもにピッタリ！

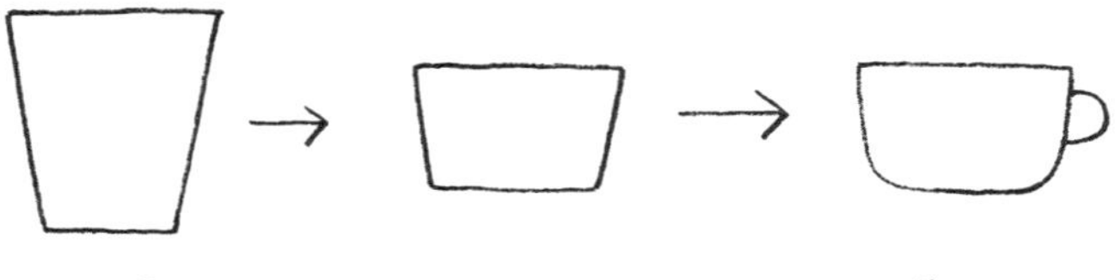

コップもつぶして、さらにまるみを出すと、子ども用に。

いろんなイラストを「ちょこっとつぶして＆まるっこく」してみましょう♪

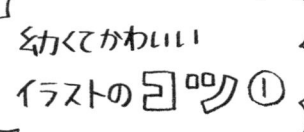

幼くてかわいいイラストのコツ② 頭を大きく＆体は小さめに

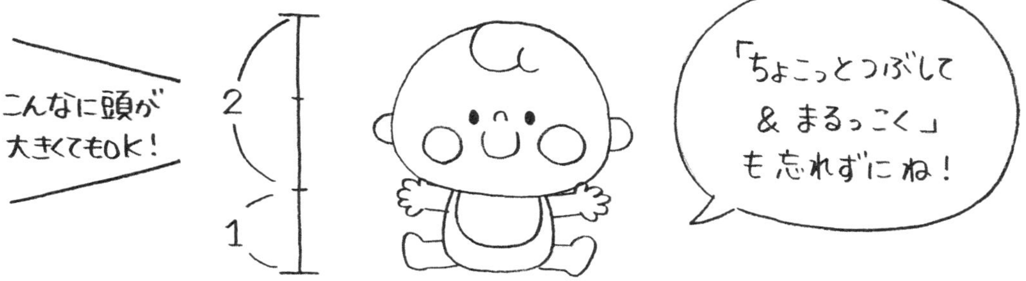

こんなに頭が大きくてもOK！
2
1
「ちょこっとつぶして
＆まるっこく」
も忘れずにね！

急に難しくなっちゃったとあせらずに。まずは簡単なイラストでチャレンジ！

カップケーキでチャレンジ！

モコモコくもを描く　　小さなカップを描く

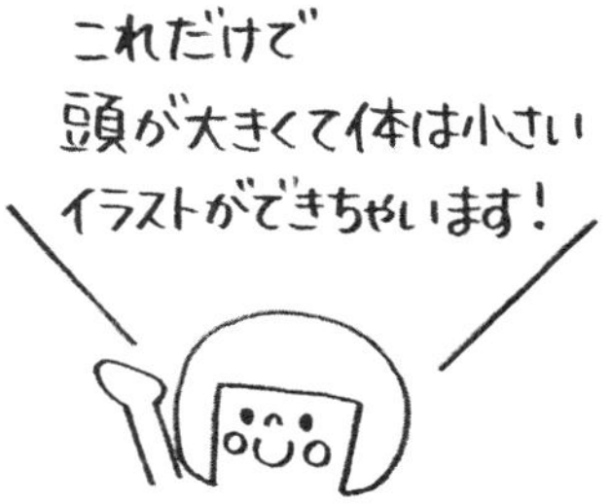

これだけで
頭が大きくて体は小さい
イラストができちゃいます！

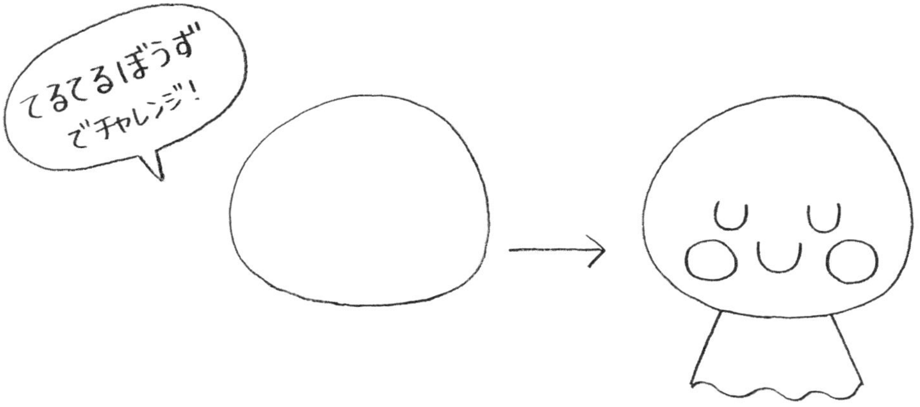

てるてるぼうずでチャレンジ！

つぶれたまるを描く　　小さく「ハ」の字を描いて波線でつなげる

「頭を大きく＆体は小さめに」描けましたか？
次は「顔」をかわいくカンタンに描くコツをお伝えします。

イシグロフミカの簡単イラスト講座

基本の顔を描いてみよう！

描けるようになると便利なのが「顔」です。イシグロ流のポイントを伝授します。

基本　順番に描けばとっても簡単！

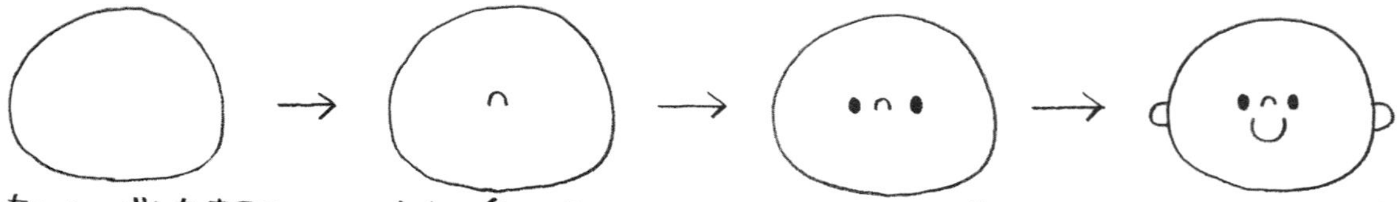

ちょっとつぶれたまるの → 中央に鼻を描いて → その左右に目を描いて → 口と耳をつけたらできあがり！

向き　目・鼻・口の位置がポイント！

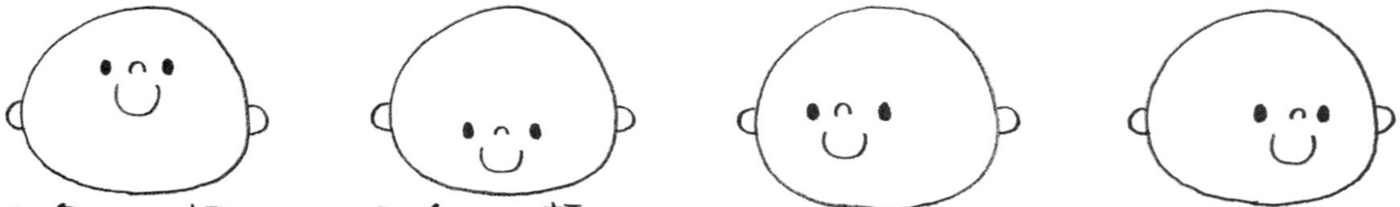

目・鼻・口を顔の上半分に描く。

目・鼻・口を顔の下半分に描く。

目・鼻・口を左側に描く。鼻を少し左目に近付けて！

目・鼻・口を右側に描く。鼻を少し右目に近付けて！

表情　いろいろな表情を描いてみよう！

元気いっぱい　大喜び　やれやれ　しかる　びっくり

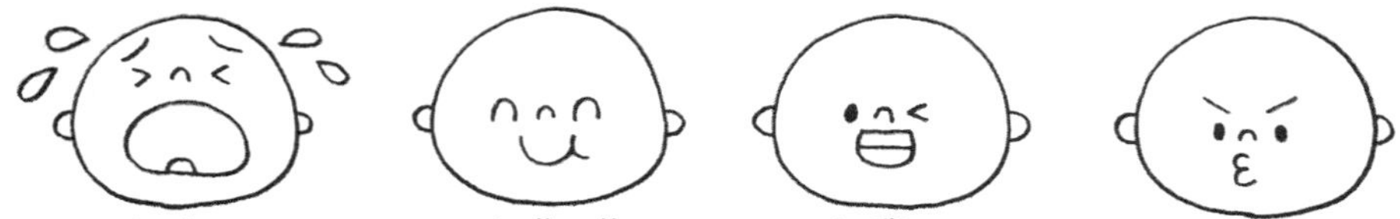

悲しい　大泣き　もぐもぐ　いたずらっこ　すねる

少し変えるだけでぐっと印象が変わっておもしろいですよね♪
次は髪の毛を加えて もっとバリエーションを増やしましょう！

P82へGO！

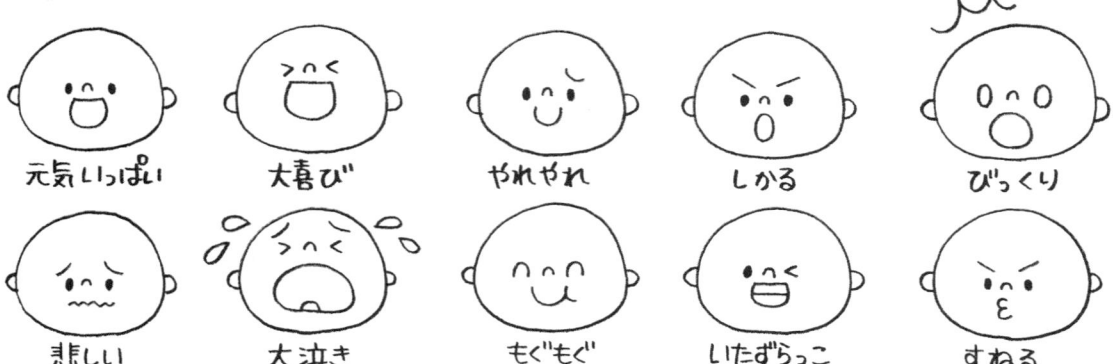

3

4月から3月までのおたより

実例と解説

この章では、4月から3月までのおたよりの具体例を、
先生たちの話もまじえて紹介します。どのおたよりもオリジナリティにあふれ、
園のカラー、保育者の伝えたいという気持ちや工夫が表れています。

エブリデイ☆ひよくま

平成24年
4月27日
発行

港北幼稚園
ひよこ・くま組

ご入園おめでとうございます!!

新しい場所での生活、先生や友達との出会いにドキドキしている年少組の子ども達。入園してから早くも1ヶ月が経とうとしています。これから始まる幼稚園生活の中で、様々な出来事があると思います!! 1年を通して、1人ひとりが大好きなことを見つけたり友達と遊ぶ楽しさ、挑戦してみようとする気持ち…など、沢山の想いを感じていけるよう、1日1日を大切に過ごしていきたいと思っています!! どんなクラスになっていくか、とっても楽しみですね♥

そして、クラスだよりのタイトル『エブリディ☆ひよくま』ですが、毎日ひよこ・くま組で過ごす中で、沢山の経験をしたり、感じたり、自分なりに表現して、自信を持ってその子らしさを出せるような日々にしていきたいという思いを込めて決めました。保護者の方とも沢山お話ししながら子ども達の成長、そして毎日をお伝えしていけたらと思っています☆ 1年間どうぞよろしくお願い致します!! それでは第1回『エブリディ☆ひよくま』4月号、最後までお付き合い下さい!!

魔法☆戦いごっこ★

最近、ひよくまのお部屋では、魔法のステッキで子ども達がいろいろなものに変身☆してしまうのです!! ある時は、忍者になって忍者屋敷に住んでいる忍者からパワーをもらったり(ちょっぴり忍者屋敷こわい〜と言っている子もいましたが(笑))可愛いお姫様になったり、強いライオンに変身したりします。そんなある時、担任が「悪者になぁーれ♪」という魔法をかけられてしまいました!! 担任が悪さをしようとすると変身したヒーローやお姫様が出てきて戦いの始まりです!! アンパーンチ!!してくる子や、自分で作った武器で攻撃してくる子もいます☆ 最後には「もとにもーどれ!」と戻してくれるのですが…

忍者さんの声きこえる…?

おたまじゃくし育ててます!!

先日、風っ子の子ども達が公園でおたまじゃくしを沢山とってきてくれました♪ ひよくまでも育てようと、何人かの子と一緒にもらいに行き、今お部屋で育てています。もらった日に、「おたまじゃくしさんは何食べるのかな?」という話をしていると、(おやつに食べている)「ビスケットだよ!」とある子が教えてくれたのです♥ 大きくなったらなにになるのかな〜♪?

港北幼稚園

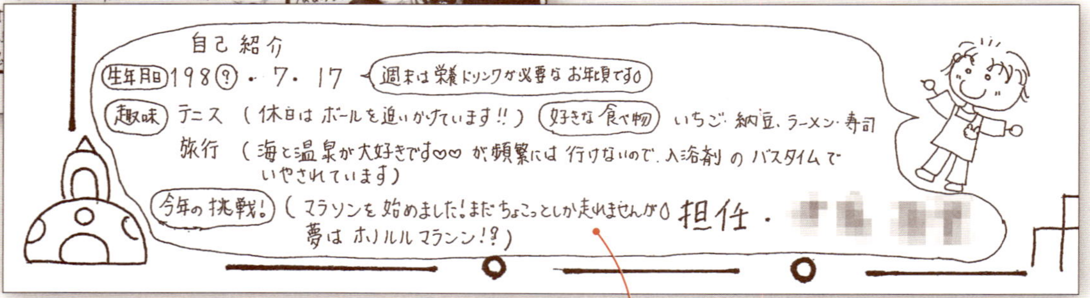
自己紹介

生年月日 198? ・7・17 (週末は栄養ドリンクが必要なお年頃です。)

趣味 テニス (休日はボールを追いかけています!!)

好きな食べ物 いちご・納豆・ラーメン・寿司

旅行 (海と温泉が大好きです♡♡ が、頻繁には行けないので、入浴剤のバスタイムでいやされています)

今年の挑戦! (マラソンを始めました! まだちょこっとしか走れませんが。夢はホノルルマラソン!?)

担任・

育和幼稚園

4月

4月のおたよりのポイント

入園や進級など、子どもも保護者も、新しい人や環境との出会いに喜びと不安が入り混じる4月です。

園が安心できる場であると伝えることが、最も大切です。保育者の個性も見える、ほっとできる紙面づくりを心がけましょう。

園で使うものの準備についてや、園でどのような生活を送るかについての解説などがあると保護者の安心につながります。園での一日の流れ、衣服・食事・排泄など生活のことも随時、伝えていきましょう。

クラスだよりの名前、どうする?

園だよりの名前は園名を冠したり、長年同じものを使ってきたりと、もともと決まっている園もありますが、クラスだよりの場合は、年度始めに新しいものを決めて、1年間通して同じものを使うことが多いようです。

担任が、クラスの雰囲気や、大切にしたいメッセージをこめて素敵な名前を付けるのもいいですね。園によっては、保護者に募集して決める場合もあるようです。こうすることで、保護者の参加意識が高まり、おたよりへの思いも大きく変わります。

担任の素顔が見えるコーナーを

4月は子どもだけでなく、保護者にとっても不安なときです。新入園でなくても、担任が替わった場合などは、どんな先生なのか、知りたいものです。

このように、保育者の紹介があるのはいいですね。特に、保育者のプライベートな素顔が見えるものは効果的です。きっと保護者も、保育者に声をかけやすくなるのではないでしょうか。

写真を使って子どもたちを紹介する

わが子のクラスにどんなお子さんがいるのかは、保護者の関心がとても高い部分です。保育時間が違えば親同士もなかなか顔を合わすことがありませんから、おたよりを使ってクラス全体をつなぐことは大切でしょう。

ゆうゆうのもり幼保園

1日の流れやどんな場所でどんなことをして過ごすのかを具体的に

入園当初の子どもの姿を伝えるには、まず園の一日の流れを頭に入れてもらうとわかりやすいでしょう。流れがわかると、園生活がずいぶんイメージしやすくなります。

そして、それぞれの活動について詳しく説明があれば、わが子の様子を想像し、安心できます。これは、保育者への信頼にもつながっていきます。

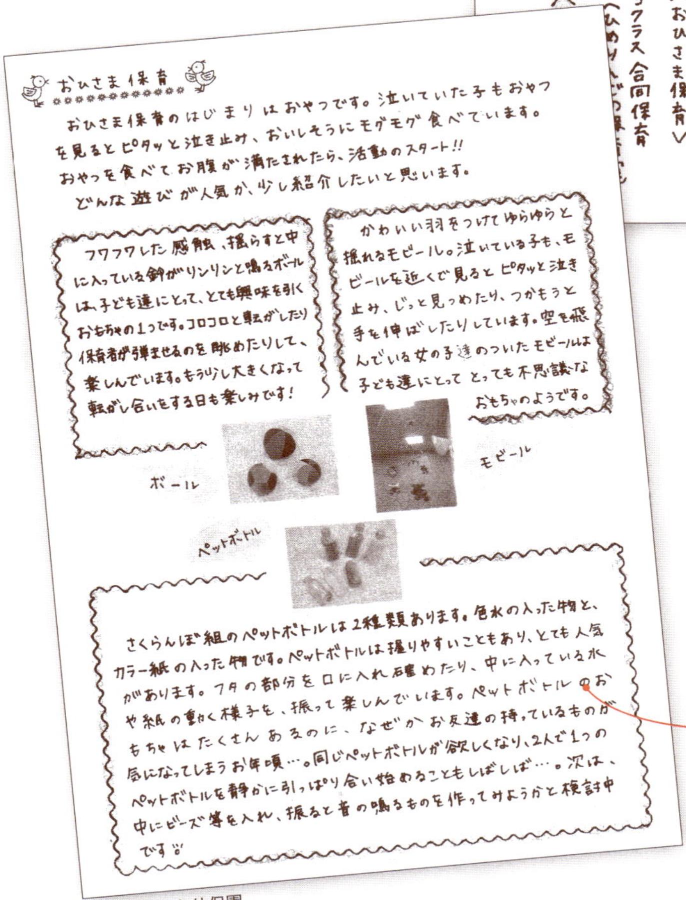

ゆうゆうのもり幼保園

園での生活が安心できるものであることを伝える

入園に際しては、ほとんどの保護者は不安でいっぱいだと思います。いかに安心して、園と家庭とが信頼関係をつくっていくかが、大きな課題となります。

保育のプロとして子どもたちの成長で大事にしたいことや、園で子どもたちがたくさん楽しい経験ができることを理解してもらえるよう発信していきましょう。

はじめての園生活

新入園の子どもの保護者はもちろん、進級した子どもの保護者も、
わが子の園生活にたくさんの不安を抱えているものです。
その不安を和らげ、「一緒に子育てをしていきましょう」という思いを、
おたよりで伝えていきましょう。

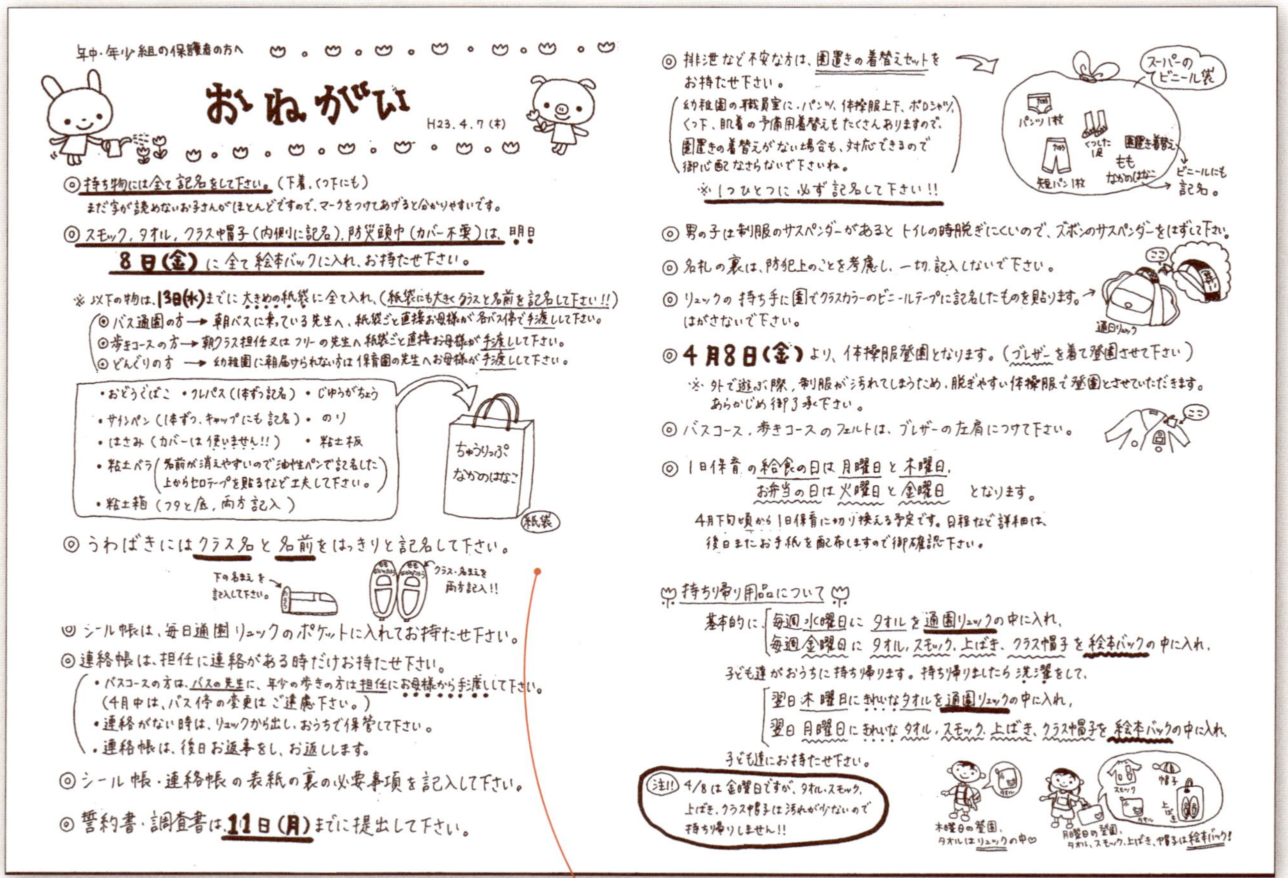

年中・年少組の保護者の方へ

おねがい

H23.4.7（木）

◎持ち物には全て記名をして下さい。（下着、くつ下にも）
まだ字が読めないお子さんがほとんどですので、マークをつけてあげると分かりやすいです。

◎スモック、タオル、クラス帽子（内側に記名）、防災頭巾（カバー不要）は、明日8日（金）に全て絵本バックに入れ、お持たせ下さい。

※以下の物は、13日（水）までに大きめの紙袋に全て入れ、（紙袋にも大きくクラスと名前を記名して下さい!!）
◎バス通園の方 → 朝バスに乗っている先生へ、紙袋ごと直接お母様が各バス停で手渡しして下さい。
◎歩きコースの方 → 朝クラス担任又はフリーの先生へ紙袋ごと直接お母様が手渡しして下さい。
◎どんぐりの方 → 幼稚園に朝届けられない方は保育園の先生へお母様が手渡しして下さい。

- おどうぐばこ
- クレパス（1本ずつ記名）
- じゆうがちょう
- サインペン（1本ずつ、キャップにも記名）
- のり
- はさみ（カバーは使いません!!）
- 粘土板
- 粘土ベラ（名前が消えやすいので油性ペンで記名した上からセロテープを貼るなど工夫して下さい。）
- 粘土箱（フタと底、両方記入）

ちゅうりっぷ なかのはなこ
紙袋

◎うわばきにはクラス名と名前をはっきりと記名して下さい。

下の名まえを記入して下さい。
クラス・名まえを両方記入!!

◎シール帳は、毎日通園リュックのポケットに入れてお持たせ下さい。

◎連絡帳は、担任に連絡がある時だけお持たせ下さい。
- バスコースの方は、バスの先生に、年少の歩きの方は担任にお母様から手渡しして下さい。（4月中は、バス停の変更はご遠慮下さい。）
- 連絡がない時は、リュックから出し、おうちで保管して下さい。
- 連絡帳は、後日お返事をし、お返しします。

◎シール帳・連絡帳の表紙の裏の必要事項を記入して下さい。

◎誓約書・調査書は、11日（月）までに提出して下さい。

◎排泄など不安な方は、園置きの着替えセットをお持たせ下さい。
（幼稚園の職員室に、パンツ、体操服上下、ポロシャツ、くつ下、肌着の予備用着替えもたくさんありますので、園置きの着替えがない場合も、対応できるので御心配なさらないで下さいね。）
※1つひとつに必ず記名して下さい!!

スーパーのビニール袋
パンツ1枚
くつした1足
短パン1枚
園置き着替え
もも なかのはなこ
ビニールにも記名。

◎男の子は制服のサスペンダーがあるとトイレの時脱ぎにくいので、ズボンのサスペンダーをはずして下さい。

◎名札の裏は、防犯上のことを考慮し、一切記入しないで下さい。

◎リュックの持ち手に園でクラスカラーのビニールテープに記名したものを貼ります。はがさないで下さい。

ここ
通園リュック

◎4月8日（金）より、体操服登園となります。（ブレザーを着て登園させて下さい）
※外で遊ぶ際、制服が汚れてしまうため、脱ぎやすい体操服で登園とさせていただきます。あらかじめ御了承下さい。

◎バスコース、歩きコースのフェルトは、ブレザーの左肩につけて下さい。

ここ

◎1日保育の給食の日は月曜日と木曜日、
お弁当の日は火曜日と金曜日となります。
4月下旬頃から1日保育に切り換える予定です。日程など詳細は、後日またお手紙を配布しますので御確認下さい。

持ち帰り用品について

基本的に、毎週水曜日にタオルを通園リュックの中に入れ、
毎週金曜日にタオル、スモック、上ばき、クラス帽子を絵本バックの中に入れ、
子ども達がおうちに持ち帰ります。持ち帰りましたら洗濯をして、
翌日木曜日にきれいなタオルを通園リュックの中に入れ、
翌日月曜日にきれいなタオル、スモック、上ばき、クラス帽子を絵本バックの中に入れ、
子ども達にお持たせ下さい。

注!! 4/8は金曜日ですが、タオル、スモック、上ばき、クラス帽子は汚れが少ないので持ち帰りしません!!

木曜日の登園、タオルはリュックの中♡
月曜日の登園、タオル、スモック、上ばき、帽子は絵本バック!

中野幼稚園

準備する物についてわかりやすく

園生活で使用する物はたくさんあります。大きさや名前の位置など、園によって決まりもあるでしょう。保護者の負担を軽くするよう、なるべく早めに、わかりやすく準備を呼びかけができるといいですね。
また、持ち物だけでなく、送迎時の約束ごとや提出書類など、コンパクトにまとめて書いてあれば、年度始めの混乱が少なくなるのではないでしょうか。

子ども目線に加えて、保護者目線の発信を！

新入園の場合だけでなく、進級の場合も含め、保護者は新しい環境に慣れるため、とても緊張しています。持ち物の準備や登園時のしたくなど、おぼえなければならないことも多く、何かと慌ただしくなりがち。そのため、その負担感が子どもに向けられる場合も…。新学期の忙しい時期だからこそ、保護者の気持ちに配慮した保育者からの温かいメッセージ、イラストなどを用いたわかりやすい情報提供は、非常にありがたいものです。子ども目線だけでなく、保護者目線も持って発信できるのは、とてもgood です！

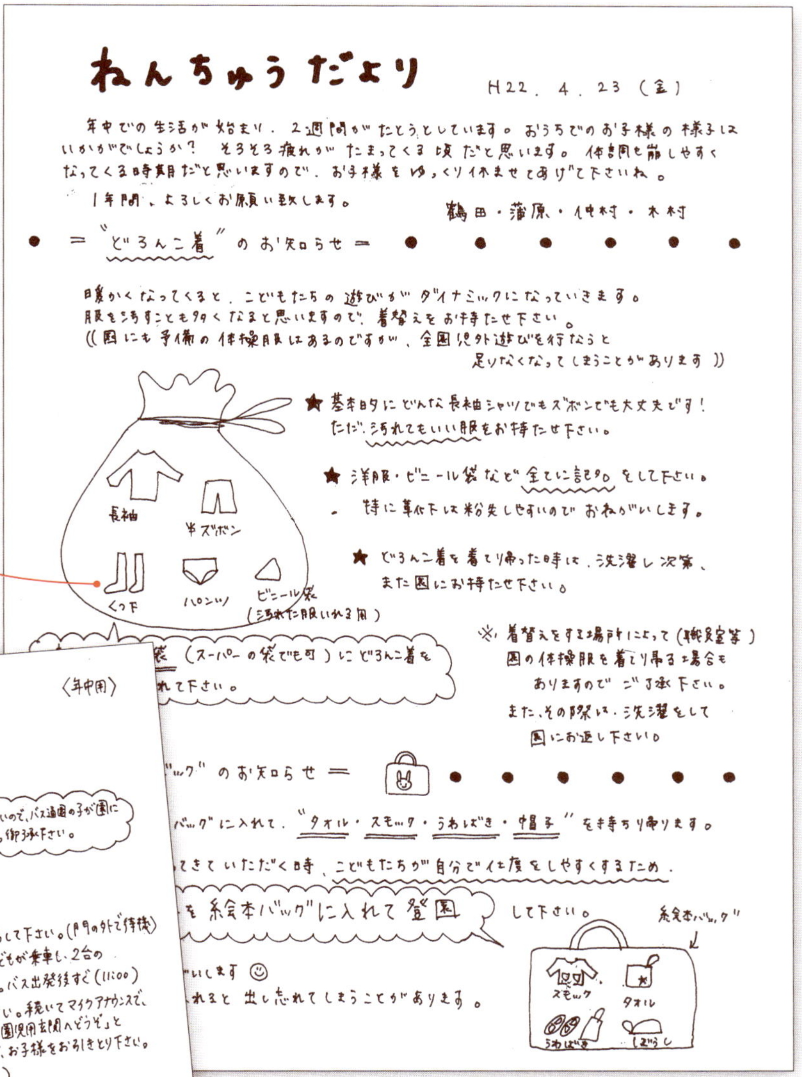

ねんちゅうだより　H22. 4. 23（金）

年中での生活が始まり、2週間がたとうとしています。おうちでのお子様の様子はいかがでしょうか？　そろそろ疲れがたまってくる頃だと思います。体調を崩しやすくなってくる時期だと思いますので、お子様をゆっくり休ませてあげて下さいね。

1年間、よろしくお願い致します。

鶴田・蒲原・仲村・木村

● ＝"どろんこ着"のお知らせ＝ ● ● ● ● ● ●

暖かくなってくると、こどもたちの遊びがダイナミックになっていきます。
服を汚すことも多くなると思いますので、着替えをお持たせ下さい。
((園にも予備の体操服はあるのですが、全園児外遊びを行なうと足りなくなってしまうことがあります))

★ 基本的にどんな長袖シャツでもズボンでも大丈夫です！ただ、汚れてもいい服をお持たせ下さい。

★ 洋服・ビニール袋など全てに記名をして下さい。

- 特に靴下は紛失しやすいのでおねがいします。

★ どろんこ着を着て帰った時は、洗濯し次第、また園にお持たせ下さい。

…袋（スーパーの袋でも可）にどろんこ着を…れて下さい。

※着替えをする場所によって（職員室等）園の体操服を着て帰る場合もありますのでご了承下さい。
また、その際は、洗濯をして園にお返し下さい。

…バッグ"のお知らせ＝ ● ● ● ● ● ●

…バッグに入れて、"タオル・スモック・うわばき・帽子"を持ち帰ります。

…てきていただく時、こどもたちが自分で仕度をしやすくするため、

…を絵本バッグに入れて登園して下さい。

…いします ☺

…れると出し忘れてしまうことがあります。

中野幼稚園

〈年中用〉

徒歩通園（黄色コース）の方へお願い

〈登園時のおねがい〉

- 4月8日（金）～4月15日（金）まで、徒歩通園の方は9:00～9:30の時間に登園して下さい。（朝、1人ひとりゆっくり受け入れしたいので、バス通園の子が園に到着する時間とずらしています。御了承下さい。）

※4月15日（金）以降は、8:30～9:00の登園になります。

〈降園時のおねがい〉

- 4月8日（金）明日のみ、11:00降園となります。5分前までにいらして下さい。（門の外で待機）
園庭に停車している水色のバス（ウサギ号）と、黄緑色のバス（パンダ号）2台に、バス通園の子どもが乗車し、2台のバスが園から出発をしたら、門が開きます。それまでは門の外で待っていて下さい。バス出発後すぐ（11:00）「お迎えのお母様方、中へお入り下さい」のマイクアナウンスが流れます。園庭にお入り下さい。続いてマイクアナウンスで、本日の保育内容、明日の伝達事項をお知らせします。降園のあいさつの後、「○○組のお母様方、園児用玄関へどうぞ」と各クラスごとにマイクアナウンスが続きます。呼ばれたクラスのお母様方は、園児用玄関で、お子様をおひきとり下さい。
（歩きコースの子ども達が、体育館で待機し、呼ばれたクラスごとに園児用玄関に出てきます。）

（注1）受け渡しの際、混乱を防ぐため、年少児のお母様方は、11:00より前に幼稚園の中に入ってお子様を引き渡しています。おまちがえのない様、御注意下さい。

※子ども達が慣れてきたら、園児用玄関から園庭に子ども達を誘導し、園庭前のスロープ（坂道）で、お子様を引き渡しします。

- 4月11日（月）以降は、11:30降園となります。5分前までにいらして下さい。（門の外で待機）
お子様の受け渡し方法は、しばらく8日（金）と同様に園児用玄関で行います。

♡プチアドバイス♡　名前、マークのつけかたのポイント!!

中野幼稚園

イラストを使って持ち物を示しても

文字だけでなく、イラストを使って持ち物について表示してあれば、とてもイメージがしやすいと思います。一度、きちんとそれらについてのおたよりをつくっておけば、次の年にも流用できますね。

5月

5月のおたよりのポイント

春の暖かさや風が気持ちのよい時期です。外遊びや散歩の様子、動物の飼育や植物の栽培などについて書くのもいいかもしれませんね。家庭訪問や保護者との面談などがある場合は、その内容について触れられるといいでしょう。少し落ち着いてきたと思ったら、ゴールデンウィーク明けに突然、気持ちが不安定になる子もいます。おたよりで家庭とのつながりを深めましょう。

園生活の一日の流れについて

ひと月経過しても、園生活の一日の流れが、まだ保護者に伝わっていないことも多いようです。そのために「園ではただ遊んでいるだけ」という「誤解」を生むこともあります。
「あいさつ」や「身じたく」、「片付け」など、生活面で大切にしていること、遊びのなかで伝えたいことなど、保育者の思いをどんどん伝えていきましょう。ただし、「今、ここまでできなければいけない」というような発信の仕方はプレッシャーを与えるのでひかえましょう。

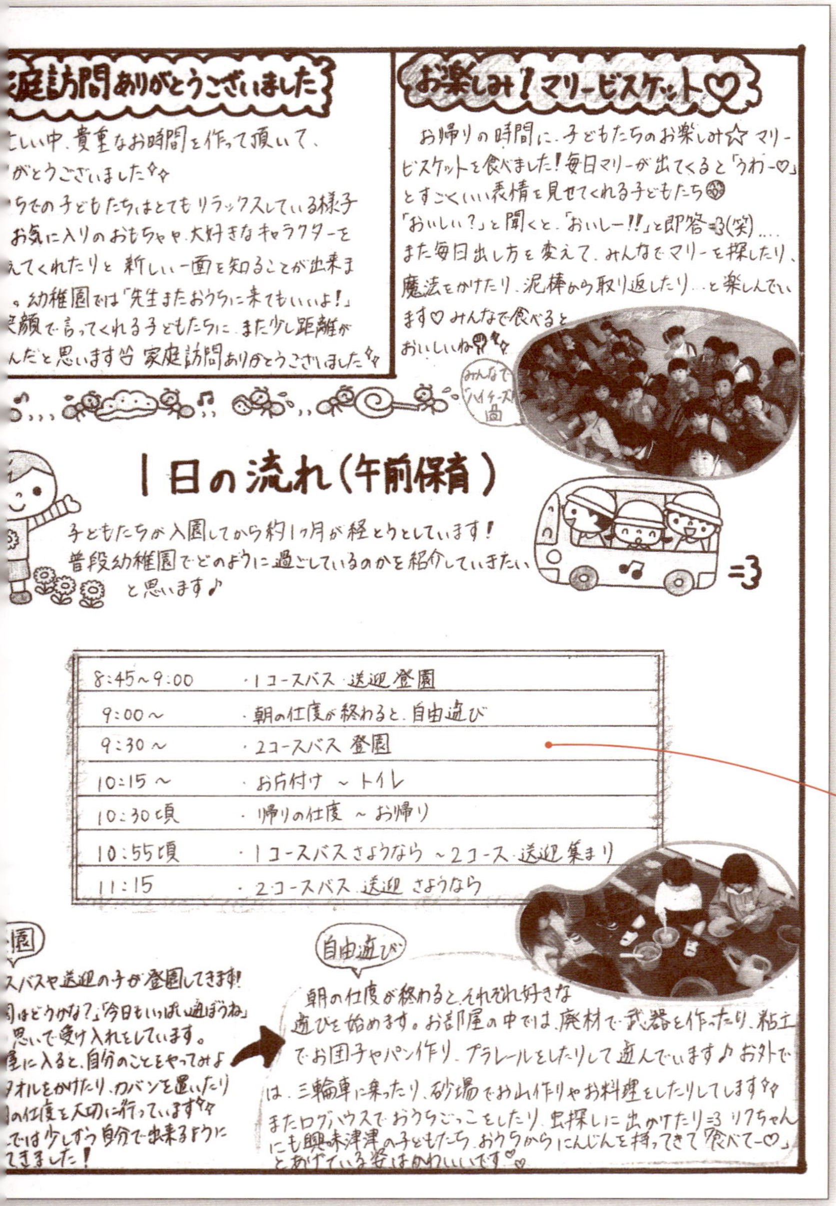

庭訪問ありがとうございました

…しい中、貴重なお時間を作って頂いて、
…がとうございました
…ちでの子どもたちはとてもリラックスしている様子
お気に入りのおもちゃや大好きなキャラクターを
…えてくれたりと 新しい一面を知ることが出来ま
…。幼稚園では「先生またおうちに来てもいいよ!」
…顔で言ってくれる子どもたちに、また少し距離が
…んだと思います 家庭訪問ありがとうございました

お楽しみ!マリービスケット♡

お帰りの時間に、子どもたちのお楽しみ☆ マリービスケットを食べました!毎日マリーが出てくると「うわー♡」とすごくいい表情を見せてくれる子どもたち
「おいしい?」と聞くと、「おいしー!!」と即答=3(笑)….
また毎日出し方を変えて、みんなでマリーを探したり、魔法をかけたり、泥棒から取り返したり…と楽しんでいます♡ みんなで食べるとおいしいね

みんなでハイチーズ

1日の流れ(午前保育)

子どもたちが入園してから約1ヵ月が経とうとしています!
普段幼稚園でどのように過ごしているのかを紹介していきたいと思います♪

8:45〜9:00	・1コースバス 送迎 登園
9:00〜	・朝の仕度が終わると、自由遊び
9:30〜	・2コースバス 登園
10:15〜	・お片付け 〜トイレ
10:30頃	・帰りの仕度 〜お帰り
10:55頃	・1コースバスさようなら 〜2コース 送迎 集まり
11:15	・2コースバス 送迎 さようなら

…園

…スバスや送迎の子が登園してきます!
…日はどうかな?」「今日もいっぱい遊ぼうね」
…思いで受け入れをしています。
…屋に入ると、自分のことをやってみよ
…タオルをかけたり、カバンを置いたり
…の仕度を大切に行っています
…では少しずつ自分で出来るように
…てきました!

自由遊び

朝の仕度が終わると、それぞれ好きな遊びを始めます。お部屋の中では、廃材で武器を作ったり、粘土でお団子やパン作り、プラレールをしたりして遊んでいます♪ お外では、三輪車に乗ったり、砂場でお山作りやお料理をしたりしてします
またログハウスでおうちごっこをしたり、虫探しに出かけたり=3 リクちゃんにも興味津津の子どもたち、おうちからにんじんを持ってきて「食べてー♡」とあげている姿はかわいいです♡

港北幼稚園

呼びかけ名について

園だよりの中で呼びかけをしたり、紹介する場合の名称は、できれば「お母様」ではなく、「保護者」が望ましいでしょう。おたよりは、母親だけに発信するものではありませんし、母親がいない子もいるでしょう。「ご父兄」もふさわしくありません。
「保護者のみなさま」では表現が硬いということであれば、園内でふさわしい呼び方を話し合っておくと良いでしょう。

経験が「見える」発信を

4月後半、子どもたちが個々に「こいのぼり製作」をし、家に持ち帰るのには意味があります。それは保護者に、園でわが子が「こんな経験をしたのだ」と具体的に「見える」ことです。(ただし、5歳児クラスであれば、個人製作よりも共同製作の方に保育のねらいをおくでしょう)。

とはいえ、たとえば入園直後の3歳児に個人製作をさせ、家に持ち帰らせようとすれば、無理をさせてしまうこともあるかもしれません。だからこそ、製作物を家に持ち帰らなくても、「今、こんな大切な経験をしているんだよ」と、おたよりでその過程が見えるように発信することが大切になります。写真を用いての発信が効果大です。

こいのぼり製作

5月5日は子どもの日ですね。港北幼稚園でも4月20日から園庭にこいのぼりを飾っています。朝子ども達が登園してくると「うわー! 大きいね!」と実際にこいのぼりにさわってみたり「こいのぼりさんおよいでるね～」とじ…見ている子もいました。こいのぼりはこれからもずっと元気でいられますようにというお願いを…子ども達と作り始めました。はじめは大きなこいのぼりの形をしたまっ白な紙にえのぐで色…交ぜでぬったり、葉っぱやハートの形に切った画用紙やシールを貼ってくれる子もいました。大きなこいのぼりを作った後は、小さいのも作ってみたい…と少し小さめに切った画用紙で作ってみることにしました。色も何色か出す中で、「ピンクが好きだからこ…ンク)にする」と選んでいたり、カップの裏や果物を包む網などの身近な素材を使ってハンコのように模様をつけたりもしました。黒い画用紙にいろいろな色を一面にぬる子もいて、素敵なこいのぼりが沢山ひよくまのお部屋にいます。みんなで作ったこいのぼりは天井に飾っていて、「泳いでるみたいだね～」と話しています。5月5日はもう少し先なので、えのぐやクレヨンなど楽しみながらまだまだお部屋でこどもの日…感じていけたらと思っています。

NO.3

廃材がいろいろな物に変身!

廃材ロボット"くるっとさん"を作ってから、お菓子の箱・牛乳パック・トイレットペーパーの芯・カップの廃材で作って遊ぶ事を楽しんでいます。トイレットペーパーの芯が剣になったり、(新聞紙も!)カップをつなげると武器になったり、牛乳パックがめがねやパクパク人形、携帯やパソコンになったり…と普段目にしている物がいろいろな物に変身してしまうのです!!! セロテープやガムテープなどが作る時には必要です。「どうやって切るの?」「どうやってくっつけるの?」と1つひとつ考えながら、一緒にやっていくことで経験を通して学んでいる子どもたち。ガムテープやセロテープが何回グチャグチャになっても挑戦していたり、同じ所に何度も同じテープをはって「はれない…」という姿があったり、子どもたちも1つ作るのにいろいろな葛藤をしながら作っています。

どうこメガネかっこいいでしょ みんなが"線"に見えるんだよ!

こうするから…と考えながら作っています。何ができるかな!?

ですので、完成した時の喜びもひとしおです。その喜び・達成感が「次また作ろう!」という気持ちになるんですよね。その気持ちを大切に、1つひとつ始めての経験を援助していき、それのつみ重ねによって、いろいろな事が出来ていくんだな。と思うと、毎日の子どもたちのしている事1つひとつを大切に、こちらも真剣に受け止めていきたいなーと思っています。

今月は廃材がこういう物に変身するんだ! と知った子どもたちですので、6月は、作っただけではなく、それを使ってあそんでいきたいと思っています。6月はどんな物が出てくるかなー!? 周りの子にも目が向いてきているので、いろいろな刺激をうけていく中で、できる事が多くなっていってほしいと思っています。

募集!!!

廃材を募集しています!!

特に…・牛乳パック ・トイレットペーパーの芯 です。

その他、お菓子の箱・カップも変わらずに募集していますのでご協力お願い致します。

くるっとさんから手紙がきた! 宝箱…

4月に登場したくるっとさん…という設定は変わらず、毎日いろいろな所にお…皆のことを見ていてくれています。そして、毎朝…とさん今日はここにいる!!」「昨日の所にはい…と言って探すのを楽しんでいます。

そんなある日!!! なんとっ! くるっとさんから手紙…宝箱(お道具箱)を持ってきてくれたのです!…を作り、なくならないように自分のマークの所に…り、大切な自分の物をポイッとして「どこいったっけ…いる子を見ていて、宝箱という自分のマーク&名前…お道具箱をくれたのです! 始めての手紙に、子どもたちも嬉しそうで、「毎日見ていてくれてるんだね」と話していました。素敵な宝箱の中には、早くもいろいろな作った大切な物が入っていますよ。

3才って面白い!

遠足でもやったかくれんぼ。4月から楽しんでいて、…いていますが、だんだんかくれるのが上手になってきました。最初は目をかくしているだけで「もういいよー」と言っていてかくれたつもりになっていた子どもたちですが、何回もやっていく中で、トイレにかくれたり、トイレの個室にかくれたり、ロッカーのカバンとカバンの間にほとんど足しか見えない状態でかくれるようになったり、机の下にかくれたり…と少しずつかくれる場所に変化が!! 見つける人、かくれる人とその時々で変わりながら両方を楽しんでいます。両方やっていく事で、かくれる場所を発見したり、見つからないようにどこにかくれようか!? と考えたりするからこそ、かくれ方が変化してきたんだろうな～と思うと、あそびこむって大切&何回も遊ぶからこそ、その遊びの本当の面白さが分かり、遊び方も変化していくんだな。と感じたかくれんぼの遊びでした。かくれているのに「ここにいーまーすか?」と聞くと「いませんよー」と返事が返ってくる子どもたちには、いつも笑ってしまいます(笑) 3才ってかわいいですね。これからもあそんでいく中で、いろいろ学んでいくんでしょうね! たのしみ♡

港北幼稚園

保育用の材料を募集してみよう

家ではゴミとなってしまうものも、保育では使える場合がたくさんありますね。ぜひ、保護者に募集を呼びかけていきましょう。どのようなものをいつごろまでに持ってきてもらいたいのか具体的にあげられるといいですね。それらが子どもの手でどのように変身したのかもおたよりで知らせると流れが見えて、楽しいものです。次号などでその成果(材料がどう使われたかなど)について感謝の言葉とともに発信しましょう。きちんと結果を報告すれば、保護者が園に協力するクラスになっていきます。

成長の特徴や普段の遊びについて

保護者にとって、園でのわが子の姿は、いつも関心があることです。
友達と仲良く過ごせているか、集団生活を無事に送れているか、どんな遊びをしているのか…。
これからの成長についての見通しが立ち、安心できるよう、子どもたちの姿を具体的に伝えていきましょう。

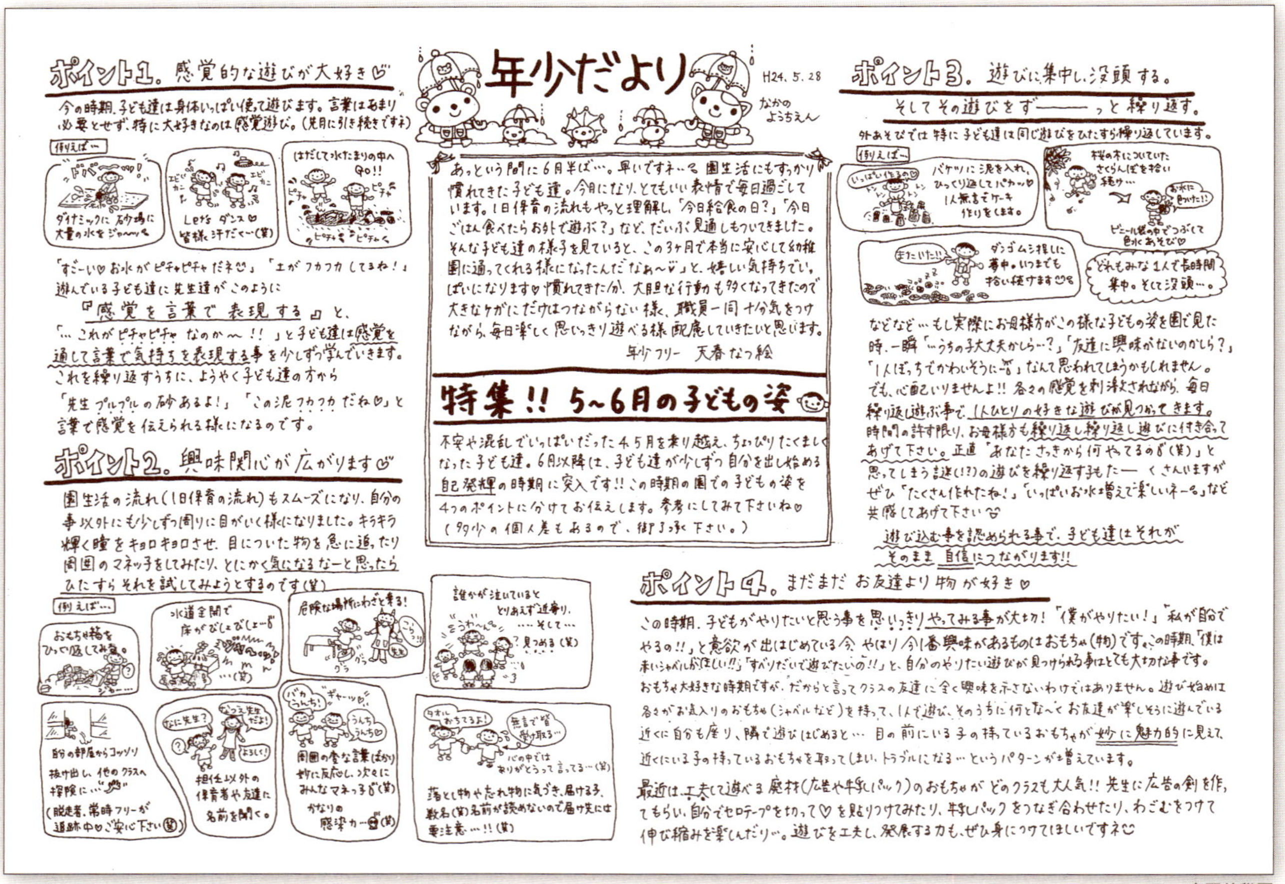

年少だより　H24．5．28　なかのようちえん

あっという間に6月半ば…。早いですネ…♪ 園生活にもすっかり慣れてきた子ども達。今月になり、とてもいい表情で毎日過ごしています。1日保育の流れもやっと理解し、「今日給食の日？」「今日ごはん食べたらお外で遊ぶ？」など、だいぶ見通しもついてきました。そんな子ども達の様子を見ていると、この3ヶ月で本当に安心して幼稚園に通ってくれる様になったんだなぁ〜♡」と、嬉しい気持ちでいっぱいになります♡ 慣れてきた分、大胆な行動も多くなってきたので大きなケガにだけはつながらない様、職員一同十分気をつけながら、毎日楽しく思いっきり遊べる様配慮していきたいと思います。

年少フリー　天春なつ絵

特集!! 5〜6月の子どもの姿

不安や混乱でいっぱいだった4.5月を乗り越え、ちょっぴりたくましくなった子ども達。6月以降は、子ども達が少しずつ自分を出し始める自己発揮の時期に突入です!! この時期の園での子どもの姿を4つのポイントに分けてお伝えします。参考にしてみて下さいね♡
（多少の個人差もあるので、御了承下さい。）

ポイント1。感覚的な遊びが大好き♡

今の時期、子ども達は身体いっぱい使って遊びます。言葉はあまり必要とせず、特に大好きなのは感覚遊び。（先月に引き続きですネ）

例えば…

「すごーい♡お水がピチャピチャだネ♡」「土がフカフカしてるね！」遊んでいる子ども達に先生達がこのように
『感覚を言葉で表現する』と、
「…これがピチャピチャなのか〜!!」と子ども達は感覚を通して言葉で気持ちを表現する事を少しずつ学んでいきます。これを繰り返すうちに、ようやく子ども達の方から
「先生プルプルの砂あるよ！」「この泥フカフカだね♡」と言葉で感覚を伝えられる様になるのです。

ポイント2。興味関心が広がります♡

園生活の流れ（1日保育の流れ）もスムーズになり、自分の事以外にも少しずつ周りに目がいく様になりました。キラキラ輝く瞳をキョロキョロさせ、目についた物を急に追ったり周囲のマネッ子をしてみたり、とにかく気になるなーと思ったらひたすらそれを試してみようとするのです（笑）

例えば…

ポイント3。遊びに集中し、没頭する。
そしてその遊びをず———っと繰り返す。

外あそびでは特に子ども達は同じ遊びをひたすら繰り返しています。

例えば…

などなど…もし実際にお母様方がこの様な子どもの姿を園で見た時、一瞬「…うちの子大丈夫かしら…？」「友達に興味がないのかしら？」「1人ぼっちでかわいそうに…」なんて思われてしまうかもしれません。でも、心配いりませんよ!! 各々の感覚を刺激されながら、毎日繰り返し遊ぶ事で、1人ひとりの好きな遊びが見つかってきます。時間の許す限り、お母様方も繰り返し繰り返し遊びに付き合ってあげて下さい。正直「あなたさっきから何やってるの?（笑）」と思ってしまう謎(!?)の遊びを繰り返す子もた——くさんいますがぜひ「たくさん作れたね！」「いっぱいお水増えて楽しいネ—♪」など共感してあげて下さい♡
遊び込む事を認められる事で、子ども達はそれがそのまま自信につながります!!

ポイント4。まだまだお友達より物が好き♡

この時期、子どもがやりたいと思う事を思いっきりやってみる事が大切！「僕がやりたい！」「私が自分でやるの!!」と意欲が出はじめている今、やはり今1番興味があるものはおもちゃ（物）です。この時期、「僕は赤いシャベルがほしい!!」「すべりだいで遊びたいの!!」と、自分のやりたい遊びが見つけられる事はとても大切な事です。
おもちゃ大好きな時期ですが、だからと言ってクラスの友達に全く興味を示さないわけではありません。遊び始めは各々がお気入りのおもちゃ（シャベルなど）を持って、1人で遊び、そのうちに何となーくお友達が楽しそうに遊んでいる近くに自分も座り、隣で遊びはじめると… 目の前にいる子の持っているおもちゃが妙に魅力的に見えて、近くにいる子の持っているおもちゃを取ってしまい、トラブルになる…というパターンが増えています。
最近は工夫して遊べる廃材（広告や牛乳パック）のおもちゃがどのクラスも大人気!! 先生に広告の剣を作ってもらい、自分でセロテープを切って♡を貼りつけてみたり、牛乳パックをつなぎ合わせたり、わごむをつけて伸び縮みを楽しんだり…。遊びを工夫し、発展する力も、ぜひ身につけてほしいですネ♡

中野幼稚園

わたし流おたよりのコツ　天春なつ絵先生（中野幼稚園）

現場に入って13年目、現在は学年主任・フリーという立場で「年少だより」を年に5回、担当しています。これは、幼稚園生活1年目のお子さんの保護者に安心していただくことを考えて作成しています。

年齢が若い保護者が多いので、どうすれば読んでもらえるのかを考えた末、イラストで子どもたちの様子について描いてみたところ、大きな反響がありました。以来、文章はなるべく短く、専門用語は使わないで、時期ごとの子どもたちの成長の特性を理解してもらえるよう心がけています。記事の内容は、職員会議で他の先生の話を聞いたりして状況をつかんでから決めています。後輩たちには、保存してあるおたよりをたくさん読んで、いいものを参考にするようアドバイスしています。

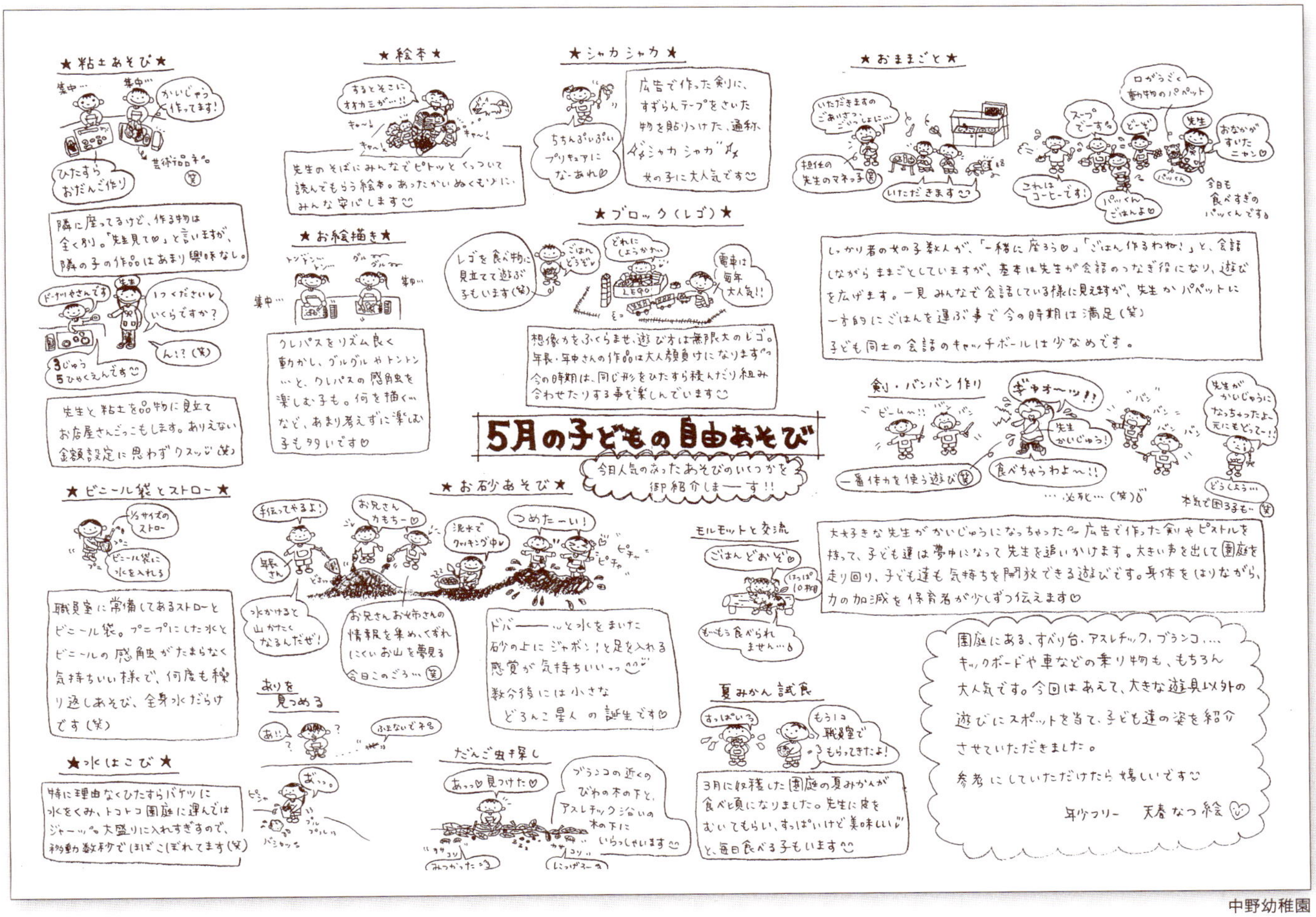

5月の子どもの自由あそび

今日人気のあったあそびのいくつかを御紹介しま――す!!

★粘土あそび★

集中…
集中…
かいじゅう作ってます!
ひたすらおだんご作り
芸術品ネ。(笑)

隣に座ってるけど、作る物は全く別。「先生見て♡」と言いますが、隣の子の作品はあまり興味なし。

ドーナツやさんです
先生
1つください♪いくらですか?
3じゅう5ひゃくえんです◡̈
ん!?(笑)

先生と粘土を品物に見立てお店屋さんごっこもします。ありえない金額設定に思わずクスッ♪(笑)

★絵本★

するとそこにオオカミが…!!
キャ~!
キャ~!
キャ~!

先生のそばにみんなでピトッとくっついて読んでもらう絵本。あったかいぬくもりに、みんな安心します◡̈

★シャカシャカ★

ちちんぷいぷいプリキュアになーあれ♡

広告で作った剣に、すずらんテープをさいた物を貼りつけた、通称♪シャカシャカ♪
女の子に大人気です◡̈

★おままごと★

いただきますのごあいさつ、ごいっしょに…
担任の先生のマネっ子(笑)
いただきます◡̈
スープでーす
どーぞ
口がうごく動物のパペット
先生
おなかがすいたニャン♡
これはコーヒーです!
パックん
パックんごはんよ♡
今日も食べすぎのパックんです。

しっかり者の女の子数人が、「一緒に座ろう♡」「ごはん作るわね!」と、会話しながらままごとしていますが、基本は先生が会話のつなぎ役になり、遊びを広げます。一見みんなで会話している様に見えますが、先生がパペットに一方的にごはんを運ぶ事で今の時期は満足(笑)
子ども同士の会話のキャッチボールは少なめです。

★お絵描き★

トンテントン…
グルグル
集中…
集中…

クレパスをリズム良く動かし、グルグルやトントン…と、クレパスの感触を楽しむ子も。何を描く…など、あまり考えずに楽しむ子も多いです♡

★ブロック(レゴ)★

レゴを食べ物に見立てて遊ぶ子もいます(笑)
ごはんどうぞ♪
どれにしようかな
電車は毎年大人気!!

想像力をふくらませ、遊び方は無限大のレゴ。年長・年中さんの作品は大人顔負けになりますが、今の時期は、同じ形をひたすら積んだり組み合わせたりする事を楽しんでいます◡̈

剣・バンバン作り

ビームー!!
バンバン
ギャオーッ!!
先生かいじゅう!
バン バン バン バン
先生がかいじゅうになっちゃったよー元にもどってー!!
一番体力を使う遊び(笑)
食べちゃうわよ~!!
…必死…(笑)
どうしよう…
本気で困る子も…(笑)

大好きな先生がかいじゅうになっちゃった~ 広告で作った剣やピストルを持って、子ども達は夢中になって先生を追いかけます。大きい声を出して園庭を走り回り、子ども達も気持ちを開放できる遊びです。身体をはりながら、力の加減を保育者が少しずつ伝えます♡

★ビニール袋とストロー★

1/2サイズのストロー
ビニール袋に水を入れる

職員室に常備してあるストローとビニール袋。プニプにした水とビニールの感触がたまらなく気持ちいい様で、何度も繰り返しあそび、全身水だらけです(笑)

★お砂あそび★

手伝ってやるよ!
お兄さんカモちー♡
泥水でクッキング中♪
つめたーい!
ピチャ ピチャ
年長さん
水かけると山かたくなるんだぜ!
お兄さんお姉さんの情報を集め、くずれにくいお山を夢見る今日このごろ…(笑)

ドバーーッと水をまいた砂の上にジャボン!と足を入れる感覚が気持ちいいっ◡̈
数分後には小さなどろんこ星人の誕生です♡

モルモットと交流

ごはんどおぞ♡
はっぱ10枚
もーもう食べられません…

ありを見つめる

あ!!
ふまないでネ

★水はこび★

あっ。
ピシャ
バシャッ

特に理由なくひたすらバケツに水をくみ、トコトコ園庭に運んではジャーッ。大盛りに入れすぎるので、移動数秒でほぼこぼれてます(笑)

だんご虫探し

あっ♡見つけた♡
ブランコの近くのびわの木の下と、アスレチック沿いの木の下にいらっしゃいます◡̈
カサコソ
みつかったー
カサコソ
にげろー

夏みかん試食

すっぱいっ
もう1コ職員室でもらってきたよ!

3月に収穫した園庭の夏みかんが食べ頃になりました。先生に皮をむいてもらい、すっぱいけど美味しい"と、毎日食べる子もいます◡̈

園庭にある、すべり台、アスレチック、ブランコ…、キックボードや車などの乗り物も、もちろん大人気です。今回はあえて、大きな遊具以外の遊びにスポットを当て、子ども達の姿を紹介させていただきました。
参考にしていただけたら嬉しいです◡̈

年少フリー　天春なつ絵♡

中野幼稚園

「遊び＝学び」と理解できる工夫を

保護者は、子どもにとって「遊びが大事」とわかっていても、ただ「遊んでいるだけ」と見てしまいがちです。また、新しいクラスで１ヵ月が過ぎたこの頃は、「なぜ、うちの子は友達ができないの？」といったように、他の子と比較して不安が起こってくる時期でもあります。

そこで、子どもがどのような遊びをしているか、遊びの中でどんな大事な経験をしているかについて、ポイントを押さえて伝えることが大切になります。

文章で子どもの姿を伝える方法もよいと思いますが、おたよりでクラスの全体像を伝えるには、このようにイラストを使って、視覚的にまとめた記事であれば、さらにわかりやすく、効果的でしょう。

6月

さくらんぼだより　6月号
ゆうゆうのもり幼保園　H24.6.29 発行

新緑の美しい頃となりましたが晴れた日は夏のように暑く、雨の日には肌寒かったりと日々天候が変わりやすいですね。子ども達の身体を清潔に保つようにし、気持ちよく過ごせるようにしていきたいと思います。

雨の日が続き室内で過ごすことも多いですが、子ども達は元気いっぱいに過ごしています。6月に新しいお友達を1名迎え、賑やかになったさくらんぼぐみの姿をお伝えしたいと思います。

あたらしいおともだち

ゆうゆうのもり幼保園

6月のおたよりのポイント

梅雨に入る時期です。室内活動も多くなるので室内遊びや、おもちゃのことなどに触れるのもいいですね。また、仲の良い友達が増える一方、けんかやトラブルも多くなります。友達関係について特集を組むのもよいかもしれません。

いないいないばあ

子ども達が大好きな遊びのひとつ、
♫ いないいないばあ ♫
今月はそれにちなんだ歌をご紹介します。
ご家庭でも是非、歌ってみてください!!

『いない いない ばあ!!』

ゆうゆうのもり幼保園

家庭で一緒にできるように歌や手遊びなどの紹介を

園でしている手遊びや歌などを一緒にやろうとしても、知らなかったり、うろ覚えだったりという保護者は多いようです。おたよりで具体的な遊びや歌について紹介すれば、家庭で親子で楽しめます。

保護者のつながりが生まれるしかけを！

園によっては、おたよりに保護者の声を載せる場合があります。このような園では、保護者同士の自然なつながりが生まれます。多くの保護者が、他のご家庭の過ごし方やクラスにどんな保護者がいるかなどに関心を持っています。このように記事として掲載すれば親近感がわき、「うちでも真似してみよう！」と家庭での保育のよい刺激になったり、それがクラス全体のまとまりにつながったりします。

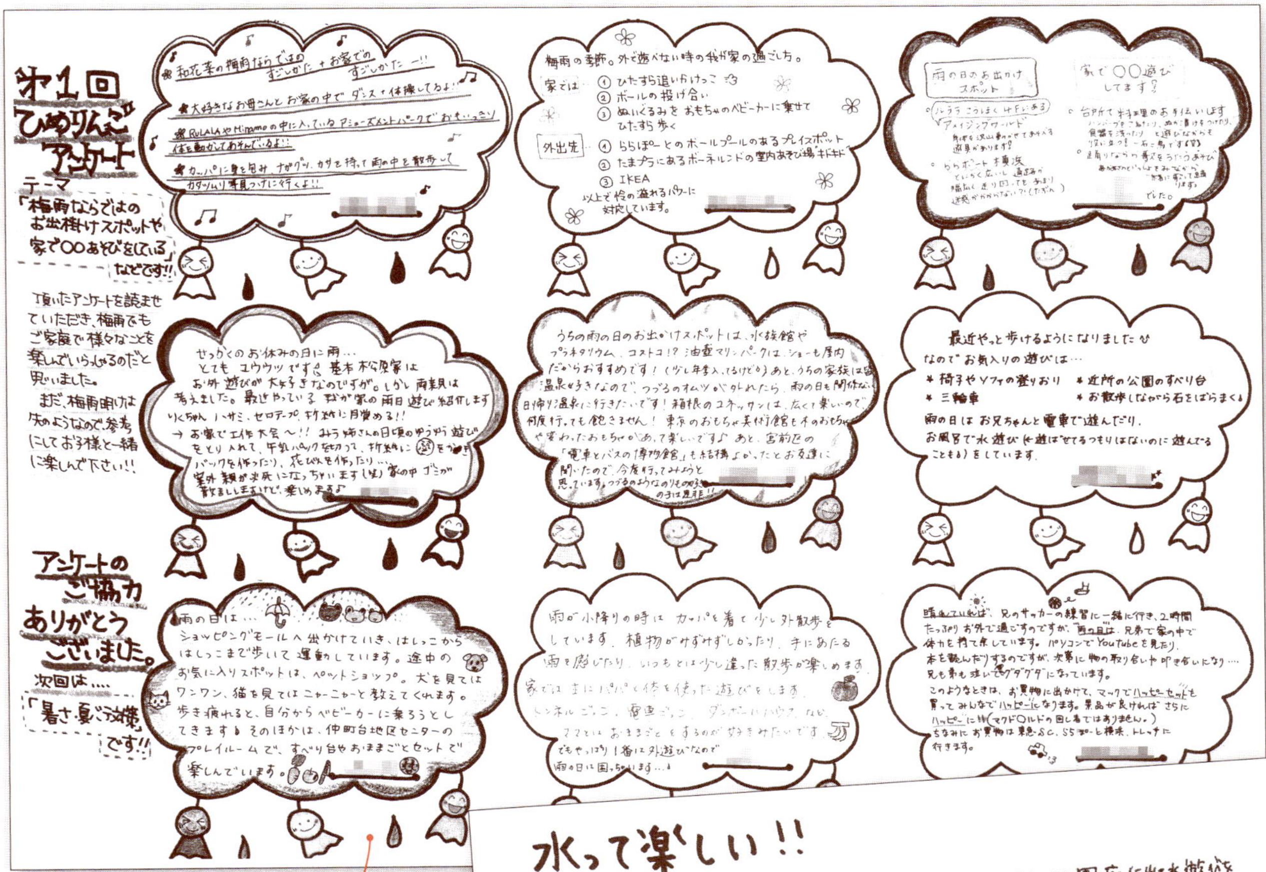

第1回 ひまわりんごアンケート

テーマ「梅雨ならではのお出掛けスポットや家で○○あそびをしている」などです!!

頂いたアンケートを読ませていただき、梅雨でもご家庭で様々なことを楽しんでいらっしゃるのだと思いました。
まだ、梅雨明けは先のようなので、参考にしてお子様と一緒に楽しんで下さい!!

アンケートのご協力ありがとうございました。
次回は....「暑さ・夏ご対策」です!!

和花菜の梅雨ならではのすごしかた＋お家でのすごしかた ー!!
大好きなお母さんとお家の中でダンス＋体操してるよ!!
RuLaLaやMimamoの中に入っているアミューズメントパークでおもいっきり体を動かしてあそんでいるよ!!
カッパに身を包み、ナガグツ、カサを持って雨の中を散歩してカタツムリ等見つけに行くよ!!

梅雨の季節。外で遊べない時の我が家の過ごし方。
家では…①ひたすら追いかけっこ ②ボールの投げ合い ③ぬいぐるみをおもちゃのベビーカーに乗せてひたすら歩く
外出先…①ららぽーとのボールプールのあるプレイスポット ②たまプラにあるボーネルンドの室内あそび場キドキド ③IKEA
以上で怜の溢れるパワーに対応しています。

雨の日のお出かけスポット
○ルララこうほく4Fにある アメイジングワールド 身体を沢山動かせてあそべる遊具があります!
○ららポート横浜 とにかく広いし通路が幅広く走り回ってもあまり迷惑がかからない?(たぶん)

家で○○遊びしてます?
○台所で料理のお手伝いします ハンバーグをこねたり、ぬかに漬けをつけたり、食器を洗ったり と遊びながらも役に立つ!一石二鳥です(笑)
○踊りながら歌をうたうあそび おかあさんといっしょをみながら一緒に歌って踊ります。
でした。

せっかくのお休みの日に雨…
とてもユウウツです。基本松原家はお外遊びが大好きなのですが。しかし両親は考えました。最近やっている我が家の雨日遊び紹介します
りくちゃん ハサミ、セロテープ、折紙に目覚める!!
→お家で工作大会〜!! みう姉さんの日頃のゆうゆう遊びをとり入れて、牛乳パックを切って、折紙に絵をかきバックを作ったり、花びんを作ったり…
案外親が必死になっちゃいます(笑) 家の中ゴミが散乱しますけど、楽しめますよ

うちの雨の日のお出かけスポットは、水族館やプラネタリウム、コストコ!? 油壺マリンパークは、ショーも屋内だからおすすめです!(少し年季入ってるけど) あと、うちの家族は皆温泉好きなので、つづるのオムツが外れたら、雨の日も関係なく日帰り温泉に行きたいです! 箱根のユネッサンは、広くて楽しいので、何度行っても飽きません! 東京のおもちゃ美術館も木のおもちゃや変わったおもちゃがあって楽しいです あと、宮前区の「電車とバスの博物館」も結構よかったとお友達に聞いたので、今度行ってみようと思っています。つづるのようなのりもの好きの子は是非!!

最近やっと歩けるようになりました
なのでお気に入りの遊びは…
＊椅子やソファの登りおり ＊近所の公園のすべり台
＊三輪車 ＊お散歩しながら石をばらまく。
雨の日はお兄ちゃんと電車で遊んだり、お風呂で水遊び(←遊ばせてるつもりはないのに遊んでることも)をしています。

雨の日は…
ショッピングモールへ出かけていき、はしっこからはしっこまで歩いて運動しています。途中のお気に入りスポットは、ペットショップ。犬を見てはワンワン、猫を見てはニャーニャーと教えてくれます。歩き疲れると、自分からベビーカーに乗ろうとしてきます。そのほかは、仲町台地区センターのプレイルームで、すべり台やおままごとセットで楽しんでいます。

雨が小降りの時はカッパを着て少し外散歩をしています。植物がみずみずしかったり、手にあたる雨を感じたり、いつもとは少し違った散歩が楽しめます。
家ではまにパパと傘を使った遊びをします。トンネルごっこ、電車ごっこ、ダンボールハウスなど。
ママとはおままごとをするのが好きみたいです。
でもやっぱり1番は外遊びなので雨の日は困っちゃいます…

晴れていれば、兄のサッカーの練習に一緒に行き、2時間たっぷりお外で過ごすのですが、雨の日は、兄弟で家の中で体力を持て余しています。パソコンでYoutubeを見たり、本を読んだりするのですが、次第に物の取り合いや叩き合いになり…兄も弟も泣いてグダグダになっています。
このようなときは、お買物に出かけて、マックでハッピーセットを買ってみんなでハッピーになります。景品が良ければさらにハッピーに!!(マクド○ルドの回し者ではありません。)
ちなみにお買物は東急SC、ららぽーと横浜、トレッサに行きます。

ゆうゆうのもり幼保園

親も原稿づくりに参加して

保護者にアンケートなどを依頼する場合には、時期にあった質問のほか、子どもの名前の由来など、いろいろなテーマを考えて親に参加してもらい、「一緒に子育てをしている」という連帯感を生んでいきましょう。

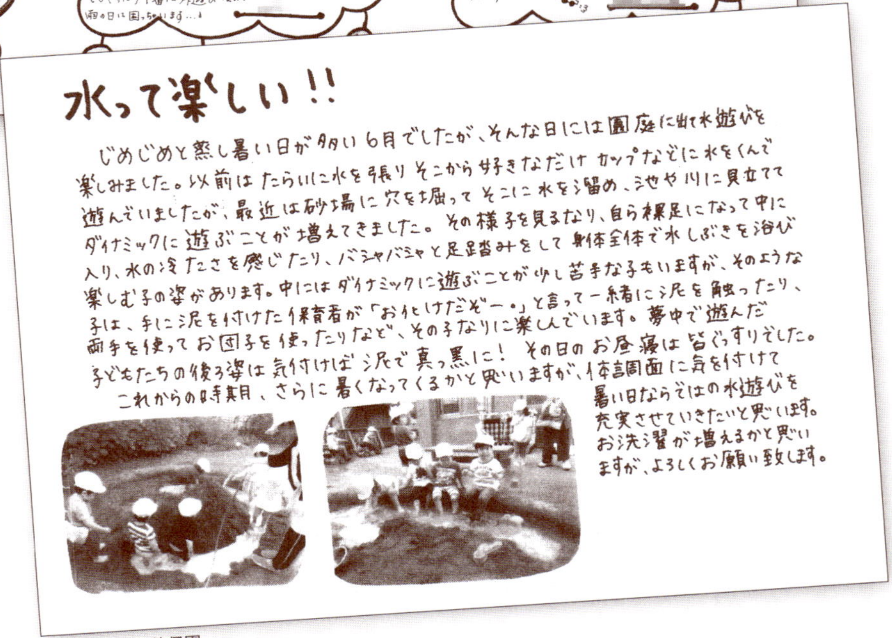

水って楽しい!!

じめじめと蒸し暑い日が多い6月でしたが、そんな日には園庭に出て水遊びを楽しみました。以前はたらいに水を張りそこから好きなだけカップなどに水をくんで遊んでいましたが、最近は砂場に穴を掘ってそこに水を溜め、池や川に見立ててダイナミックに遊ぶことが増えてきました。その様子を見るなり、自ら裸足になって中に入り、水の冷たさを感じたり、バシャバシャと足踏みをして身体全体で水しぶきを浴び楽しむ子の姿があります。中にはダイナミックに遊ぶことが少し苦手な子もいますが、そのような子は、手に泥を付けた保育者が「おばけだぞー。」と言って一緒に泥を触ったり、両手を使ってお団子を使ったりなど、その子なりに楽しんでいます。夢中で遊んだ子どもたちの後ろ姿は気付けば泥で真っ黒に！ その日のお昼寝は皆ぐっすりでした。
これからの時期、さらに暑くなってくるかと思いますが、体調面に気を付けて暑い日ならではの水遊びを充実させていきたいと思います。お洗濯が増えるかと思いますが、よろしくお願い致します。

ゆうゆうのもり幼保園

オリジナルなおたより

保育者の顔が見えるおたよりは、園の活動に保護者を巻き込むための
しかけになるとともに、職員同士の刺激にもなります。
ここでは、育和幼稚園（神奈川県）の主任の先生の名前がついた
「HAMANO だより」を紹介します。

育和幼稚園

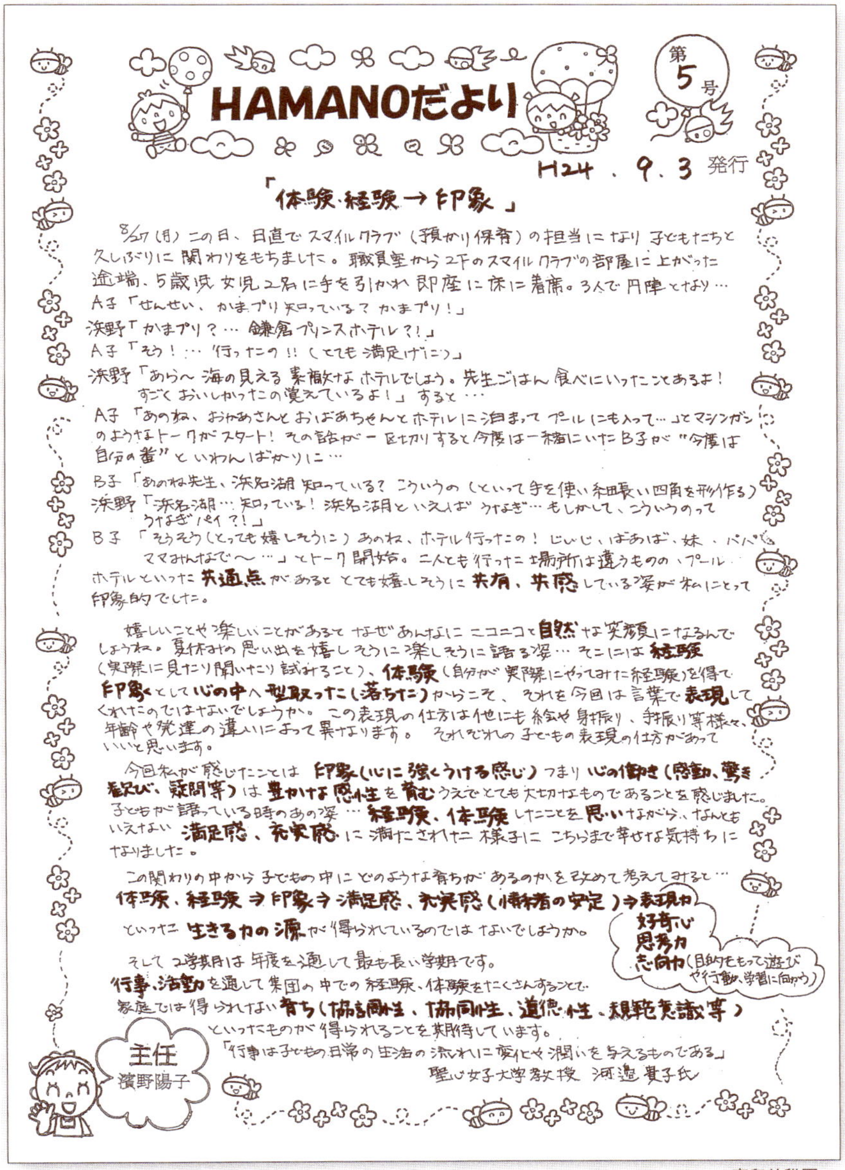

HAMANOだより

第5号

H24．9．3 発行

「体験・経験→印象」

8/27（月）この日、日直でスマイルクラブ（預かり保育）の担当になり子どもたちと久しぶりに関わりをもちました。職員室から2Fのスマイルクラブの部屋に上がった途端、5歳児女児2名に手を引かれ即座に床に着席。3人で円陣となり…

A子「せんせい、かまプリ知っている？かまプリ！」
浜野「かまプリ？…鎌倉プリンスホテル？！」
A子「そう！…行ったの!!（とても満足げに）」
浜野「あら～海の見える素敵なホテルでしょう。先生ごはん食べにいったことあるよ！すごくおいしかったの覚えているよ！」すると…
A子「あのね、おかあさんとおばあちゃんとホテルに泊まってプールにも入って…」とマシンガンのようなトークがスタート！その話が一区切りすると今度は一緒にいたB子が“今度は自分の番”といわんばかりに…
B子「あのね先生、浜名湖知っている？こういうの（といって手を使い細長い四角を形作る）
浜野「浜名湖…知っている！浜名湖といえばうなぎ…もしかして、こういうのってうなぎパイ？！」
B子「そうそう（とっても嬉しそうに）あのね、ホテル行ったの！じいじ、ばあば、妹、パパ、ママみんなで～…」とトーク開始。二人とも行った場所は違うものの、プールホテルといった**共通点**があるととても嬉しそうに**共有、共感**している姿が私にとって印象的でした。

嬉しいことや楽しいことがあるとなぜあんなにニコニコと**自然**な笑顔になるんでしょうね。夏休みの思い出を嬉しそうに楽しそうに語る姿…そこには**経験**（実際に見たり聞いたり試みること）、**体験**（自分が実際にやってみた経験）を得て**印象**として**心の中へ型取った（落ちた）**からこそ、それを今回は言葉で**表現**してくれたのではないでしょうか。この表現の仕方は他にも絵や身振り、手振り等様々、年齢や発達の違いによって異なります。それぞれの子どもの表現の仕方があっていいと思います。

今回私が感じたことは**印象（心に強くうける感じ）**つまり**心の働き（感動、驚き喜び、疑問等）**は**豊かな感性**を**育む**うえでとても大切なものであることを感じました。子どもが語っている時のあの姿…**経験、体験**したことを**思い**ながら、なんともいえない**満足感、充実感**に満たされた様子にこちらまで幸せな気持ちになりました。

この関わりの中から子どもの中にどのような育ちがあるのかを改めて考えてみると…
体験、経験→印象→満足感、充実感（情緒の安定）→表現力
といった**生きる力の源**が得られているのではないでしょうか。

好奇心
思考力
志向力（目的をもって遊びや行動、学習に向かう）

そして2学期は年度を通して最も長い学期です。
行事、活動を通して集団の中での経験、体験をたくさんすることで家庭では得られない**育ち（協調性、協同性、道徳性、規範意識等）**といったものが得られることを期待しています。
「行事は子どもの日常の生活の流れに変化や潤いを与えるものである」
聖心女子大学教授 河邉貴子氏

主任
濱野陽子

育和幼稚園

わたし流おたよりのコツ

濱野陽子先生（育和幼稚園）

うちの園では、主任である私の名前がついたおたよりを発行させてもらっています。現場経験は17年目ですが、数年前まで、「〇〇ができました。かわいいですね」のような活動の結果のみを原稿に書き、子どもたちにどんな学びや発想、育ちがあったのかを明確に文字化できていませんでした。しかし、研修を受けたことが転機になり、今は、親に何を伝えるかが定まってきて、後輩たちの文章の添削もしやすくなりました。

主任という立場上、いろいろなクラスで見た印象に残ったことなどを業務日誌に書くのですが、それを発展させて『HAMANOだより』を作っています。毎回、園長や副園長から原稿のチェックを受け、助言してもらうのはとても参考になりますね。また、字のきれいさや大きさ、枠など読みやすさを考慮しつつ、タイトルも一言でわかるようなものをつけるようにしています。

発行後は、忙しいですが、会議でおたよりについての振り返りの時間を設けて、内容の共有化につとめています。

園全体で、おたよりのあり方を見直す

育和幼稚園では、1年間に及ぶ外部研修への参加をきっかけに、園全体でおたよりのあり方を見直し、おたよりの内容などを大きく変えました。研修では、他園でのおたよりについての様々な工夫が紹介され、とても刺激を受けたそうです。

おたよりが変わったことで、保護者からの反応がとても良くなり、園への理解も深まったといいます。クラスだよりだけでなく、「HAMANOだより」のように、特定の職員が、自分の思いを保護者に語りかけるスタイルの発信もとても好評のようです。

7月

7月のおたよりのポイント

夏の生活、真っ只中です。暑さに負けず、プール、お泊り保育、虫取りなど、子どもが園でのびのびと過ごしている様子をたくさん紹介できるといいですね。一方で、「静の活動」の報告も忘れずに。

幼稚園では夏休みが始まります。健康管理や安全、衛生、生活リズムについての留意点などの発信もとても重要です。

ゆり2のねっこ

5月になり ゆり2くみの遊びも たくさん出てきて、子どもたちの やりたいことも 増えてきました!! 一人の子から遊びが広がったり、友達のしていることに思わず興味が出てきてやってみたいと思うことが増えてきました♡ そんな子どもたちの姿をお伝えしたいと思います♡

☆園内ウォークラリー☆

きくぐみさんから始まった園内ウォークラリー。きくぐみさんが友達と協力しながら幼稚園のあらゆる所に隠されたシールを楽しみながら見つけていく姿を見て「ぼくたちもやってみたい!!」と言ってゆり2くみでも始まりました。地図を見ながら「ここから行ってみよう!」とお互い誘い合って行く姿がありました。ある子が「見つからなかった」と困っていると「一緒に探してみよう!!」と励ましたり、誰かが見つけると「どこにあったの〜?」と今までかかわったことのない子たちが自然と一緒になって探したり見つけて喜ぶ姿がありました♡ この遊びからウォークラリーに行ったメンバーで遊びが始まったり、「この子と遊びたいな」と思うきっかけになった子もいます。

地図を持ってレッツゴー!!

忍者屋敷もまだまだ大人気!!

☆お店屋さんごっこ おすし屋さん&アイスクリーム屋さん☆

ある子が「めいこ先生 おすし屋さん やりたい!」と言ってきました。担任が「じゃあどうやって作ろうか?」と言うと「おりがみで作ったらいいかも」と言って材料を用意するとハサミを持ってきて「ぼくは卵を作るんだー!!」と作り始めました。その姿を見た子たちが何人か「私もいれてー!」と遊びに入りました。一人ひとり自分の好きなおすしを作る中で「それいいねー!」と「ぼくもマネっこしよう!!」と友達の作っているものに興味を持ち認めてくれることで自然と遊びが広がっていきました。それからお客さんを呼んだり、アイスクリーム屋さんが出てきたり、イメージを共有しながらじっくりと作り込む遊びも大好きなゆり2くみでした♡

「いらっしゃいませー!!」

放送すると こんな 集まりました!!

みんなでアイディア出し合ってステキ♡

アイス屋さんも

港北幼稚園

☆ソーラン節盛り上がっています!!☆ 「フラワー」NO.3

きくぐみさんが新吉田第二小学校に行き6年生のソーラン節を見せてもらい、帰ってきて園庭で踊りが始まると、ゆりぐみや年少の子たちも集まってきくぐみさんを見ながら踊り始めました!! 小学生のように裸足で踊るきくぐみさんを見て「裸足になっちゃえー!!」と靴を脱ぐゆり2くみの子どもたち♡ 学年を越えてみんなで体を動かしたり、思わず踊りたくなる雰囲気って本当にステキだなあと感じました!! お部屋で踊ったり、園庭で踊ったりとーっても楽しんでいます♪

学年を越えての交流って大切!! きくぐみさんかっこいい〜

ソーラン節ってかっこいい!! みんなで踊ると気持ちいいね♪

☆こんな遊びもやっています!!☆

<ビオトープ&駐車場で虫探し>

虫探し網を持ってGO!!

メダカさんかわいいね♡

だんご虫、てんとう虫など虫探しも楽しんでいます♡ 虫が苦手だった子も友達から「さわってごらん♡」と誘われてさわれるようになった子もいます!!

<ごっこ遊びも大好き♡>

ねこちゃんごっこだニャアー♡

ねこちゃんごっこ、家族ごっこ、戦いごっこなどなりきって遊ぶのも大好き♡

<外遊びも思いきり楽しんでます>

天気もよく外遊びが気持ちのよい季節です!! 全身泥んこになりながら泥だんご作りや三輪車で電車ごっこをしたり、かくれんぼ、ドロケイなど友達と協力して遊ぶ遊びにも挑戦しています♡ みんなで遊ぶことが自然と楽しくなってもらって欲しいなと願っております。担任も汗だくで走りまわってまーす。

三輪車大好きです♡

<お集まりでは…♡>

石になっているところです♡ 大好きー♡

絵本を読んだりする日もあればゲームをしたり、ダンスをする日もあります!! 最近のゆり2くみはこのように石になって担任を驚かすことが大好きでゴザをひくとみんな石になってしまいます(笑) なんとかわいいのでしょう♡

港北幼稚園

日常の遊びが学びになる

子どもたちは、日常の何気ない遊びや生活を通してたくさんのことを学んでいます。おたよりには、行事や季節のことだけでなく、そんな魅力的なエピソードを発信したいものです。そうすることで、保護者は「遊びが学び」であることの意味を理解していきます。

プール・水遊び

夏のおたよりに、プールや水遊びの話題は欠かせません。
年齢ごとの水とのかかわり方の違い、そこから得られることや
子どもたちの反応など、多方面から発信していきましょう。
持ち物については、事前に詳しい説明をするのがおすすめです。

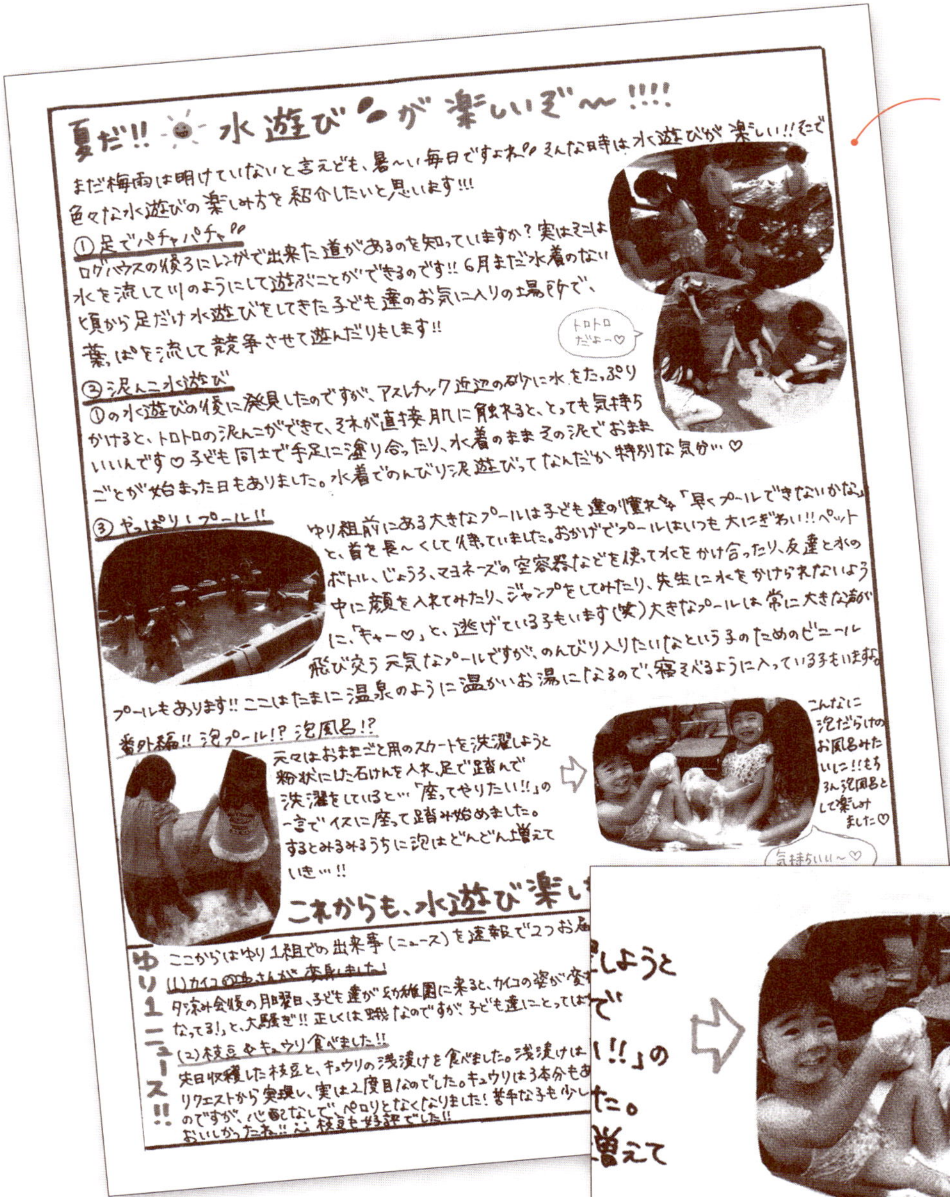

夏だ!! 水遊びが楽しいぞ〜!!!!

まだ梅雨は明けていないと言えども、暑〜い毎日ですよね!! そんな時は水遊びが楽しい!! そこで色々な水遊びの楽しみ方を紹介したいと思います!!!

①足でパチャパチャ!!
ログハウスの後ろにレンガで出来た道があるのを知っていますか？実はそこは水を流して川のようにして遊ぶことができるのです!! 6月まだ水着のない頃から足だけ水遊びをしてきた子ども達のお気に入りの場所で、葉っぱを流して競争させて遊んだりもします!!

トロトロだよ〜♡

②泥んこ水遊び
①の水遊びの後に発見したのですが、アスレチック近辺の砂に水をたっぷりかけると、トロトロの泥んこができて、それが直接肌に触れると、とっても気持ちいいんです♡ 子ども同士で手足に塗り合ったり、水着のままその泥でおままごとが始まった日もありました。水着でのんびり泥遊びってなんだか特別な気が…♡

③やっぱり！プール!!
ゆり組前にある大きなプールは子ども達の憧れで「早くプールできないかな」と、首を長〜くして待っていました。おかげでプールはいつも大にぎわい!! ペットボトル、じょうろ、マヨネーズの空容器などを使って水をかけ合ったり、友達と水の中に顔を入れてみたり、ジャンプをしてみたり、先生に水をかけられないように、「キャー♡」と、逃げている子もいます(笑) 大きなプールは常に大きな声が飛び交う元気なプールですが、のんびり入りたいなという子のためのビニールプールもあります!! ここはたまに温泉のように温かいお湯になるので、寝そべるように入っている子もいますね。

番外編!! 泡プール!? 泡風呂!?
元々はおままごと用のスカートを洗濯しようと粉状にした石けんを入れ、足で踏んで洗濯をしていると…「座ってやりたい!!」の一言でイスに座って踏み始めました。するとみるみるうちに泡はどんどん増えていき…!!

こんなに泡だらけのお風呂みたいに!! もう泡風呂として楽しみました♡

気持ちいい〜♡

これからも、水遊び楽し

ゆり1ニュース!!
ここからはゆり1組での出来事(ニュース)を速報で2つお届
(1)カイコの…さんが変身しました！
夕涼み会後の月曜日、子ども達が幼稚園に来ると、カイコの姿が変… なってる!」と、大騒ぎ!! 正しくは繭なのですが、子ども達にとっては…
(2)枝豆やキュウリ食べました!!
先日収穫した枝豆と、キュウリの浅漬けを食べました。浅漬けは… リクエストから実現し、実は2度目なのでした。キュウリは3本分もあ… のですが、心配なしで、ペロリとなくなりました！苦手な子も少し… おいしかったね!! 枝豆も好評でした!!

港北幼稚園

年齢ごとに違う水とのかかわり

プールや水遊びなどの水とのかかわり方は、年齢や発達によって異なります。保護者からは状況や違いがわかりにくいかもしれないので、小物を使って遊んだり、ゲームをしたりなど、具体的な様子を伝えましょう。
泥んこ遊びも、夏の園では日課のような遊びのひとつ。子どもたちが思いきり楽しんでいるところを発信したいですね。なかなか家庭ではできない遊びなので、最初の戸惑う姿からの変化など、写真をまじえれば、よりリアルに伝わります。
水着などの写真は、掲載を気にする保護者もいるかもしれません。十分な配慮を要する点ですので、事前に承諾を得るなどしておくと安心でしょう。

夏休み前のおたより

長期の休みを前に、「休み中の過ごし方」について発信することは、
保護者の意識を高めることにつながります。
親子でどのように過ごすかの大きなヒントにもなるはずです。

＜自然の中で＞

✧ 夏の自然を身体全体で感じる。
海（海水浴、貝拾い、海の生き物探しなど）山（山登り、草花に触れる、昆虫採集など）
川（水遊び、石拾い、生き物探しなど）へ行き自然の中で遊ぶ。
雲（雲の種類、形）夜空（月、星、星座）をみる。
気温の変化（朝夕の涼風、真夏の日差しなど）を感じる。
✧ 身近な自然の中を散歩する。
✧ 身体を使って運動する（鬼ごっこ、ボール遊び、縄跳び、鉄棒など）。
✧ 動物、昆虫、生き物、植物などに興味を持ち、親しむ。興味が深まったら続けて育てて観察してみる（ﾒﾀﾞｶ、金魚、ｶﾒ、ﾏﾘｰｺﾞｰﾙﾄﾞ、朝顔、ひまわり、夏野菜、稲など）。

＜ことばの生活＞

✧ 絵本を読んでもらったり、お話を聞いたりする。家族の話し合いに参加する。
✧ 図書館へ行ってみる（本を借りる、お話し会に参加する）。
✧ 年齢に応じて自分の名前、両親の名前、住所が言えると良いでしょう。
✧ 単語だけではなく文章で話す。（例えば「お茶」ではなく「お茶をください」など）
✧ お祈り：子どもたちは園生活の中でお祈りすることが少しずつ身に付いて来ています。お休み中でも家庭や出先で、子どものお祈りに心を合わせて下さるようご協力ください。

＜やってみよう、つくってみよう＞

✧ 空き箱、ビン、缶、紙粘土、自然の素材（石、貝殻、木片、種、布など）を使って製作する。（のり、ボンドを使う）
✧ 絵画表現を楽しむ。ｸﾚﾖﾝ、絵の具（不要紙をいつも用意しておくとよいでしょう）。
✧ 夏の遊びを楽しむ（水遊び、砂遊び、シャボン玉、色水遊びなど）。

◎ 災害（台風、地震、火事）などの防災について家族で話し合っておきましょう。
また、被災地の方のためにできることを考えましょう。
◎ ８月１５日は終戦記念日です。高齢者の方から戦争の話を聞いたり、家族で平和のことなどについて話し合う機会をつくってみてください。
◎ 子どものつぶやきや、会話などを書き留めておくとよい思い出になります。夏休みの様子を「たのしいなつやすみ」の裏面に書いてお知らせください。

＜たのしいなつやすみ（シールを添付してある画用紙）について＞

お子様と話し合い、自分でできる仕事を決めましょう。（9月6日（火）にお持たせください。）
夏休み中、無理なくやりとおせるものがよいでしょう。
手伝いというよりも家族のための仕事として行い、責任感が育つことを願っています。
強制的ではなく、自発的にできるよう助言をお願いします。また、お家の方からのメッセージ、夏休み中のお子様の様子を裏に書いてお知らせください。

めぐみの子幼稚園

＜夏の生活 Ⅱ＞　2011年夏　めぐみの子幼稚園

1学期、お子様をたくさんほめましたか？
一緒に過ごすことの多い夏休みも、ほめことばのシャワーをたっぷりと浴びせてあげましょう。

（参考資料）らんふぁんぷらざペアレンツが作った

51通りのほめ方

・一番上手だね
・すごいね
・はやいね
・かわいい
・がんばったね
・さすがだね
・それいいね
・強くなったね
・気がきくね
・へー、驚いた
・よく知ってるね
・かっこいいね
・もう小学生みたいだね
・（名前）がうれしいと
ママもうれしいな
・手伝ってくれて助かるわ
・何でも食べられるね
・お手本になるね
・先生みたいだね
・いいアイデアだね
・がんばっているね
・よく我慢できたね
・それでいいんだよ
・（名前）みたいにやってみよう
・やったー
・いいねー
・エライ
・いいなー
・天才
・やさしいね
・大正解
・完成ー
・目標達成
・なるほどね
・とってもよくできたね
・それが（名前）のいいところだね
・それは偉かったねお母さんうれしい
・やさしいね、ありがとう
・～できていい顔してるね
・大きいお兄さん（お姉さん）みたい
・かっこいいね
・よくできたね（と言ってギューと抱いたり、ブチューとキスする）
・～してくれてお母さんはうれしいよ
・大したもんだぞ
・すごいぞすごいぞ～君は
・（名前）のようになかなかできないな
・大成功だね
・なかなかやるねー
・チャンピオンだね
・出来上がりー
・素晴らしいー
・一人でやったのー、さすがだ
・さすが（名前）だねお母さん助かったわ

めぐみの子幼稚園

有意義な夏の楽しみ方アイデアの提供

夏休みの過ごし方は、家庭によってずいぶん差があるようです。最近では、園に行っていた方が豊かな生活をしている家庭もあります。ですから、魅力的な夏休みを過ごすアイデアを提供することは、親子にとって非常に有意義といえます。
このように箇条書きでたくさん記されていれば、「やってみよう！」と思う保護者も多いでしょう。遊び方、過ごし方のレシピがより具体的だと、さらに手が出しやすいかもしれません。

わたし流おたよりのコツ　豊嶋ときわ先生（めぐみの子幼稚園園長）

夏休み中、親子でどう過ごせばいいのか悩まれている保護者のために、休み前に毎年「夏の生活」を発行しています。生活のポイントと具体的な行動の提案を載せており、役立っていると好評です。また、毎日のお手伝いができた証としてシールを貼るシートを配布し、最終日には裏に子どもへのメッセージを書いてもらっています。そこには私たちが知らなかった保護者の正直な思いがあふれ、大変驚かされます。子どもたちが将来、どれだけ自分が愛されていたかを確認する材料になるでしょう。私たち保育者側にとっても、親の気持ちをつかむことができる貴重なツールになっています。

夏休み中の子どもの姿を記す

このように、休み中の様子について記録する用紙を園が配布するのはいいですね。楽しかった出来事の写真を添付して、休み明けに提出してもらう園もあります。保育室に掲示すれば、子どもとの話題が盛り上がりますし、ときには、子どもたちの園での活動に発展していくこともあります。

めぐみの子幼稚園

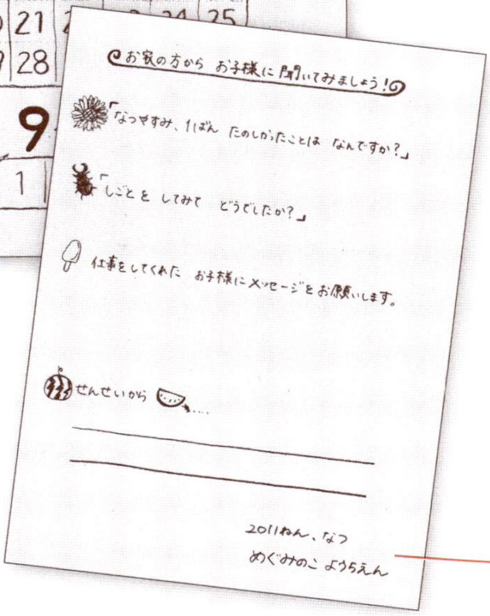

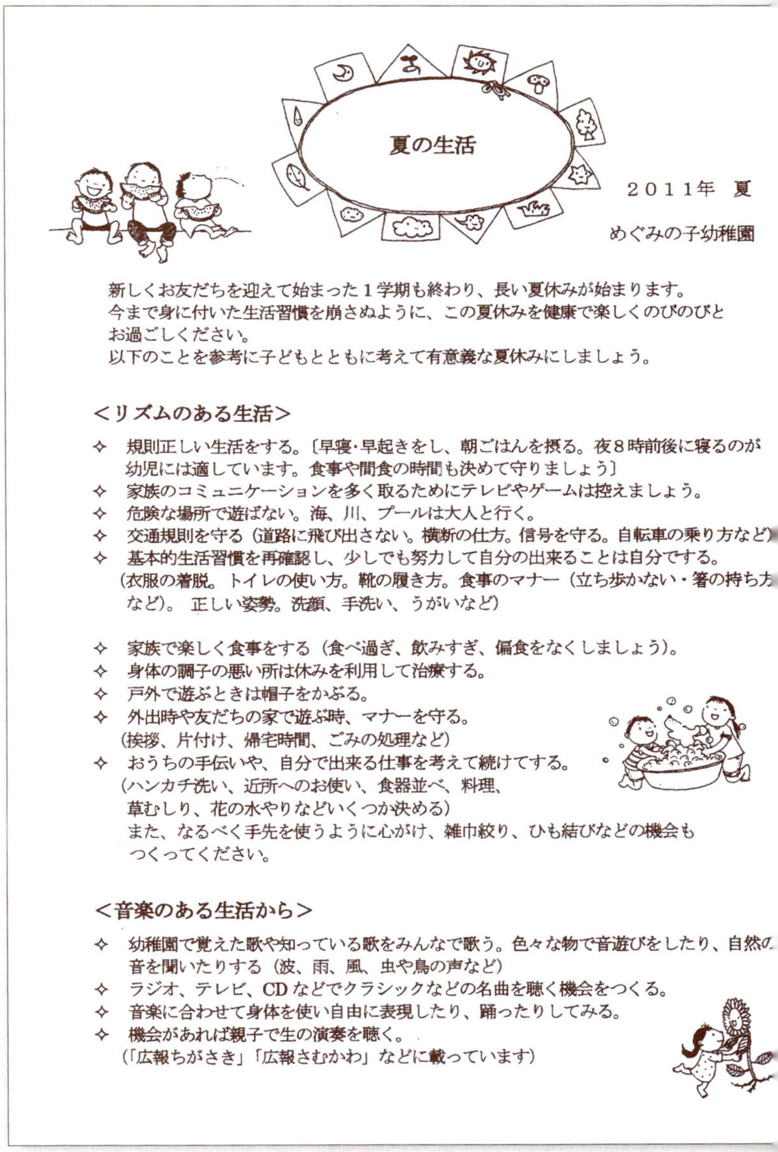

夏の生活

２０１１年　夏

めぐみの子幼稚園

新しくお友だちを迎えて始まった１学期も終わり、長い夏休みが始まります。
今まで身に付いた生活習慣を崩さぬように、この夏休みを健康で楽しくのびのびとお過ごしください。
以下のことを参考に子どもとともに考えて有意義な夏休みにしましょう。

＜リズムのある生活＞

- ✧ 規則正しい生活をする。〔早寝・早起きをし、朝ごはんを摂る。夜８時前後に寝るのが幼児には適しています。食事や間食の時間も決めて守りましょう〕
- ✧ 家族のコミュニケーションを多く取るためにテレビやゲームは控えましょう。
- ✧ 危険な場所で遊ばない。海、川、プールは大人と行く。
- ✧ 交通規則を守る（道路に飛び出さない。横断の仕方。信号を守る。自転車の乗り方など）
- ✧ 基本的生活習慣を再確認し、少しでも努力して自分の出来ることは自分でする。
（衣服の着脱。トイレの使い方。靴の履き方。食事のマナー（立ち歩かない・箸の持ち方など）。正しい姿勢。洗顔、手洗い、うがいなど）

- ✧ 家族で楽しく食事をする（食べ過ぎ、飲みすぎ、偏食をなくしましょう）。
- ✧ 身体の調子の悪い所は休みを利用して治療する。
- ✧ 戸外で遊ぶときは帽子をかぶる。
- ✧ 外出時や友だちの家で遊ぶ時、マナーを守る。
（挨拶、片付け、帰宅時間、ごみの処理など）
- ✧ おうちの手伝いや、自分で出来る仕事を考えて続けてする。
（ハンカチ洗い、近所へのお使い、食器並べ、料理、草むしり、花の水やりなどいくつか決める）
また、なるべく手先を使うように心がけ、雑巾絞り、ひも結びなどの機会もつくってください。

＜音楽のある生活から＞

- ✧ 幼稚園で覚えた歌や知っている歌をみんなで歌う。色々な物で音遊びをしたり、自然の音を聞いたりする（波、雨、風、虫や鳥の声など）
- ✧ ラジオ、テレビ、CD などでクラシックなどの名曲を聴く機会をつくる。
- ✧ 音楽に合わせて身体を使い自由に表現したり、踊ったりしてみる。
- ✧ 機会があれば親子で生の演奏を聴く。
（「広報ちがさき」「広報さむかわ」などに載っています）

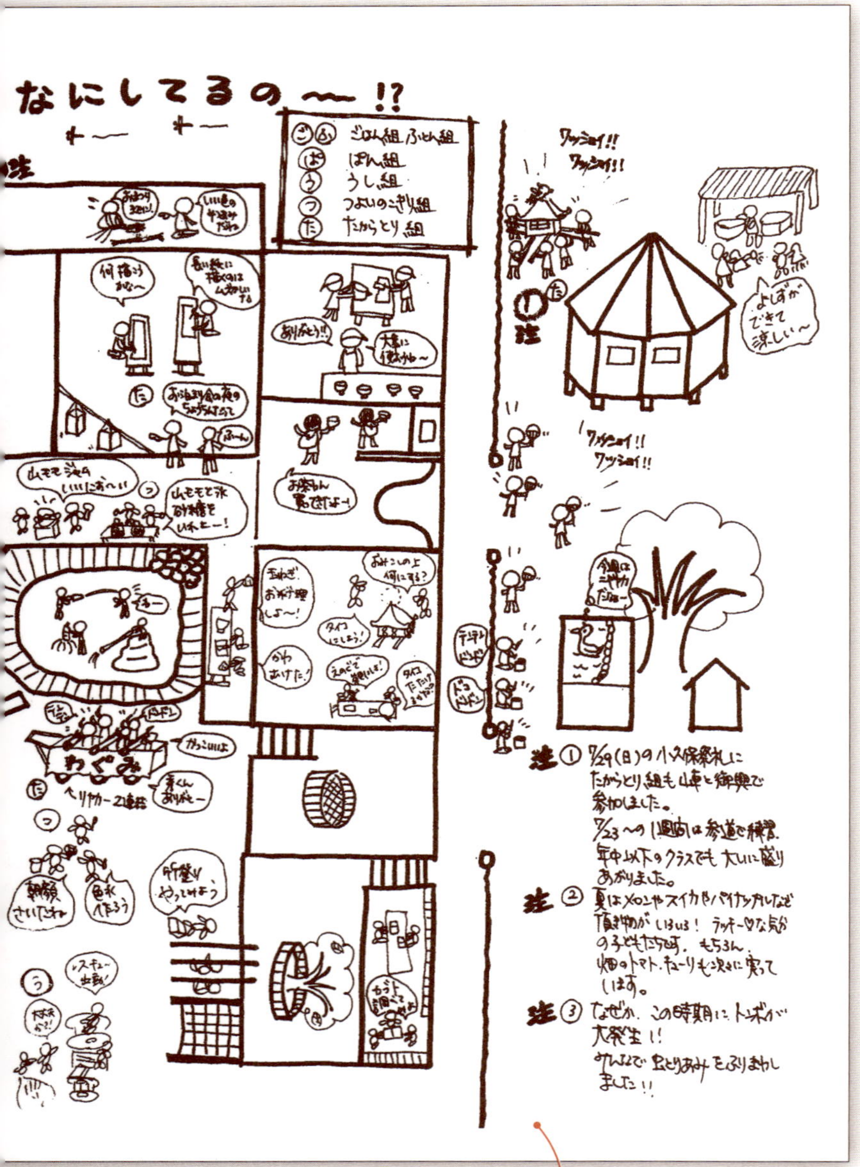

和光保育園

マップ方式の記録について

エピソード型でおたよりを書くだけではなく、ときには上のようにマップ型の描き方もおすすめです。俯瞰で園全体の様子を描くことで、子どもの経験がよくわかり、保育への深い理解につながります。保護者に好評というのも納得できます。

このような園内マップを保護者に渡し、「子どものおもしろかった姿を書き入れてください」という方式で保育参観を実施している園もあります。マップ型記録、ぜひチャレンジしてみてはいかがでしょうか。

8月

8月のおたよりのポイント

暑さも本番です。日焼けし、たくましくなった子どもたちの様子や、体調を崩さないための園での工夫や配慮などについてもどんどん伝えていきましょう。

また、夏に実施されることの多いお泊り保育については、初めて家族から離れて夜を過ごす子も多いでしょうから、実際にどのような姿だったのか、終了後には早めに情報発信ができるといいですね。(88ページをごらんください)

Wakoh Village　Since 1957

〒293-0042 千葉県富津市小久保2,209番地
社会福祉法人 わこう村 和光保育園
http://www.wakoh-mura.com
Tel.0439(65)2772
Fax.0439(65)2797

わこう村だより　No.461
2012年 8月号
12年7月31日発行

◆スウェーデンの教育者にエレン・ケイ（1849-1926）という人がいます。ケイは、…「今の授業は、詰め込み主義で小間切れ式で抽象的である。これは教室の講義や盛り沢山な科目や形式主義のもたらした結果である。」と20世紀の扉が開こうとした1900年（今から100年も前）に、『子どもの世紀』と題する本の中で言っています。

◆大津で起きたいじめ自殺事件の記者会見を何度見ても、先生たちの保身ばかりが前に出て、生徒とどう向き合おうとしたのか、何を一緒に考えたのか、そもそも一緒に考えようと思ったのか、問題の背景はどんなところにあるのか、この事件意外でも、生徒の治まらない気持ちはあるのか、それはどんなことなのか。どんなことが原因で始まるのか。どうしたら解決できるのかそれは分らないけれど、話し合っていくうちに、少しずつ何かが見えてくるかもしれない。そういう不確実・不確定なことに出口の可能性を持ってあきらめずに付き合っていくことが残念ながら出来ない。解決できるのは大人の自分たちだと生徒は蚊帳の外に置いて、先生だけで解決しようとする。（実際は隠ぺいでしたが）当然先生の方から見た視点で、分ったつもりになる。そして大人だけで決めたことを押し付ける。生徒は端（はな）から信じられていない、相手にされていない。どう管理するかという学校側の価値観で、しかも理想を提示するという形で説得する。そして、生徒は結局はぐちゃぐちゃには向き合ってもらえない、付き合ってもらえないから、不信感という関係と、どうせあてにされないのだからと、自分には関係ないと自らも蚊帳の外を決めこんで、面倒回避を身につけていく。

◆子どもから大人へと脱皮を始めているこの時期は、大人を、大人社会を、斜に見ながら、理想と現実のはざまに自分自身もおいて、自己矛盾との戦　いを繰り返し自分づくりをしていく時代。だからこそ大人は、何でも知っている、自分に不備はないぞと完ぺきを装おって、理想を子どもに押し付けるのではなく、大人も（だから）分らないことがあると謙虚になって一緒に考えるという関係を創り出すことが必要ではないか。遠回りのようでいて一緒に行きつ戻りつしながら、少しずつ前に進んでいくことで、共にの関係やお互いの信頼関係が磨かれていくと思うのだけれど、それができないのは、まだ大人が捨てられないプライドと、子どもを信頼する自信が持てないことの表れだ。

和光保育園

わたし流おたよりのコツ
鈴木眞廣先生（和光保育園園長）

うちの園では、月に一度、全クラスのおたよりと園だよりを合体させた「わこう村だより」を発行しています。特徴的なのは、毎月載せている絵地図です。これは、前月に子どもたちが園内でどのように活動を繰り広げていたのかを全部拾い、地図に落としこんだものです。これを見れば、子どもたちがどこで何をして遊んでいたかがすぐにわかります。毎回、記事を担当する保育者が、他の職員たちにも取材をし、地図を仕上げていくのですが、保護者にとても好評です。

全クラス分を配布するのは、保護者に、わが子の成長を振り返ったり、見通しを持っていただくためです。ページ数が12ページと多いので、読んでもらえないのではないかといった声もありましたが、見出しだけ読む、くまなくすべて読むなど読み方はいろいろですし、とにかく発行し続けることに大きな意義があるととらえています。時候のあいさつなどお決まりの文章は極力やめて、これからも子どものことをもっともっと載せていきたいですね。

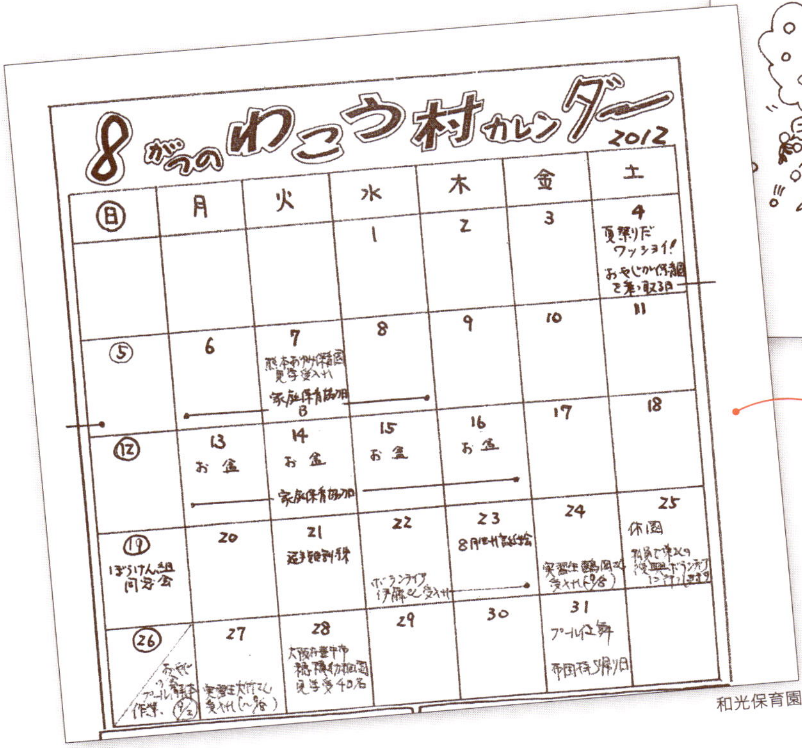
8がつのわこう村カレンダー 2012

日	月	火	水	木	金	土
			1	2	3	4 夏祭りだワッショイ!
5	6	7 見学受入れ 家庭保育協力日	8	9	10	11
12	13 お盆	14 お盆 家庭保育協力日	15 お盆	16 お盆	17	18
19 ぼうけん組同窓会	20	21	22 ボランティア	23	24	25 休園
26	27	28 見学受入40名	29	30	31 プール仕舞	

和光保育園

カレンダー式の行事予定表でわかりやすく

この園では、マガジン形式のおたよりを発行しており、最終ページがカレンダー式の行事予定表になっています。行事予定表は、見やすく、わかりやすいのが一番。行事の多い月もありますが、一目でその日に何があるかがわかれば、うっかり行事を忘れていたというのも防げるでしょう。

夏期保育の案内

休み中の夏期保育を大切にしている園もあると思います。
2学期の園生活がスムーズにスタートでき、
子どもたちにとって楽しい時間となるような告知を心がけましょう。

第7号 NO.2

くまぐみ 担任.[redacted]

H23.7.20

ぽっけ

家族で過ごす長い夏休み!!

さあ～これから長い夏休みに入ります! 御家族でお出掛けの予定もあるのでしょうか?!
お出掛けも良いのですが、親子で向き合う時間を沢山取れる機会でもあります。
私からいくつか提案させて頂きたいと思います。

Let's 親子でコミュニケーション!!

① 一緒に遊ぼう♡
No.1の"ぽっけ"に書きましたが、一学期、友達と遊ぶ楽しさを知った子ども達です。
きっとおうちでも「ママ遊ぼう!」「パパ遊ぼう!」と言ってくるでしょう。
同年齢の子と遊ぶ機会を作ることも大切ですが、一人で集中して遊ぶ時間があっても良いと思いますが、
パパ、ママも是非一緒に遊んで下さい。それも、"教えてあげる"という気持ちでなく、一緒に楽しもうという気持ちで!
廃材で工作、折り紙等頭を使う遊びや、外に出て、適度な汗をかく遊び(身体を動かす遊び)がおすすめです。
私もいつも子どもと遊ぶと、多くの発見があります。
一緒に遊ぶことで見えてくるお子様の姿があるかもしれませんよ。

② 自分のことは自分で ～お手伝い
幼稚園では、殆ど自分の力で身のまわりのことをしています。出来る、出来ないに関わらず、やろうとする気持ちを応援し、意欲を引き立てるように心掛けています。御家庭でも、この夏休み、「できないこと」が「できること」になるように練習してみてはどうでしょう。「できること」が増えると、本人の自信になります。
お手伝いを頼むのもおすすめです。できそうだと思うものからスタートして下さいね。「できた!」と達成感が持てることでしょう。

③ 絵本の読み聞かせ
子どもは絵本が大好きです。自分で読む(見る)のも好きですが、大好きなパパやママに読んでもらうのはも～っと好きです! 絵本は心を育てます。「これ、ママが子どもの頃好きだったんだ!」なんて話して読んであげたらきっと大喜びですよ。親子でお気に入りの絵本を見つけて下さいね。

なるべく生活リズムを整え、健康に過ごして下さい。夏休みカレンダーをクラスで作りました。飾って、お役立て下さい!

・・・夏期保育について・・・

3日間、楽しい保育内容を考えお待ちしています!! 3日間共、午前保育で通常通りバスは運行します。

- 8/29(月)→ゼリーづくり‥プラスチック製のナイフで果物を切り、ゼリーエース(粉末)を溶かしたものに入れ、混ぜます。
  ねらい→自分で作って食べる楽しさを味わう。(30日も同様)
  持ちもの→・汚れた時用の着替え ・カラー帽子(31日(水)に持ち帰るので、この日持ち帰りません。)
- 8/30(火)→ゼリーパーティー‥前日作ったゼリーを皆で食べます。(29日(月)が欠席の子の分も作っておきます。)
  持ちもの→・ナフキン ・スプーン ・水筒
- 8/31(水)→水あそび(☂指えのぐあそび)‥園庭でお水、泥んこで元気に遊びたいと思います! パンツで遊びます。
  当日、水あそびができない子のみ、お便りノートに書いてきて下さい。(外遊びをします。)
  持ちもの→・替えのパンツ(ビニールに入れて)・タオル ・水筒 ・29日(月)欠席だった子はカラー帽子
  ☼でも☂でも持ってきて下さい! ねらい→夏ならではの遊びを楽しむ。

育和幼稚園

期待を高めるような発信を

幼稚園では、夏期保育を行う園が多いようです。子どもにとっては久しぶりの登園、期待と不安が入り混じることも少なくありません。そんな時、園で楽しい企画が待っていることを具体的に発信すれば、不安を減らし、期待を高めることにつながります。
保護者にとってもひさびさの登園なので、持ち物などが丁寧に書いてあると、準備するうえでとても助かると思います。

長時間保育について

比較的におたよりで触れることが少ない延長保育時間帯の子どもたちの様子についても、ぜひ取り上げて発信してほしいと思います。クラスとは異なる雰囲気の中で、子どもたちがどのような表情を見せているのか、また、保育者はどのような点に留意しているのかなどについて伝えましょう。

長時間保育での子ども達の姿!!

朝7:30〜8:30　夕方16:30〜18:30はきりん組やぞう組で合流して過ごします。

4月5月は保育者に抱っこしたり、そばにピターッとくっついて過ごしていました。担任が少しでも見えると泣きだしたり、すごいスピードで追いかけたりしていた子ども達。今ではうさぎ組、きりん組の子ども達と一緒に落ち着いて過せるようになりました。

きりん組では、自由遊びをして過ごします。おままごとやブロック、車などりす組にはない玩具がたくさんあり、興味を持って手をのばしています。

初めは抱っこされながらも、お兄さんお姉さんの様子をじーっと観察…。真似して遊んだり、後をついていったり、狭い所に入ってみたり!　時には"ダメー"と言われてしまうこともありますが、見て、一緒に過ごしてた――くさん、いろいろな事を吸収しています。月齢や年齢が少ししか違わないうさぎ組やきりん組の子ども達ですが、りす組の子にはとても優しく、お兄さんお姉さんぶりを見せてくれます!!　泣いているのを見ると玩具を持ってきてくれたり、頑張って抱っこしようとしたり…♡（ドキドキして見てますがね）

昨年、昨々年までりす組で逆の立場だった子達がなと感動です。

そして、ぞう組の子ども達も本当にかわいがってくれます。子ども達の中でも、りす組の赤ちゃん♡は特別な存在の様です。"○○ちゃん"と名前を呼ぶのもとっても優しい声♡

> 昨年度、ぞう組の未来先生と明子先生が乳児クラスとの交流でクッキングをしてくれました。ぞう組の子ども達がりす組に5〜6人きてくれて、一緒にピザの具をのせたり、ホットケーキを作り、デコレーションしたり。りす組の子の手を取り、優しく接してくれました。その交流会があってから、幼稚園から帰ってくると顔を出してくれたり、時々"お世話してもよい?"と部屋に遊びに来てくれるようになりました。それぞれお気に入りの子がいたりして一生懸命遊んでくれます♡

りす組の子ども達はお兄さんお姉さんからいろいろなことを吸収し、ぞう組の子ども達も、小さい子と接することで思いやりや優しさが育ち、お互いにたくさん影響しあっているのを実感します。この優しくされたことが大きくなって小さい子に優しく接することに繋っていくのですね!!　今はまだ想像ができませんが〜笛〜きっと来年の今頃はこんな感動を…していることと思います。日々の成長が楽しみですね。

中野どんぐり保育園

安心して過ごす姿を取り上げて

長時間保育の子どもたちの姿を発信している園は多くありません。時間外保育の時間帯は人数が少ないため、保護者は寂しい印象を受けることも。また、朝夕の様子しか見られないので、その場面だけで保育を判断しがちです。だからこそ、この時間帯に豊かに、安心して過ごしている子どもたちの姿を、ときには発信してみましょう。

うれしさが伝わり膨らむ

遠山洋一

良い香りのする木の花を発見しました。赤紫の萼《がく》から白い管状の花がつきだし五弁に開いた二センチほどの花が集まって、ひと枝飾ると、さながら花火のようです。調べて下さる方があって、クサギという名を知りました。美しいのに、ちょっとかわいそうな名前です。

さて、こすずめ組の八月の日誌からご紹介しましょう。

[みんなで、あんたがたどこさ]

≪ 夕方のテラスで。史織《しおり》ちゃんが、休憩に行く河端さんを追って少し悲しいモード。じゃあ、この間みんなでもりあがった「あんたがたどこさ」でも歌ってみようかなぁと思い歌ってみると・・、みんなの視線が一気に集まる。ふわ～となる空気。史織ちゃんは私をまねて、リズムに合わせて床をとんとん。玲美《れみ》ちゃんも床をたたいてにこにこ。レオナルド僚《りょう》くんは体を横にゆらして楽しみ、奏《かなで》くん、佳世《かよ》ちゃん、珠利《じゅり》ちゃんも、じーっと聞いている。そして、最後の ♪かぶせ♪ のところで、史織ちゃんは きゃっきゃっ、茜里《あかり》ちゃんも ぎゃっと声を出して笑う。ぎゅーっと抱きしめるのをプラスすると、ますます大笑い。歌い終わると、史織ちゃんが、もっかい！のポーズ。それのくり返しで、何回も歌って、みんなで楽しんだ。

歌を歌うだけで、ふわーっと空気が一つになる、あの瞬間がすごくいいなって思う。こどもたちそれぞれの楽しみ方もいい。高月齢低月齢みんな、同じ空間で過ごせるようになったなーと、しみじみと嬉しく思った。わらべうたのリズム・空気って、やっぱりいいな。 ≫（記・大河原）

まりつき歌ですね。今年こすずめ組では、わらべうたをよくやっています。一つの歌に、それぞれに体で反応して楽しむ。そして友だちの楽しさが伝わって、空気が一つになる様子が見えてきますね。

次は、こぶた組の八月の日誌からです。

[まおちゃん立つ]

≪ 昨日の夕方、畳コーナーで、しゃがみポーズから立ち上がってをうれしそうにくり返していた舞桜《まお》ちゃん。プールの中でも、♪まおちゃん立った♪と小金澤さんと柚妃《ゆずき》ちゃんが歌ってる横で何度も立っていた。立ったとき両手を上げる。（そうなってしまうだけなのだけど。）柚妃ちゃんはプールにしゃがんでパーと手を上げて立つ。涼介くんもパーと立ち上がってポーズ。なんかうれしい。舞桜ちゃんがうれしそうでうれしい。舞桜ちゃんが立てるようになったのがうれしい。成長だなんだとは関係なく大好きな舞桜ちゃんが自分でできたことでうれしそうで、見てる側もうれしい！ ただそれだけ。シンプルにうれしいことを共有できている姿がうれしかった。 ≫（記・川名）

これこそ保育園という場の素晴らしさ！と思える記録で

- 4 -

バオバブ保育園ちいさいな家

9月のおたよりのポイント

長い夏休みがある園の場合、ほほえましいエピソードなどを掲載したり、2学期のスタートにあたっての保育者（担任）の思いを書くのもよいですね。また、休み明けの生活リズムの変化で気になることがあれば伝えていきましょう。

園によっては、運動会に向けた活動も始まります。子どもたちが頑張っている様子を、積極的に発信しましょう。

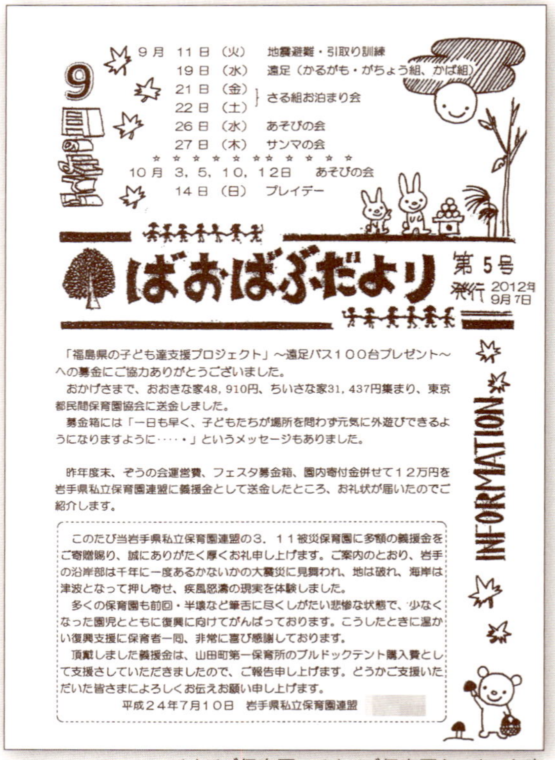

9月 11日（火） 地震避難・引取り訓練
19日（水） 遠足（かるがも・がちょう組、かば組）
21日（金）
22日（土） さる組お泊まり会
26日（水） あそびの会
27日（木） サンマの会
☆ ☆ ☆ ☆ ☆ ☆☆ ☆ ☆ ☆ ☆
10月 3，5，10，12日 あそびの会
14日（日） プレイデー

ばおばぶだより 第5号 発行 2012年9月7日

INFORMATION

「福島県の子ども達支援プロジェクト」～遠足バス１００台プレゼント～への募金にご協力ありがとうございました。

おかげさまで、おおきな家48，910円、ちいさな家31，437円集まり、東京都民間保育園協会に送金しました。

募金箱には「一日も早く、子どもたちが場所を問わず元気に外遊びできるようになりますように・・・・」というメッセージもありました。

昨年度末、ぞうの会運営費、フェスタ募金箱、園内寄付金併せて１２万円を岩手県私立保育園連盟に義援金として送金したところ、お礼状が届いたのでご紹介します。

このたび当岩手県私立保育園連盟の３．１１被災保育園に多額の義援金をご寄贈賜り、誠にありがたく厚くお礼申し上げます。ご案内のとおり、岩手の沿岸部は千年に一度あるかないかの大震災に見舞われ、地は破れ、海岸は津波となって押し寄せ、疾風怒濤の現実を体験しました。

多くの保育園も前回・半壊など筆舌に尽くしがたい悲惨な状態で、少なくなった園児とともに復興に向けてがんばっております。こうしたときに温かい復興支援に保育者一同、非常に喜び感謝しております。

頂戴しました義援金は、山田町第一保育所のブルドックテント購入費として支援さしていただきましたので、ご報告申し上げます。どうかご支援いただいた皆さまによろしくお伝えお願い申し上げます。

平成２４年７月１０日 岩手県私立保育園連盟

バオバブ保育園・バオバブ保育園ちいさいな家

わたし流おたよりのコツ

遠山洋一先生（バオバブ保育園ちいさな家園長）

おたよりは、単なるあいさつや連絡のためのものではなく、園の生活や考え方を伝えるものと考えています。巻頭には園長によるエッセイを約20年連載し続け、小さな雑誌スタイル（読み物風）にしています。内容は各クラスのエピソードを元にしているのですが、職員同士の刺激にもつながっていると感じます。

最終ページの「編集ポケット」（編集後記）は保護者から人気ですね。型通りの記事よりも、書き手の顔が見えるようなものがよく読まれていると思います。

園長がおたよりに
エピソードを書く意味

園長先生がおたよりに子どもの具体的なエピソードについて書いている園では、保護者が園長に対して、また園に対して、強い信頼を寄せていることが多いようです。やはりそれは、園の責任者として多忙な園長が、子どもたちのことをとても大切に考え、日ごろから丁寧にかかわっていることが、そこからわかるからです。抽象的、教条的なメッセージとは、保護者への伝わり方がまったく違います。

すね。「シンプルにうれしいことを共有できている姿」と川名さんは書いていますが、そのうれしさをこんなふうに素直に体で表現できる子どもの素晴らしさを感じますね。

次はこやぎ組の八月の日誌からです。

[カタツムリのお散歩]

《 毎朝恒例になっているカタツムリの水浴び。最近は、水の入った洗面器の中にカタツムリを移して潤いを補充。みんなは「カタツムリのお散歩」と呼んでいる。

洗面器に入れると、ニューッと顔を出すカタツムリ。水の中で緑色の長いウンチをする。「うんちした！きゅうり食べたから緑だよね！」と得意気に教えるみんな。しばらくカタツムリを眺めた後、自然とそれぞれの遊びに散っていったが、再び戻ってきた弘太郎くんが、「あー！カタツムリが動いてるー！」と教えてくれたのをきっかけに、再びテーブルに集まってくる。

「抱っこしてーって言ってる！」と弘太郎くん。昨日、洗面器の内側を這い上ったカタツムリを見て「こうちゃん、抱っこしてって言ってるのかな？」と話したのを覚えていたらしい。「抱っこする？」と聞くと、「えーこわい。」とカタツムリが乗っている洗面器をクルクル回す。カタツムリが止まったのは、一輝くんの前。「かずくん、抱っこしてって！」と声をかけると、両手を広げてみるものの「できないー！」と、また洗面器を回す。

「辻本さんがいいって！」と、みんな抱っこできないであろうと予想したのか、いち花《いちか》ちゃんが話す。洗面器をクルクル回し、辻本の前へ。カタツムリ・ルーレット。

みんなの注目が集まる中、「じゃあ、いいこいいこしようかな。」とカタツムリの殻を撫でると、弘太郎くんもなでなで。怖くて距離を保っていた美悠《みゆ》ちゃんも弘太郎くんに続いてなでなで。「はっ！さわれた！」と静かに感動。さらに「ピンポーン！」と殻に触れる美悠ちゃん。殻＝お家なのかな？

まだまだカタツムリと距離のある一輝《かずき》くん。「そろそろお家に帰りたいんじゃない？」と提案する。「えー！！まだお散歩したいよー！」とカタツムリの気持ちを代弁するいち花ちゃん。ゆっくりお家に帰れるようにと洗面器とカゴをくっつけて、カタツムリが這って自分で戻れるようにする。家に帰る様子をゆっくり見守るいち花ちゃんと一輝くん。いち花ちゃんがカタツムリの殻を指差し、「カバンがさ～・・・！」いち花ちゃんにとっては、殻＝リュックサックなのかな。

カタツムリを飼い始めて早や一ヶ月半。すっかりカタツムリもこやぎ組の一員だな。 》(記・辻本)

こやぎ組は、テントウムシから始まっていろいろな生き物と遊んできました。生き物を飼うことはいろいろな困難を伴いますが、いいなと思うのは、「カタツムリのお散歩」という呼び方や、触る怖さを「カタツムリ・ルーレット」にしてしまう担任の遊び心です。そういう中で、一人一人のその子らしさが、みんなの中で屈託なく発揮できているのが、なかなかいいと思いました。

- 5 -

クレヨンハウス 夏の学校に行ってきました

8月4日(土)～6日(月)に2泊3日で
クレヨンハウス主催の研修に参加しました。
豪華な8人の講師による素晴らしい講義を
みなさんにも簡単にですが紹介します！

おおきな家
記：森山・大橋
(もぐら組)(こりす組)

① 姜尚中さん(政治学者)
『いまこそ、スモール イズ ビューティフルな社会へ』
「より速く」「より大きく」「より高く」だけを競う社会でよいのだろうか。「ちいさくても」「遅くても」「低くても」それでも「人間らしい」社会を目指すべきではないかと語っていたのが印象的でした。

② 長谷川義史さん(絵本作家)
『いまこそ本気で力をあわせて、ぼちぼち…い、こ、か。』
お話をされながらその場で描く「ライブ紙芝居」を見ていると、ああ…絵を描きたい!! という気持ちになりました。絵を描く秘訣は「目の前の紙に負けず、思いきり描く」こと。

③ 寮美千子さん(作家)
『詩が開くこころの扉「空が青いから白をえらんだのです」奈良少年刑務所詩集』
少年刑務所で、コミュニケーションスキルを上げる講座の実践をうかがいました。絵本を読み、ロールプレイを重ね、詩を書くことで少年たちの心が開かれていくお話にはグッと来るものがありました。
『雲』空が青いから白をえらんだのです

④ 竹田津実さん(獣医師・写真家)
『無名の者たちのいのちを診続けて』
北海道で獣医師として働き、ケガをした野生動物の保護を行なっています。保護することは簡単でも、そこから自然に戻すことがとても難しいのだと感じました。映画にもなった「子ぎつねヘレン」の原作者であり、モデルになった方です。

⑤ 広河隆一さん(フォトジャーナリスト)
『チェルノブイリと福島 ―何が隠されたのか』
チェルノブイリ、スリーマイル島、福島での原発事故のお話をうかがうと人の命よりも経済が重要視されている国に疑問を持ちました。沖縄県久米島に福島県の被害にあった子どもたちを対象に保養所を開いているそうです。

⑥ 新沢としひこさん(シンガーソングライター)
『コンサート きみのこころよ 高くなれ』
バオバブでもおなじみの「虹」「はらぺこあおむし」「空より高く」などをピアノやギターと共にうたってくれました。優しい素敵な歌声でした。

⑦ あべ弘士さん(絵本作家)
『北極たんけん記』
旭山動物園で飼育員として働いていた経歴を持つあべさん。2011年に北極を1ケ月に渡って旅したお話をしてくれました。木もなく、人もなく、岩と山と氷の世界。北極の大自然をイラスト、写真、映像で紹介してくれました。

⑧ 落合恵子さん(作家 クレヨンハウス主宰)
『Hug. してますか？』
Have and read(被災地に絵本を送る活動)や「さようなら原発」の活動を行っています。「Hug.くまさん」や「生まれかわったヘラチカさん」「せかせかビーバーさん」などの絵本を紹介して頂きました。

知らなかったことをたくさん知って、考えた とっても濃ーい3日間でした。

ちなみに会場は東武ホテルレバント東京。スカイツリーの目の前でありながら、私たちの部屋は反対側で見えず…。

バオバブ保育園

職員研修についても発信を

それぞれの園で職員研修を実施していると思いますが、それらについてもおたよりで発信すれば、保育者がどのようにスキルアップをしたり、どんなことを話題としているのかなどを垣間見ることができます。また、外部研修で、職員だけでなく保護者にも知ってほしいことを学び、持ち帰ってこられたなら、ぜひ発信しましょう。

運動会（スポーツ・デー）

夏休みが明けたら、少しずつ準備に入る園が多いようです。
運動会当日の出来栄えや勝敗だけでなく、
それぞれの子どもたちが、その日に向かって頑張っている
プロセス（過程）がわかるようなおたよりにしましょう。

運動会に向け盛り上げて

運動会のテーマや各クラスが取り組む種目の見どころ紹介のほか、保育のねらいなども発信していけるといいですね。子どもと保育者の意気込みが伝われば、保護者の気持ちも盛り上がります。

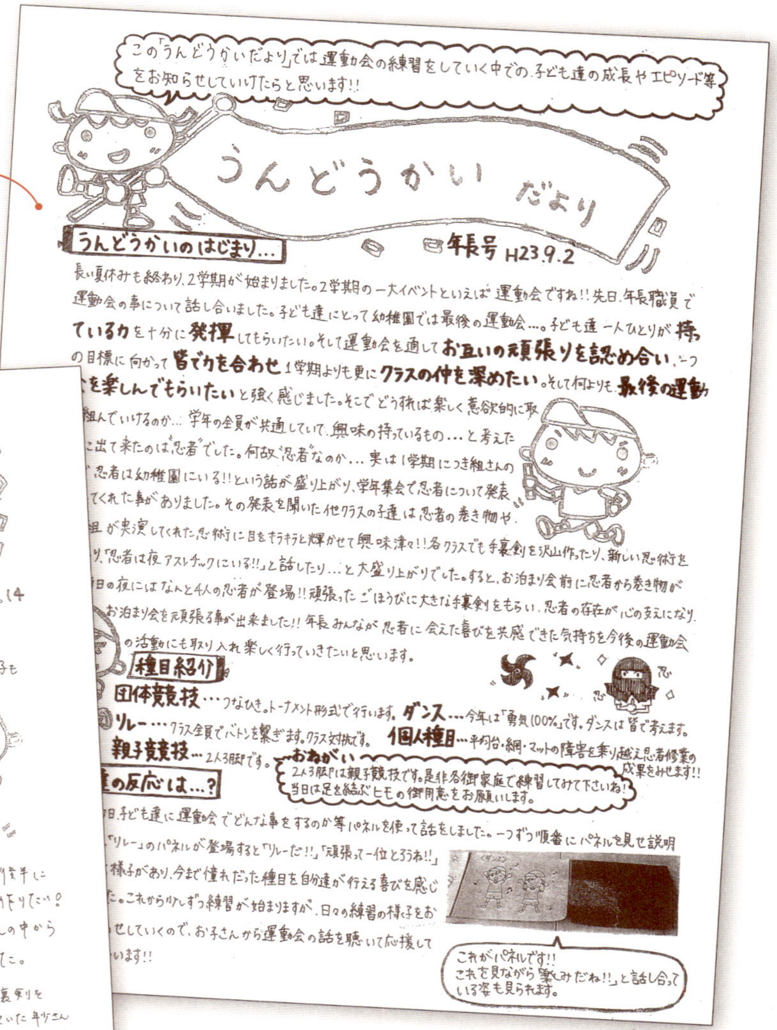

この「うんどうかいだより」では運動会の練習をしていく中での子ども達の成長やエピソード等をお知らせしていけたらと思います!!

うんどうかい だより

うんどうかいのはじまり…

年長号 H23.9.2

長い夏休みも終わり、2学期が始まりました。2学期の一大イベントといえば運動会ですね!! 先日、年長職員で運動会の事について話し合いました。子ども達にとって幼稚園では最後の運動会…。子ども達一人ひとりが持っているカを十分に**発揮**してもらいたい。そして運動会を通して**お互いの頑張りを認め合い**、一つの目標に向かって**皆で力を合わせ**1学期よりも更に**クラスの仲を深めたい**。そして何よりも**最後の運動**会を楽しんでもらいたいと強く感じました。そこでどうすれば楽しく意欲的に取り組んでいけるのか… 学年の全員が共通していて興味の持っているもの…と考えたに出て来たのは"忍者"でした。何故"忍者"なのか… 実は1学期につき組さんの"忍者は幼稚園にいる!!という話が盛り上がり、学年集会で忍者について発表してくれた事がありました。その発表を聞いた他クラスの子達は忍者の巻き物や組が実演してくれた忍術に目をキラキラと輝かせて興味津々!! 各クラスでも手裏剣を沢山作ったり、新しい忍術をり、「忍者は夜アスレチックにいる!!」と話したり…と大盛り上がりでした。すると、お泊まり会前に忍者から巻き物が日の夜にはなんと4人の忍者が登場!! 頑張ったごほうびに大きな手裏剣をもらい、忍者の存在が心の支えになりお泊まり会を頑張る事が出来ました!! 年長みんなが忍者に会えた喜びを共感できた気持ちを今後の運動会の活動にも取り入れ楽しく行っていきたいと思います。

種目紹介

団体競技…つなひき。トーナメント形式で行います。**ダンス**…今年は「勇気100%」です。ダンスは皆で考えます。
リレー…クラス全員でバトンを繋ぎます。クラス対抗です。**個人種目**…平均台・網・マットの障害を乗り越え忍者修業の成果をみせます!!
親子競技…2人3脚です。

おねがい
2人3脚は親子競技です。是非各御家庭で練習してみて下さいね!
当日は足を結ぶヒモの御用意をお願いします。

達の反応は…?

日、子ども達に運動会でどんな事をするのか等パネルを使って話をしました。一つずつ順番にパネルを見せ説明「リレー」のパネルが登場すると「リレーだ!!」「頑張って一位とろうね!!」様子があり、今まで憧れだった種目を自分達が行える喜びを感じた。これから少しずつ練習が始まりますが、日々の練習の様子をおせしていくので、お子さんから運動会の話を聴いて応援していいます!!

これがパネルです!!
これを見ながら「楽しみだね!!」と話し合っている姿も見られます。

育和幼稚園

うんどうかい だより

ダンス練習スタート!!

年長号 H23.9.14

8/29～9/2 ダンスの振り決め

1週間をつかってダンスの振りを各クラスで踊り、出し合いました。子ども達の踊っている様子をみていると、勇気100%の歌詞に合わせて考えてくる子もいれば、曲のテンポに合わせて体を動かし振りを考える子もいました。そして、4クラスで出た振りを合わせ、振り付けが決定! 踊りながら、自分の考えた振りが入っていると、嬉しそうに踊っていました☺

9/12(月)
4クラスそろっての練習! 元気いっぱいに踊っていました!

9/13(火)
ダンスの体形練習!
昨年の年長さんのように、ダンスの後半にみんなで力を合わせて何かを作りたい! という声が上がり、子ども達の意見の中から"手裏剣"を作ることになりました。

さあ、みんなで手裏剣の形を作るぞー!!

年長さんが手裏剣を作る姿をみていた年少さんからは、「すごーい。手裏剣だ～」と感動の声々。

まだまだ完璧ではないけれど、みんなで一つの手裏剣を作ったことはとっても嬉しかったようでした。☺

①
手裏剣の線に合わせて、並んでみたよ! "わあ～きれい!"

しかし… 手裏剣が回る表現をしてみると、ぐちゃぐちゃ～。頑張ってはいるけれど、まだまだ上手く表現できず… どうしたら、かっこいい手裏剣を表現できるのか、練習を重ねながらみんなで力を合わせて頑張っていきたいと思います。

②
手裏剣が回っている様子を表現。まっすぐに移動するのは難しいな～。

まわる

育和幼稚園

写真を生かしてよりわかりやすく

練習の様子を文章だけでなく、写真もつけて発信できれば、読み手によりイメージが広がります。家庭での会話もしやすいでしょう。当日、参加できない保護者にとっても嬉しいと思います。

パンフレットに子どもたちのイラストを載せて

運動会のパンフレットにもひと工夫あるといいですね。この園では、子どもたちの絵をふんだんに散りばめるだけでなく、タイトル文字まで子どもに書いてもらっています。温かみがあり、大切に保存しておきたくなりませんか。実物はカラーコピーなので、とても華やかです。各係の仕事の紹介や、当日までの過程についても触れられています。各種目のポイントもよくわかります。

ひかりの子幼稚園

ひかりの子幼稚園

経緯・見どころがわかる発信を

保護者は、運動会の結果や出来栄えばかりに目が行きがちです。しかし、種目ごとに、子どもたちがどこに力を入れて頑張ってきたのか、どのような経緯でこの種目に取り組んできたのかなど、その見どころをきちんと伝えることで、当日の見方はがらりと変わります。そのような発信は、保護者が子どもたち全体を温かなまなざしで見ることにもつながります。

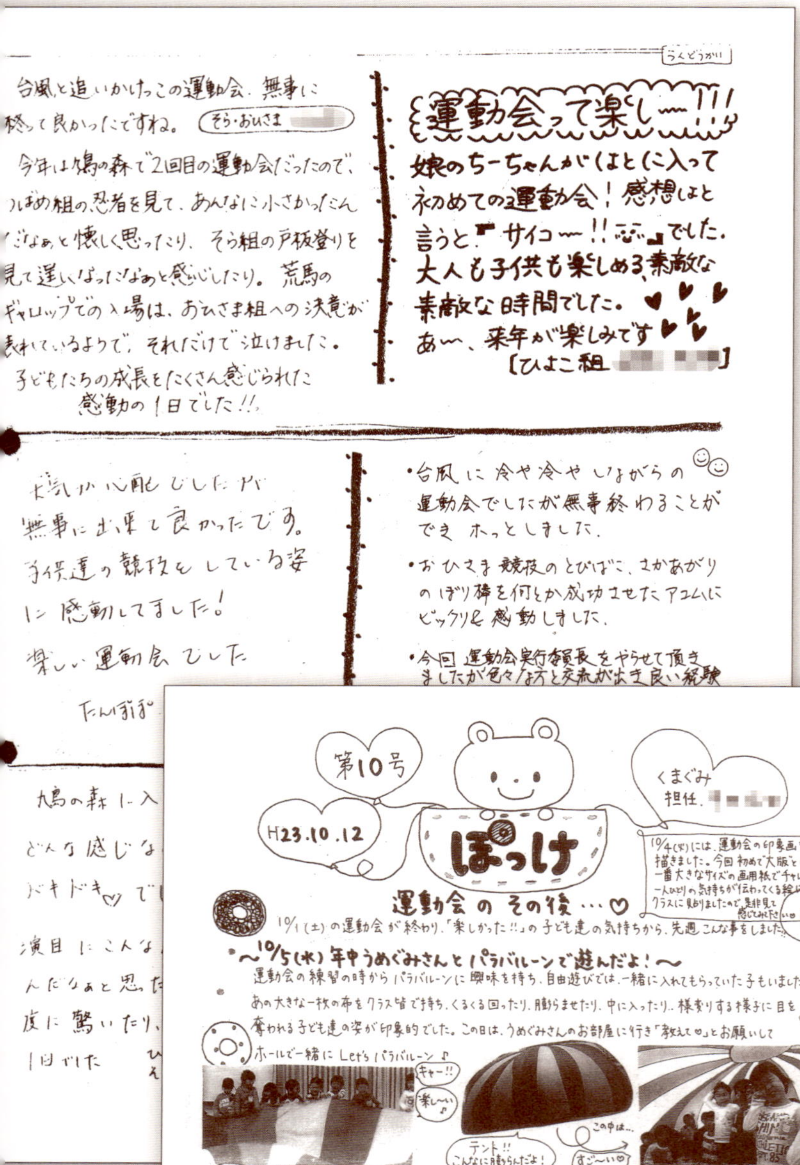

うんどうかい

台風と追いかけっこの運動会。無事に終って良かったですね。（そら・おひさま ）

今年は鳩の森で2回目の運動会だったので、つばめ組の恐者を見て、あんなに小さかったんだなぁと懐しく思ったり、そら組の戸板登りを見て逞しくなったなぁと感心したり。荒馬のギャロップでの入場は、おひさま組への決意が表れているようで、それだけで泣けました。
子どもたちの成長をたくさん感じられた感動の1日でした!!

運動会って楽し〜!!!
娘のちーちゃんがはとに入って初めての運動会！感想はと言うと『サイコー!!』でした。
大人も子供も楽しめる素敵な素敵な時間でした。
あ〜、来年が楽しみです
［ひよこ組 ］

天気が心配でしたが無事に出来て良かったです。
子供達の競技をしている姿に感動してました！
楽しい運動会でした
たんぽぽ

・台風に冷や冷やしながらの運動会でしたが無事終わることができホっとしました。
・おひさま競技のとびばこ、さかあがりのぼり棒を何とか成功させたアユムにビックリ＆感動しました。
・今回運動会実行委員長をやらせて頂きましたが色々な方と交流が出来良い経験

鳩の森に入
どんな感じな
ドキドキ♡で
演目にこんな
んだなぁと思った
度に驚いたり、
1日でした

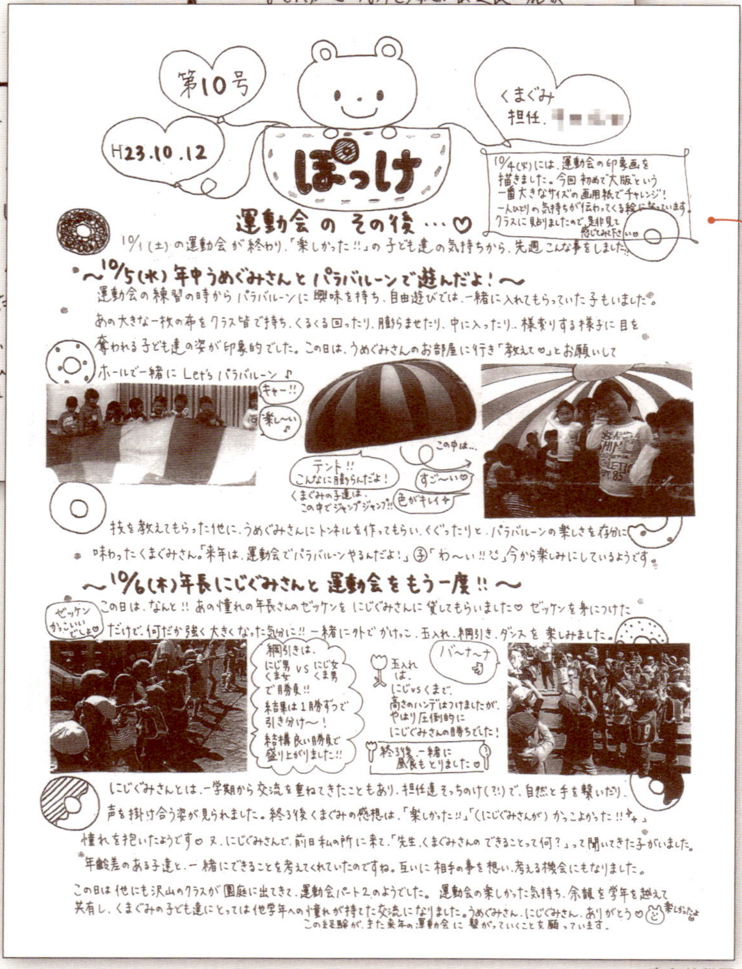

第10号

H23.10.12

くまぐみ 担任.

ぽっけ

10/4(火)には、運動会の印象画を描きました。今回初めて大版という一番大きなサイズの画用紙でチャレンジ！一人ひとりの気持ちが伝わってくる絵になっています。クラスに貼りましたので、是非見て感じてみて下さい♡

運動会のその後…♡

10/1(土)の運動会が終わり、「楽しかった!!」の子ども達の気持ちから、先週こんな事をしました!!

〜10/5(水)年中うめぐみさんとパラバルーンで遊んだよ！〜

運動会の練習の時からパラバルーンに興味を持ち、自由遊びでは、一緒に入れてもらっていた子もいました。あの大きな一枚の布をクラス皆で持ち、くるくる回ったり、膨らませたり、中に入ったり…様変りする様子に目を奪われる子ども達の姿が印象的でした。この日は、うめぐみさんのお部屋に行き「教えて♡」とお願いしてホールで一緒にLet's パラバルーン♪

技を教えてもらった他に、うめぐみさんにトンネルを作ってもらい、くぐったりと、パラバルーンの楽しさを存分に味わったくまぐみさん。「来年は、運動会でパラバルーンやるんだよ！」㋐「わ〜い!!」今から楽しみにしているようです。

〜10/6(木)年長にじぐみさんと運動会をもう一度!!〜

この日は、なんと!! あの憧れの年長さんのゼッケンをにじぐみさんに貸してもらいました♡ ゼッケンを身につけただけで、何だか強く大きくなった気分に!! 一緒に外でかけっこ、玉入れ、綱引き、ダンスを楽しみました。

にじぐみさんとは、一学期から交流を重ねてきたこともあり、担任達そっちのけ(?!)で、自然と手を繋いだり、声を掛け合う姿が見られました。終了後くまぐみの感想は、「楽しかった!!」「(にじぐみさんが)かっこよかった!!」憧れを抱いたようです♡ 又、にじぐみさんで、前日私の所に来て、「先生、くまぐみさんのできることって何？」って聞いてきた子がいました。年齢差のある子達と、一緒にできることを考えてくれていたのですね。互いに相手の事を想い、考える機会にもなりました。

この日は他にも沢山のクラスが園庭に出てきて、運動会パート2のようでした。運動会の楽しかった気持ち、余韻を学年を越えて共有し、くまぐみの子ども達にとっては他学年への憧れが持てた交流になりました。うめぐみさん、にじぐみさん、ありがとう♡ 楽しかったよ
この経験が、また来年の運動会に繋がっていくことを願っています。

育和幼稚園

10月

10月のおたよりのポイント

一般的には、運動会から秋本番の生活に入っていきます。子どもの遊びも、ますます豊かになってくる時期です。運動会後の様子など、園行事を経験した後ならではの姿や変化について書くのもいいですね。

この時期に、芋掘りや遠足がある園も多いと思います。当日前後の流れだけでなく、行き帰りや現地での様子をできるだけ具体的に紹介しましょう。交通手段や服装・持ち物、雨の日などの注意事項などは、慣れていない学年には丁寧な発信を心がけて。

運動会後の報告も大切です

運動会は、「当日だけ」「見せるだけ」のものではありません。事後の報告に非常に意味があります。運動会をきっかけとし、子どもの経験が広がり、深まったことが伝えられれば、大きな成長の機会なのだと理解してもらえるのではないでしょうか。迫力ある写真入りのおたよりなら感動がよみがえります。おたよりで運動会の出来事を味わい直せるのは素晴らしいことです。

また、保護者の感想や子どもひとりひとりのドラマを具体的に書いたりできると、とてもいいですね。（真ん中のおたよりは、個々の保護者の感想が掲載されています）

家族紹介やレシピなど保護者が参加するページの役割

1章のアンケートの回答にもありましたが、保護者は他の園児の家族について高い関心をもっています。なかなか会話するチャンスがなかった親同士も、紹介記事をきっかけに交流できるかもしれません。子育てや仕事に忙しい保護者の顔が見える記事は、職員にとっても貴重な情報だと思います。写真が入るとより親近感がわきますね。
また、食もみんなが興味を持っているテーマです。レシピ紹介は、楽しく、実用的で喜ばれます。保護者への原稿依頼は、園活動に巻き込めるもののひとつですが、負担にならないように配慮しましょう。

おひさま　松原
保育園生活最後の運動会、本当に楽しかったです(*^▽^*)
我が家の『一番楽しかったのは？』
大河→「リレー♪」　ずっと勝てなかったあすなろさんに勝てたことがよほど嬉しかったようで「涙が出そうになるほど嬉しかった。寝てる間に思い出して涙が出ていないか、見ててね♪」
だって(^_^)

鳩の森愛の詩保育園

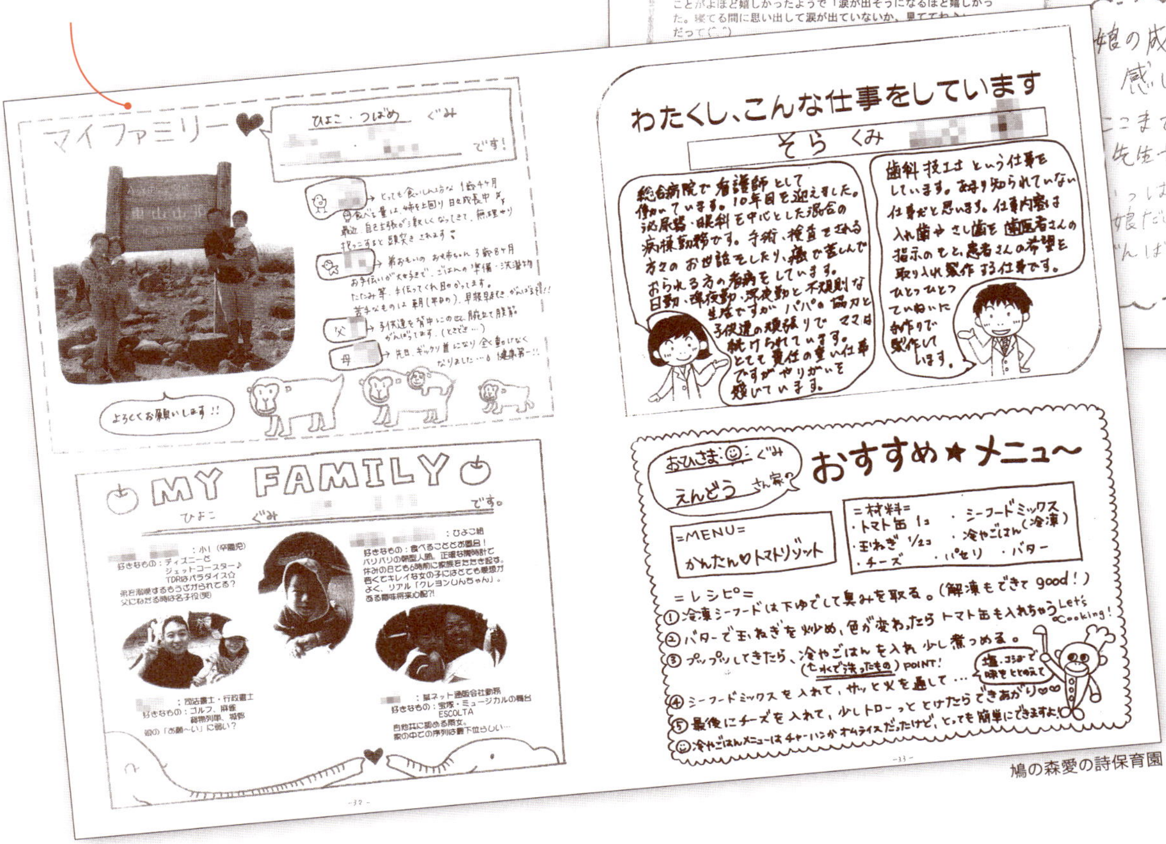

マイファミリー
ひよこ・つばめ　ぐみ
です！

よろしくお願いします!!

MY FAMILY
ひよこ　ぐみ　です。

：小1（卒園児）
好きなもの：ディズニーと
ジェットコースター♪
TDRはパラダイス☆
弟を溺愛するもうざがられてる？
父にねだる時は名子役(笑)

：ひよこ組
好きなもの：食べることとお風呂！
バリバリの朝型人間。正確な腹時計で
休みの日でも6時前に家族をたたき起す。
若くてキレイな女の子にはとても愛想がよく、リアル「クレヨンしんちゃん」。
ある意味将来心配?!

：司法書士・行政書士
好きなもの：ゴルフ、麻雀
貨物列車、城郭
娘の「お願～い」に弱い？

：某ネット通販会社勤務
好きなもの：宝塚・ミュージカルの舞台
ESCOLTA
自他共に認める雨女。
家の中での序列は最下位らしい…

－32－

わたくし、こんな仕事をしています
そら　くみ

総合病院で看護師として働いています。10年目を迎えました。泌尿器・眼科を中心とした混合の病棟勤務です。手術、検査をされる方々のお世話をしたり、病で苦しんでおられる方の看病をしています。日勤、準夜勤、深夜勤と不規則な生活ですが、パパの協力と子供達の頑張りでママは続けられています。とても責任の重い仕事ですがやりがいを感じています。

歯科技工士という仕事をしています。あまり知られていない仕事だと思います。仕事内容は入れ歯やさし歯を歯医者さんの指示のもと、患者さんの希望を取り入れ製作する仕事です。ひとつひとつていねいに手作りで製作しています。

おひさま☺ぐみ
えんどうさん家の
おすすめ★メニュ～

=MENU=
かんたん♡トマトリゾット

=材料=
・トマト缶 1コ
・玉ねぎ 1/2コ
・チーズ
・シーフードミックス（冷凍）
・冷やごはん
・パセリ
・バター

=レシピ=
① 冷凍シーフードは下ゆでして臭みを取る。（解凍もできて good！）
② バターで玉ねぎを炒め、色が変わったらトマト缶も入れちゃう Let's Cooking!
③ プップツしてきたら、冷やごはんを入れ少し煮つめる。（水で洗ったもの）POINT!
④ シーフードミックスを入れて、サッと火を通して…塩・コショーで味をととのえてできあがり♡♡
⑤ 最後にチーズを入れて、少しトローっととけたらできあがり♡♡ とっても簡単にできますよ！
☺ 冷やごはんメニューはチャーハンかオムライスだったけど、とっても簡単にできますよ！

－33－

鳩の森愛の詩保育園

保護者発信のおたより

園によっては、保護者が主体となってオリジナルのおたよりを発行しているところもあります。実現が難しい部分もあるとは思いますが、親同士のつながりが深まるのはもちろんのこと、保護者が、何に関心を持っているのかなども知ることができますね。

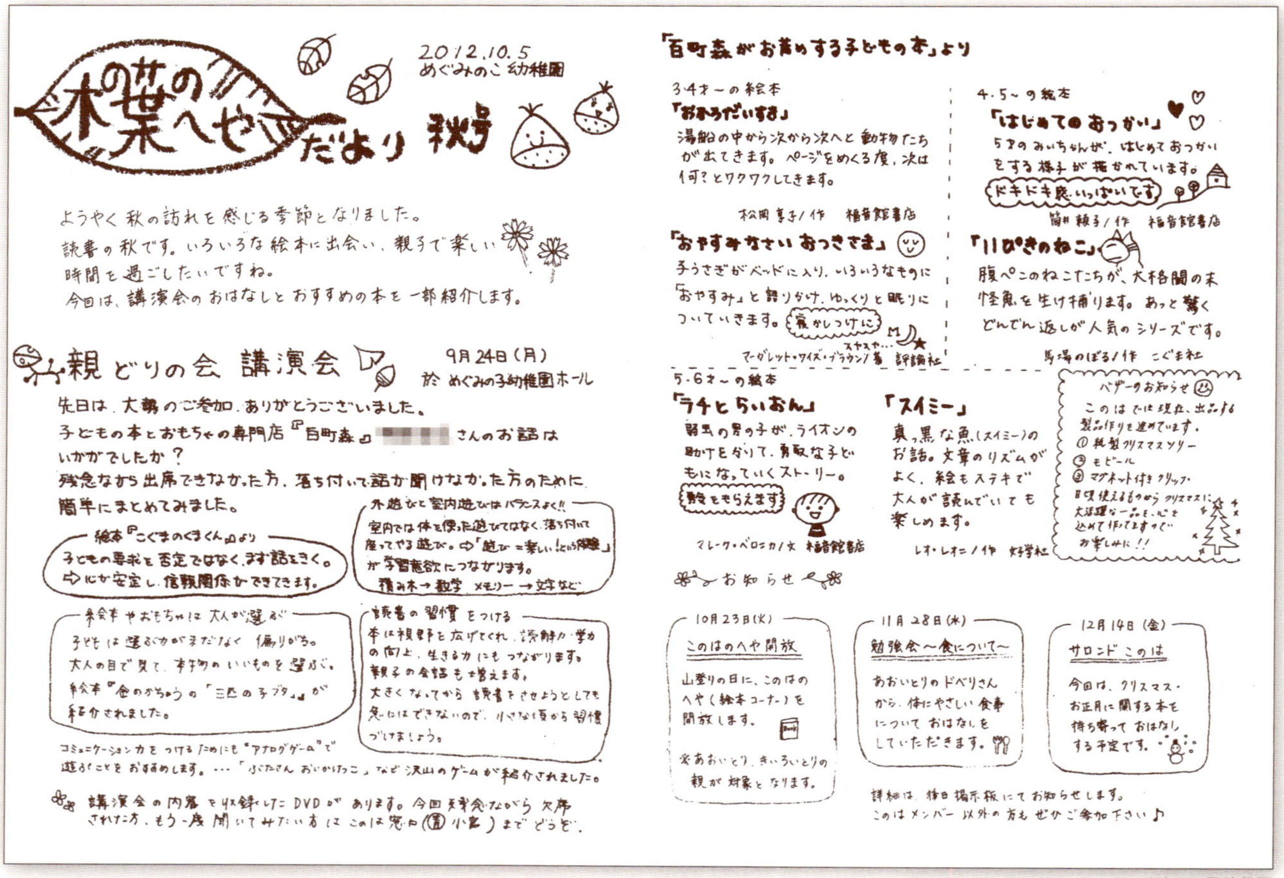

2012.10.5
めぐみのこ幼稚園

木の葉のへやだより 秋号

ようやく秋の訪れを感じる季節となりました。
読書の秋です。いろいろな絵本に出会い、親子で楽しい時間を過ごしたいですね。
今回は、講演会のおはなしとおすすめの本を一部紹介します。

親どりの会 講演会
9月24日(月)
於 めぐみの子幼稚園ホール

先日は、大勢のご参加、ありがとうございました。
子どもの本とおもちゃの専門店『百町森』[redacted]さんのお話はいかがでしたか？
残念ながら出席できなかった方、落ち付いて話が聞けなかった方のために、簡単にまとめてみました。

絵本『こぐまのくまくん』より
子どもの要求を否定ではなく、まず話をきく。
⇨心が安定し、信頼関係ができてきます。

外遊びと室内遊びはバランスよく!!
室内では体を使った遊びではなく、落ち付いて座ってやる遊び。⇨「遊び＝楽しい！という体験」が学習意欲につながります。
積み木→数学 メモリー→文字など

絵本やおもちゃは大人が選ぶ
子どもは選ぶ力がまだなく偏りがち。
大人の目で見て、本物のいいものを選ぶ。
絵本『金のがちょうの「三匹の子ブタ」』が紹介されました。

読書の習慣をつける
本は視野を広げてくれ、読解力・学力の向上、生きる力にもつながります。
親子の会話も増えます。
大きくなってから読書をさせようとしても急にはできないので、小さな頃から習慣づけましょう。

コミュニケーション力をつけるためにも"アナログゲーム"で遊ぶことをおすすめします。…「ぶたさんおいかけっこ」など沢山のゲームが紹介されました。

講演会の内容を収録したDVDがあります。今回残念ながら欠席された方、もう一度聞いてみたい方はこのは窓口(園小宮)までどうぞ。

「百町森がお薦めする子どもの本」より

3・4才～の絵本
「おふろだいすき」
湯船の中から次から次へと動物たちが出てきます。ページをめくる度、次は何？とワクワクしてきます。
松岡享子／作 福音館書店

「おやすみなさい おつきさま」
子うさぎがベッドに入り、いろいろなものに「おやすみ」と語りかけ、ゆっくりと眠りについていきます。寝かしつけに
スヤスヤ…
マーガレット・ワイズ・ブラウン／著 評論社

4・5～の絵本
「はじめてのおつかい」
5才のみいちゃんが、はじめておつかいをする様子が描かれています。
ドキドキ感いっぱいです
筒井頼子／作 福音館書店

「11ぴきのねこ」
腹ぺこのねこたちが、大格闘の末怪魚を生け捕ります。あっと驚くどんでん返しが人気のシリーズです。
馬場のぼる／作 こぐま社

5・6才～の絵本
「ラチとらいおん」
弱虫の男の子が、ライオンの助けをかりて、勇敢な子どもになっていくストーリー。
勇気をもらえます
マレーク・ベロニカ／文 福音館書店

「スイミー」
真っ黒な魚(スイミー)のお話。文章のリズムがよく、絵もステキで大人が読んでいても楽しめます。
レオ・レオニ／作 好学社

バザーのお知らせ
このはでは現在、出品する製品作りを進めています。
① 紙製クリスマスツリー
② モビール
③ マグネット付きクリップ
日頃使えるものからクリスマスに大活躍な一品も、心を込めて作ってますので、お楽しみに!!

お知らせ

10月23日(火)
このはのへや開放
山登りの日に、このはのへや(絵本コーナー)を開放します。
※あおいとり、きいろいとりの親が対象となります。

11月28日(水)
勉強会～食について～
あおいとりのドベリさんから、体にやさしい食事についておはなしをしていただきます。

12月14日(金)
サロンド このは
今回は、クリスマス・お正月に関する本を持ち寄っておはなしする予定です。

詳細は、後日掲示板にてお知らせします。
このはメンバー以外の方もぜひご参加下さい♪

めぐみの子幼稚園

わたし流おたよりのコツ 田崎由布先生（めぐみの子幼稚園副園長）

本園では、開園した9年前から、保護者によるおたより「風の丘から」を発行しています。1年に1回というペースではありますが保護者の積極的な姿勢・雰囲気のおかげで、発行が続いています。内容や発行に関しては、私たち職員は最終チェックをするくらいで、特に指示などをしていませんが、いつも文章や絵を描くのが得意な方が自然と中心となって集まり、編集作業をされています。記事は、親目線の情報が多方面にわたってたくさん掲載されていて、いつも読んでいて、とても面白く、保育の参考になりますね。

季刊の「木の葉のへやだより」は保護者のサークル活動の報告などを中心に記事が作られています。近年は、絵本の講座が実施されているので、それに関連する内容が多いですね。「できる人ができるときにできることを」という考え方で、みなさん、無理のないスタンスで取り組んでいただいています。

いろんな所でお父さん・お母さんが動いてくれてるめぐみの子幼稚園。手をかしてくれた人アリガトウ!!!

どうでした???

今年初めて企画、売り手側で参加しました。大波のようにお客さんが来てくれたときはびっくり！息子たちも愉しくお買い物してきて、とてもいい思い出になりました。
あおいとり あおいとり

こんなものまで手作りできるんだ！とお母さん達の皆用さにビックリしました。準備は大変なときもありましたが、学年を越えてみんなで協力し合えさせながら頑張れました。
あかいとり

バザーの準備でポシェット作りを体験しました。…
きいろいとり

毎回ながら様々な手作り品に感激!! とても刺激されました。テラスでも豚汁を食べていると、おやつさんの料理が次々と出来あがり、おなかはパンパンでした。今回はあまりお手伝いができませんでしたが、次回は自分なりのお手伝いができたらと思います。
きいろのママ

どうぶつくんおあずかり
夏休みにウサギのシロちゃんをおあずかりしました。家では、ペットも飼っていないので、子どもは大喜び♪ エサをあげたり、小屋のそうじをしたり、シロちゃんのお世話をすることで、とてもいい経験になったと思います。
きいろいとり

我が家の庭のように子どもは自由に遊びながら水をまく!! 気持ちいいです!!
お休み中の水やり

本のかしだし
週に一度、このは部屋の本を借りてきます。子どもたちは
・表紙とにらめっこしてじっくり選ぶ
・ひらめきでパッと手にとる
・少し読んでみて決める
と様々です。
今日はどんな気持ちで、どんな風にこの本を借りてきたのかな？ そんなことも考えながら一緒に読むと、ひと味違ったおもしろさがあるかもね。

知ってますか？
親鳥の部屋の本棚
ホワイトボードの下にある本棚の本って読んだことありますか？ 保育・教育関係の本や、手遊び、羊毛の本など、子どもではなく大人向けの書籍がならんでいます。置いてあるかし出しファイルに書き込むことでおかりすることができます。興味のある方は一度のぞいてみては???

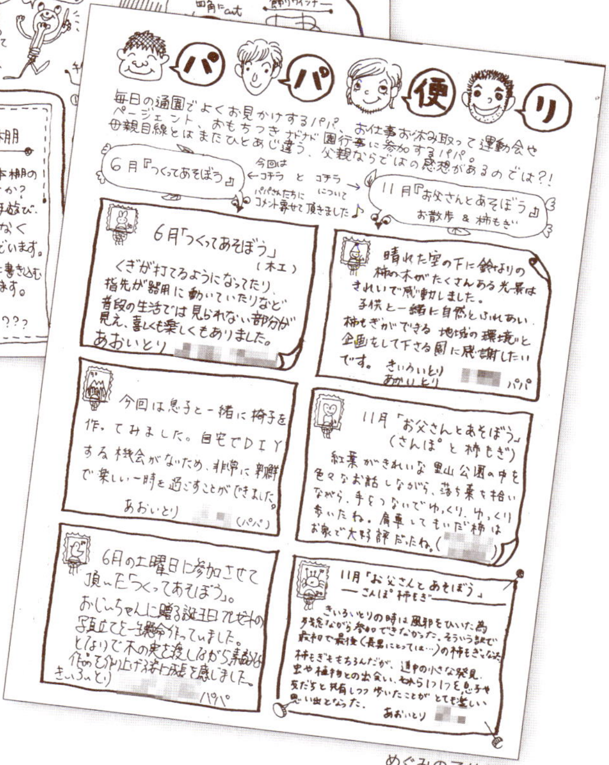

パパ便り

毎日の通園でよくお見かけするパパ、お仕事お休み取って運動会やページェント、おもちつき、バザー等園行事に参加するパパ。母親目線とはまたひと味違う、父親ならではの感想があるのでは?!

6月『つくってあそぼう』 11月『お父さんとあそぼう』 お散歩 & 柿もぎ

6月「つくってあそぼう」（木工）
くぎが打てるようになってたり、指先が器用に動いていたりなど普段の生活では見られない部分が見え、嬉しくも楽しくもありました。
あおいとり [redacted]

晴れた空の下に鈴なりの柿の木がたくさんある光景はきれいで感動しました。子供と一緒に自然とふれあい、柿もぎができる地域の環境と、企画をして下さる園に感謝したいです。
きいろいとり あかいとり [redacted] パパ

今回は息子と一緒に椅子を作ってみました。自宅でDIYする機会がないため、非常に新鮮で楽しい一時を過ごすことができました。
あおいとり [redacted]（パパ）

11月「お父さんとあそぼう」（さんぽと柿もぎ）
紅葉がきれいな里山公園の中を色々なお話しながら、落ち葉を拾いながら、手をつないでゆっくり、ゆっくり歩いたね。肩車してもいだ柿はお家で大好評だったね。[redacted]

6月の土曜日に参加させて頂いた「つくってあそぼう」。おじいちゃんに贈る誕生日プレゼントの写真立てを一生懸命作っていました。となりで木の皮を渡しながら素敵な作品ができたと感じました。
きいろいとり [redacted] パパ

11月「お父さんとあそぼう」—さんぽ 柿もぎ—
あおいとり [redacted]

めぐみの子幼稚園

2011・巣立ち号

風の丘から

めぐみの子に
ふりそそぐ
豊かであたたかな
陽と風は
大地と草木と
花と虫と
そして
私たちを育てます
そのめぐみのもとに
育ち合えた一年
心から
ありがとう

めぐみの子幼稚園の
子どもたちへ
花、虫、木、畑、空、自然の
大好きな子どもたち 美しい物に感動したり、不思議もいっぱい発見しました。
そして心も体も大きくなりました。
これからも神さまに守られ
たくさんの生き物、お友だちを大切に
生きていって下さい。
とよしま ときわ

めぐみの子幼稚園

ときにはパパも書き手に

保護者を巻き込んで保育を運営している園では、親が編集委員を担当するだけでなく、楽しみながら、おたよりの書き手にもなっていたりします。

この園では、ママたちだけでなく、パパたちも原稿を書いていますね。記事を読んだパパが執筆者のパパに声をかけるなど、おたよりはパパ同士をつなぐきっかけにもなります。パパ友の輪が広がって、パパが園の重要な支え手となる園も出てきていますよ。

11月のおたよりのポイント

秋の自然の美しい時期です。園外保育などで、子どもたちが自然にたくさん触れている姿を載せましょう。
作品展や発表会をひかえ、ごっこ遊びや表現遊びも盛んになっているかもしれません。そういった活動や遊びを通した「育ち」についても随時、発信していきましょう。子どもが表現することの意味について特集してもいいかもしれませんね。

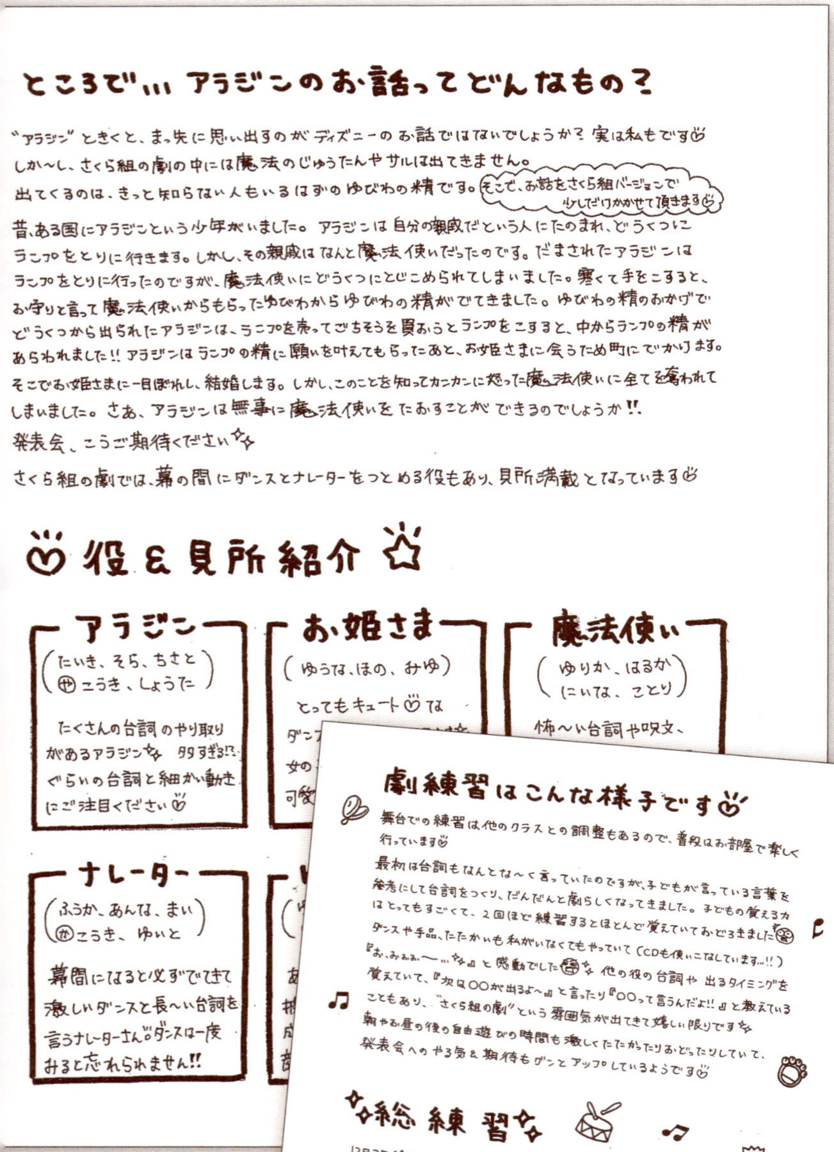

ところで… アラジンのお話ってどんなもの？

“アラジン”ときくと、まっ先に思い出すのがディズニーのお話ではないでしょうか？ 実は私もです
しか〜し、さくら組の劇の中には魔法のじゅうたんやサルは出てきません。
出てくるのは、きっと知らない人もいるはずのゆびわの精です。そこで、お話をさくら組バージョンで少しだけかかせて頂きます
昔、ある国にアラジンという少年がいました。アラジンは自分の親戚だという人にたのまれ、どうくつにランプをとりに行きます。しかし、その親戚はなんと魔法使いだったのです。だまされたアラジンはランプをとりに行ったのですが、魔法使いにどうくつにとじこめられてしまいました。寒くて手をこすると、お守りと言って魔法使いからもらったゆびわからゆびわの精がでてきました。ゆびわの精のおかげでどうくつから出られたアラジンは、ランプを売ってごちそうを買おうとランプをこすると、中からランプの精があらわれました!! アラジンはランプの精に願いを叶えてもらったあと、お姫さまに会うため町にでかけます。そこでお姫さまに一目ぼれし、結婚します。しかし、このことを知ってカンカンに怒った魔法使いに全てを奪われてしまいました。さあ、アラジンは無事に魔法使いをたおすことができるのでしょうか!!
発表会、こうご期待ください
さくら組の劇では、幕の間にダンスとナレーターをつとめる役もあり、見所満載となっています

役&見所紹介

アラジン
(たいき、そら、ちさと ㊥こうき、しょうた)
たくさんの台詞のやり取りがあるアラジン 多すぎる!? ぐらいの台詞と細かい動きにご注目ください

お姫さま
(ゆうな、ほの、みゆ)
とってもキュートな ダン… 女の… 可愛…

魔法使い
(ゆりか、はるか にいな、ことり)
怖〜い台詞や呪文、…

ナレーター
(ふうか、あんな、まい ㊥こうき、ゆいと)
幕間になると必ずでてきて激しいダンスと長〜い台詞を言うナレーターさん ダンスは一度みると忘れられません!!

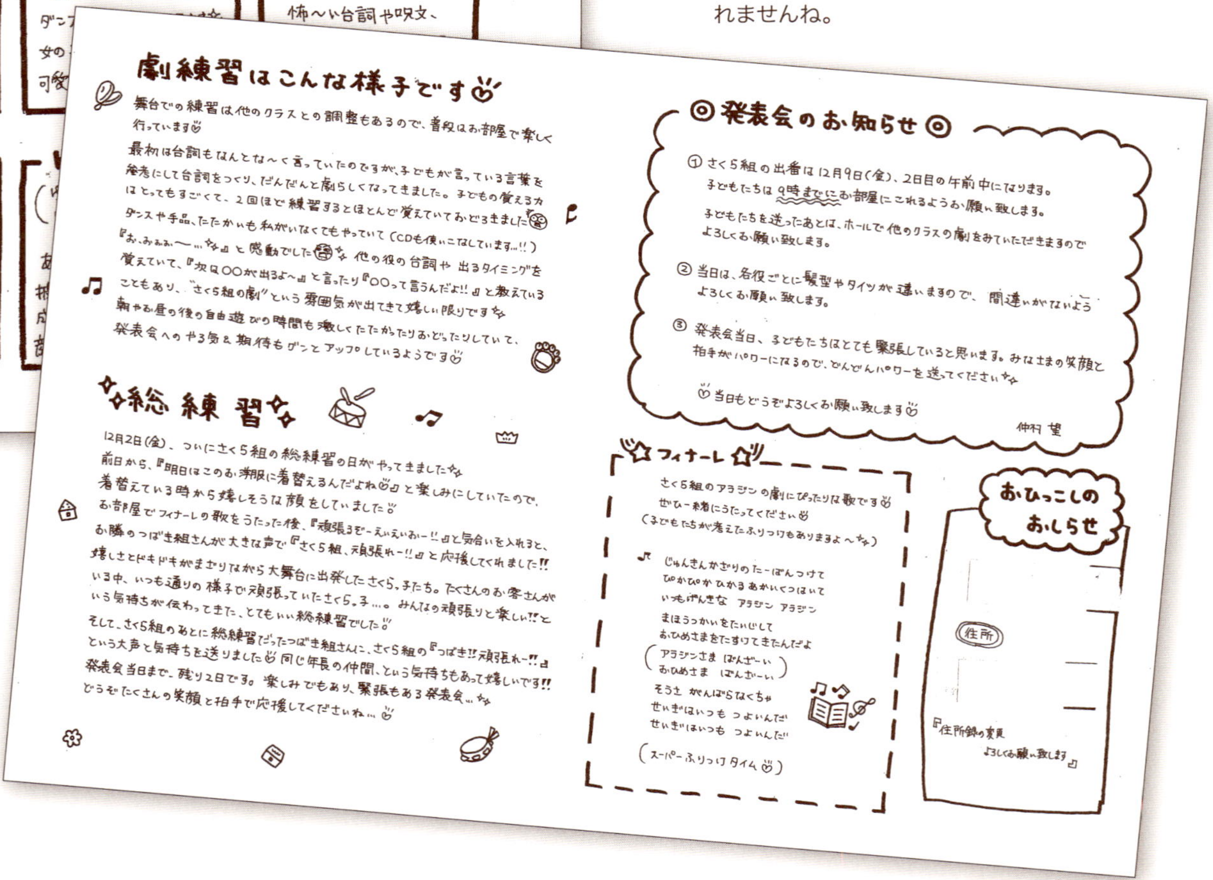

劇練習はこんな様子です

舞台での練習は他のクラスとの調整もあるので、普段はお部屋で楽しく行っています
最初は台詞もなんとな〜く言っていたのですが、子どもが言っている言葉を参考にして台詞をつくり、だんだんと劇らしくなってきました。子どもの覚える力はとってもすごくて、2回ほど練習するとほとんど覚えていておどろきました
ダンスや手品、たたかいも私がいなくてもやっていて(CDも使いこなしています…!!)『お、おぉぉ〜…』と感動でした 他の役の台詞や出るタイミングを覚えていて、『次は○○が出るよ〜』と言ったり『○○って言うんだよ!!』と教えていることもあり、“さくら組の劇”という雰囲気が出てきて嬉しい限りです
朝やお昼の後の自由遊びの時間も激しくたたかったりおどったりしていて、発表会へのやる気&期待もグンとアップしているようです

総練習

12月2日(金)、ついにさくら組の総練習の日がやってきました
前日から、『明日はこのお洋服に着替えるんだよね』と楽しみにしていたので、着替えている時から嬉しそうな顔をしていました
お部屋でフィナーレの歌をうたった後、『頑張るぞーえいえいおー!!』と気合いを入れると、お隣のつばき組さんが大きな声で『さくら組、頑張れー!!』と応援してくれました!!
嬉しさとドキドキがまざりながら大舞台に出発したさくらっ子たち。たくさんのお客さんがいる中、いつも通りの様子で頑張っていたさくらっ子…。みんなの頑張りと楽しい!!という気持ちが伝わってきた、とてもいい総練習でした
そして、さくら組のあとに総練習だったつばき組さんに、さくら組の『つばき!!頑張れー!!』という大声と気持ちを送りました 同じ年長の仲間、という気持ちもあって嬉しいです!!
発表会当日まで、残り2日です。楽しみでもあり、緊張もある発表会…
どうぞたくさんの笑顔と拍手で応援してくださいね…

◎発表会のお知らせ◎

① さくら組の出番は12月9日(金)、2日目の午前中になります。
子どもたちは9時までにお部屋にこれるようお願い致します。
子どもたちを送ったあとは、ホールで他のクラスの劇をみていただきますのでよろしくお願い致します。

② 当日は、各役ごとに髪型やタイツが違いますので、間違いがないようよろしくお願い致します。

③ 発表会当日、子どもたちはとても緊張していると思います。みなさまの笑顔と拍手がパワーになるので、どんどんパワーを送ってください

当日もどうぞよろしくお願い致します

仲村 望

フィナーレ

さくら組のアラジンの劇にぴったりな歌です
ぜひ一緒にうたってください
(子どもたちが考えたふりつけもありますよ〜)

じゅんきんかざりのたーばんつけて
ぴかぴかひかるあかいくつはいて
いつもげんきなアラジン アラジン
まほうつかいをたいじして
おひめさまをたすけてきたんだよ
(アラジンさま ばんざーい
おひめさま ばんざーい)
そうさ がんばらなくちゃ
せいぎはいつも つよいんだ
せいぎはいつも つよいんだ
(スーパーふりつけタイム)

おひっこしのおしらせ

住所

『住所録の変更 よろしくお願い致します』

中野幼稚園

発表会は、当日の出来栄えだけでなく、プロセスを伝えて

劇発表会や生活発表会、あるいは作品展といった発表会は、運動会同様、その過程をどんどんおたよりで取り上げましょう。子ども同士のやりとりの様子や一人一人の思いやこだわり、発表会で何を大切にしたいのかという保育者の思いなど、具体的な言葉や写真をまじえて伝えれば、保護者側の気持ちも盛り上がります。見どころを載せたり、臨時増刊号を発行するのもいいですね。

会が終わった後も、その余韻や取り組みから学んだ子どもの姿についてフォローした記事が出せれば、子どもの成長を継続的にとらえることができます。

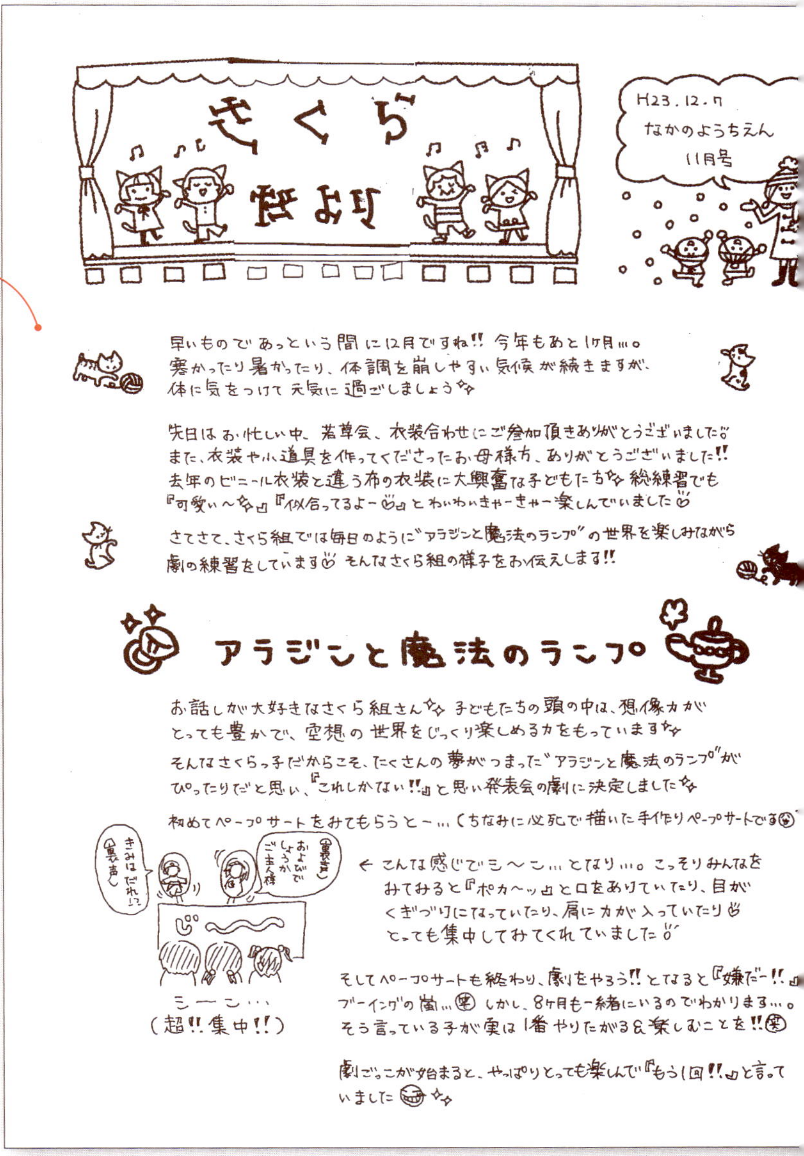

さくら組だより

H23.12.7
なかのようちえん
11月号

早いものであっという間に12月ですね!! 今年もあと1ヶ月…。
寒かったり暑かったり、体調を崩しやすい気候が続きますが、
体に気をつけて元気に過ごしましょう

先日はお忙しい中、若草会、衣装合わせにご参加頂きありがとうございました
また、衣装や小道具を作ってくださったお母様方、ありがとうございました!!
去年のビニール衣装と違う布の衣装に大興奮な子どもたち 総練習でも
『可愛い〜』『似合ってるよ〜』とわいわいきゃーきゃー楽しんでいました

さてさて、さくら組では毎日のように"アラジンと魔法のランプ"の世界を楽しみながら
劇の練習をしています そんなさくら組の様子をお伝えします!!

アラジンと魔法のランプ

お話しが大好きなさくら組さん 子どもたちの頭の中は、想像力が
とっても豊かで、空想の世界をじっくり楽しめる力をもっています
そんなさくらっ子だからこそ、たくさんの夢がつまった"アラジンと魔法のランプ"が
ぴったりだと思い、『これしかない!!』と思い発表会の劇に決定しました

初めてペープサートをみてもらうと〜…（ちなみに必死で描いた手作りペープサートです

(裏声) きみはだれ!?

(裏声) およびでしょうかご主人様

シーン…
（超!!集中!!）

← こんな感じでシ〜ン…となり…。こっそりみんなを
みてみると『ポカ〜ッ』と口をあけていたり、目が
くぎづけになっていたり、肩に力が入っていたり
とっても集中してみてくれていました

そしてペープサートも終わり、劇をやろう!!となると『嫌だ〜!!』
ブーイングの嵐…(笑) しかし、8ヶ月も一緒にいるのでわかります…。
そう言っている子が実は1番やりたがる&楽しむことを!!(笑)

劇ごっこが始まると、やっぱりとっても楽しんで『もう1回!!』と言っていました

中野幼稚園

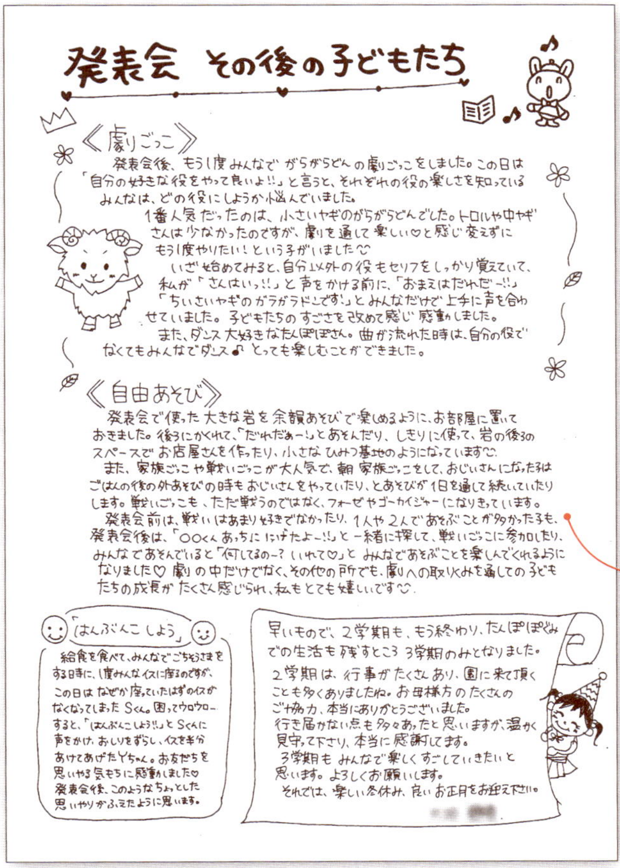

発表会 その後の子どもたち

《劇ごっこ》

発表会後、もう1度みんなでがらがらどんの劇ごっこをしました。この日は「自分の好きな役をやって良いよ!!」と言うと、それぞれの役の楽しさを知っているみんなは、どの役にしようか悩んでいました。

1番人気だったのは、小さいヤギのがらがらどんでした。トロルや中ヤギさんは少なかったのですが、劇を通して楽しい♡と感じ変えずにもう1度やりたい！という子がいました

いざ始めてみると、自分以外の役もセリフをしっかり覚えていて、私が「さんはいっ!!」と声をかける前に、「おまえはだれだ〜!!」「ちいさいヤギのガラガラドンです!」とみんなだけで上手に声を合わせていました。子どもたちのすごさを改めて感じ感動しました。

また、ダンス大好きなたんぽぽさん。曲が流れた時は、自分の役でなくてもみんなでダンス♪とっても楽しむことができました。

《自由あそび》

発表会で使った大きな岩を余韻あそびで楽しめるように、お部屋に置いておきました。後ろにかくれて、「だれだぁ〜!」とあそんだり、しきりに使って、岩の後ろのスペースでお店屋さんを作ったり、小さなひみつ基地のようになっています。

また、家族ごっこや戦いごっこが大人気で、朝家族ごっこをして、おじいさんになった子はごはんの後の外あそびの時もおじいさんをやっていたり、とあそびが1日を通して続いていたりします。戦いごっこも、ただ戦うのではなく、フォーゼやゴーカイジャーになりきっています。

発表会前は、戦いはあまり好きでなかったり、1人や2人であそぶことが多かった子も、発表会後は、「○○くんあっちににげたよ〜!!」と一緒に探して、戦いごっこに参加したり、みんなであそんでいると「何してるの〜? いれて♡」とみんなであそぶことを楽しんでくれるようになりました♡ 劇の中だけでなく、その他の所でも、劇への取り組みを通しての子どもたちの成長がたくさん感じられ、私もとても嬉しいです。

「はんぶんこしよう」

給食を食べて、みんなでごちそうさまをする時に、1度みんなイスに座るのですが、この日はなぜか座っていたはずのイスがなくなってしまったSくん。困ってウロウロ…すると、「はんぶんこしよう!!」とSくんに声をかけ、おしりをずらし、イスを半分あけてあげたYちゃん。お友だちを思いやる気もちに感動しました♡ 発表会後、このようなちょっとした思いやりがふえたように思います。

早いもので、2学期も、もう終わり、たんぽぽぐみでの生活も残すところ3学期のみとなりました。

2学期は、行事がたくさんあり、園に来て頂くことも多くありましたね。お母様方のたくさんのご協力、本当にありがとうございました。

行き届かない点も多々あったと思いますが、温かく見守って下さり、本当に感謝してます。

3学期もみんなで楽しくすごしていきたいと思います。よろしくお願いします。

それでは、楽しい冬休み、良いお正月をお迎え下さい。

中野幼稚園

発表会後の姿も忘れずに発信を

保護者にとって、発表会でわが子がどんな姿だったかは、とても大きな関心事です。出番が多く、目立った子の親にとっては、満足度が高いと思いますが、踊りを踊らなかった、うまくセリフが言えなかったなど、出番があまり多くなかった子の親は、心配になることも少なくありません。本番には、積極的な姿が見せられなかったとしても、その後の園での姿や取り組みを伝えていくことはとても意味があります。おたよりだけでなく、会話などでも個別に伝えていきましょう。

地域への発信

現在、保育施設は、在園児家庭だけでなく、
地元の子育て家庭への子育て支援の役割も大きく期待されています。
地域とのつながりを大切にし、
地元に向けたおたよりを発信する園も出てきています。

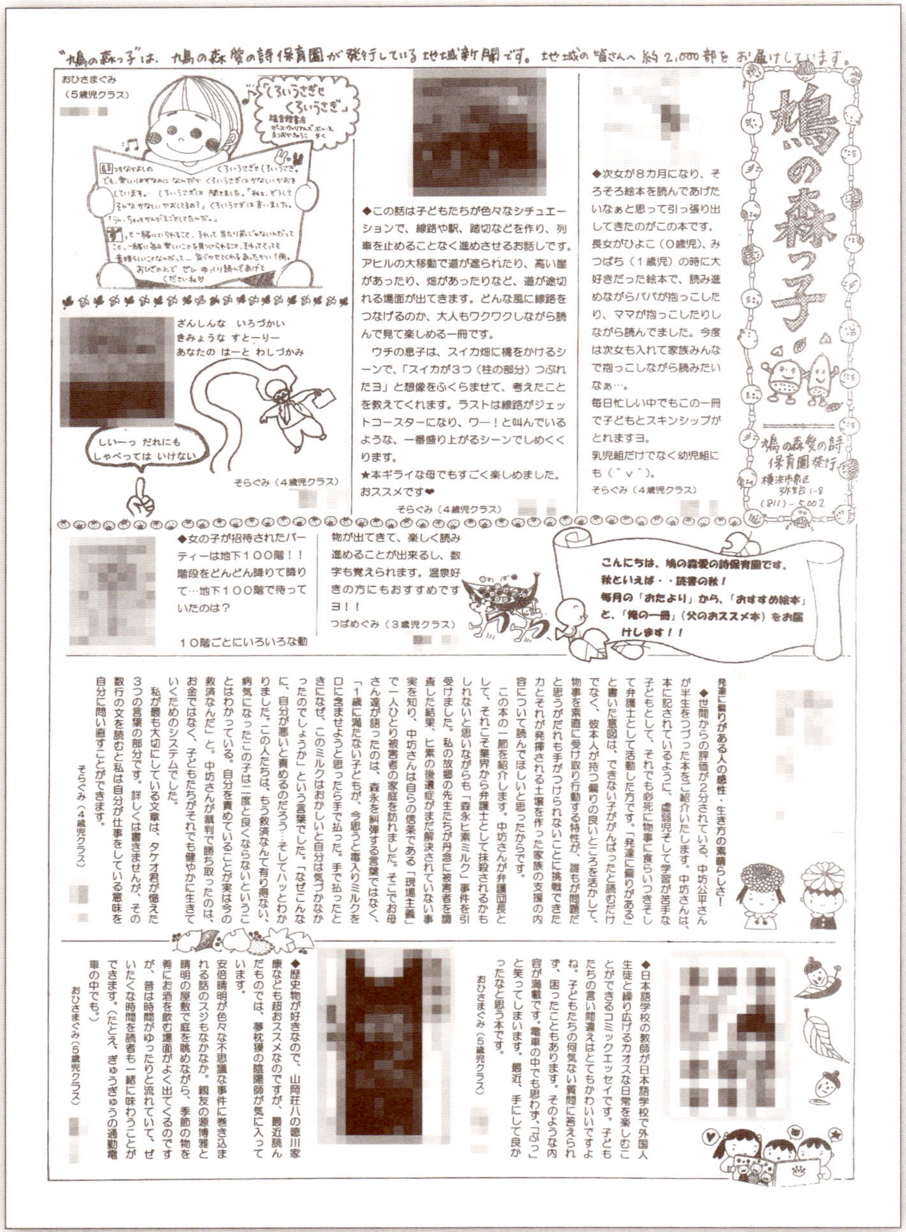

"鳩の森っ子"は、鳩の森愛の詩保育園が発行している地域新聞です。地域の皆さんへ約2,000部をお届けしています。

鳩の森っ子

鳩の森愛の詩保育園発行
横浜市泉区弥生台1-8
(811)-5002

おひさまぐみ（5歳児クラス）

ざんしんな　いろづかい
きみょうな　すとーりー
あなたの　はーと　わしづかみ

しいーっ　だれにも
しゃべっては　いけない

そらぐみ（4歳児クラス）

◆この話は子どもたちが色々なシチュエーションで、線路や駅、踏切などを作り、列車を止めることなく進めさせるお話しです。アヒルの大移動で道が遮られたり、高い崖があったり、畑があったりなど、道が途切れる場面が出てきます。どんな風に線路をつなげるのか、大人もワクワクしながら読んで見て楽しめる一冊です。

ウチの息子は、スイカ畑に橋をかけるシーンで、「スイカが3つ（柱の部分）つぶれたヨ」と想像をふくらませて、考えたことを教えてくれます。ラストは線路がジェットコースターになり、ワー！と叫んでいるような、一番盛り上がるシーンでしめくくります。

★本ギライな母でもすごく楽しめました。おススメです❤

そらぐみ（4歳児クラス）

◆次女が8カ月になり、そろそろ絵本を読んであげたいなぁと思って引っ張り出してきたのがこの本です。長女がひよこ（0歳児）、みつばち（1歳児）の時に大好きだった絵本で、読み進めながらパパが抱っこしたり、ママが抱っこしたりしながら読んでました。今度は次女も入れて家族みんなで抱っこしながら読みたいなぁ…。

毎日忙しい中でもこの一冊で子どもとスキンシップがとれますヨ。

乳児組だけでなく幼児組にも（＾ｖ＾）。

そらぐみ（4歳児クラス）

◆女の子が招待されたパーティーは地下１００階！！階段をどんどん降りて降りて…地下１００階で待っていたのは？

１０階ごとにいろいろな動物が出てきて、楽しく読み進めることが出来るし、数字も覚えられます。温泉好きの方にもおすすめですヨ！！

つばめぐみ（３歳児クラス）

こんにちは。鳩の森愛の詩保育園です。
秋といえば・・読書の秋！
毎月の「おたより」から、「おすすめ絵本」と、「俺の一冊」（父のおススメ本）をお届けします！！

発達に偏りがある人の感性・生き方の素晴らしさ！

◆世間からの評価が2分されている、中坊公平さんが半生をつづった本をご紹介いたします。中坊さんは、本に記されているように、虚弱児そして学習が苦手な子どもとして、それでも必死に物事に食らいつきそして弁護士として活動した方です。「発達に偏りがある」と書いた意図は、できない子ががんばったと読むだけでなく、彼本人が持つ偏りの良いところを活かして、物事を素直に受け取り行動する特性が、誰もが問題だと思うがだれも手がつけられないことに挑戦できた力とそれが発揮される土壌を作った家族の支援の内容について読んでほしいと思ったからです。

この本の一節を紹介します。中坊さんが弁護団長として、それこそ業界から弁護士として抹殺されるかもしれないと思いながらも「森永ヒ素ミルク」事件を引受けました。私の故郷の先生たちが丹念に被害者を調査した結果、ヒ素の後遺症がまだ解決されていない事実を知り、中坊さんは自らの信条である「現場主義」で一人ひとり被害者の家庭を訪れました。そこでお母さん達が語ったのは、森永を糾弾する言葉ではなく、「1歳に満たない子どもが、今思うと毒入りミルクを口に含ませようと思ったら手で払った。手で払ったときになぜ、このミルクはおかしいと自分は気づかなかったのでしょうか」という言葉でした。「なぜこんなに、自分が悪いと責めるのだろう…そしてハッとわかりました。「この人たちは、もう救済なんて有り得ない、病気になったこの子は二度と良くならないということはわかっている。自分を責めていることが実は今の救済なんだ」と。中坊さんが裁判で勝ち取ったのは、お金ではなく、子どもたちがそれでも健やかに生きていくためのシステムでした。

私が最も大切にしている文章は、タケオ君が憶えた3つの言葉の部分です。詳しくは書きませんが、その数行の文を読むと私は自分が仕事をしている意味を自分に問い直すことができます。

そらぐみ（4歳児クラス）

◆日本語学校の教師が日本語学校で外国人生徒と繰り広げるカオスな日常を楽しむことができるコミックエッセイです。子どもたちの言い間違えはとてもかわいいですよね。子どもたちの何気ない質問に答えられず、困ったこともあります。そのような内容が満載です。電車の中でも思わず、「ぷっ」と笑ってしまいます。最近、手にして良かったなと思う本です。

おひさまぐみ（5歳児クラス）

◆歴史物が好きなので、山岡荘八の徳川家康なども超おススメなのですが、最近読んだものでは、夢枕獏の陰陽師が気に入っています。

安倍晴明が色々な不思議な事件に巻き込まれる話のスジもなかなか。親友の源博雅と晴明の屋敷で庭を眺めながら、季節の物を肴にお酒を飲む場面がよく出てくるのですが、昔は時間がゆったりと流れていて、ぜいたくな時間を読者も一緒に味わうことができます。（たとえ、ぎゅうぎゅうの通勤電車の中でも。）

おひさまぐみ（5歳児クラス）

鳩の森愛の詩保育園

わたし流おたよりのコツ

瀬沼静子先生
（鳩の森愛の詩保育園園長）

地域向けのおたよりは、30年前の開園当初から続けてきました。今は、毎年2回、バザー開催にあわせて、両面印刷した新聞「鳩の森っ子」を2000部発行しています。記事の内容は、表面が毎月のおたよりから抜粋したもの、裏面がバザーの案内になっています。

「鳩の森っ子」も毎月のおたよりも、職員と保護者で構成する「おたよりプロジェクト」が中心となり、特集テーマの企画出しや原稿依頼などを行っています。編集会議は、保護者同士がコミュニケーションをとるいい機会になっているようです。

毎月のおたよりは、20ページとボリュームがあり（58・59・85ページに掲載）、毎月150部も作成するため、製本作業も保護者に手伝っていただいているのですが、この地域向け新聞も、住所を割り当てて、保護者に20部ずつ配布してもらっています。いつも保護者を巻き込んでおたよりに取り組んでいるのが、わが園の特徴だと思います。

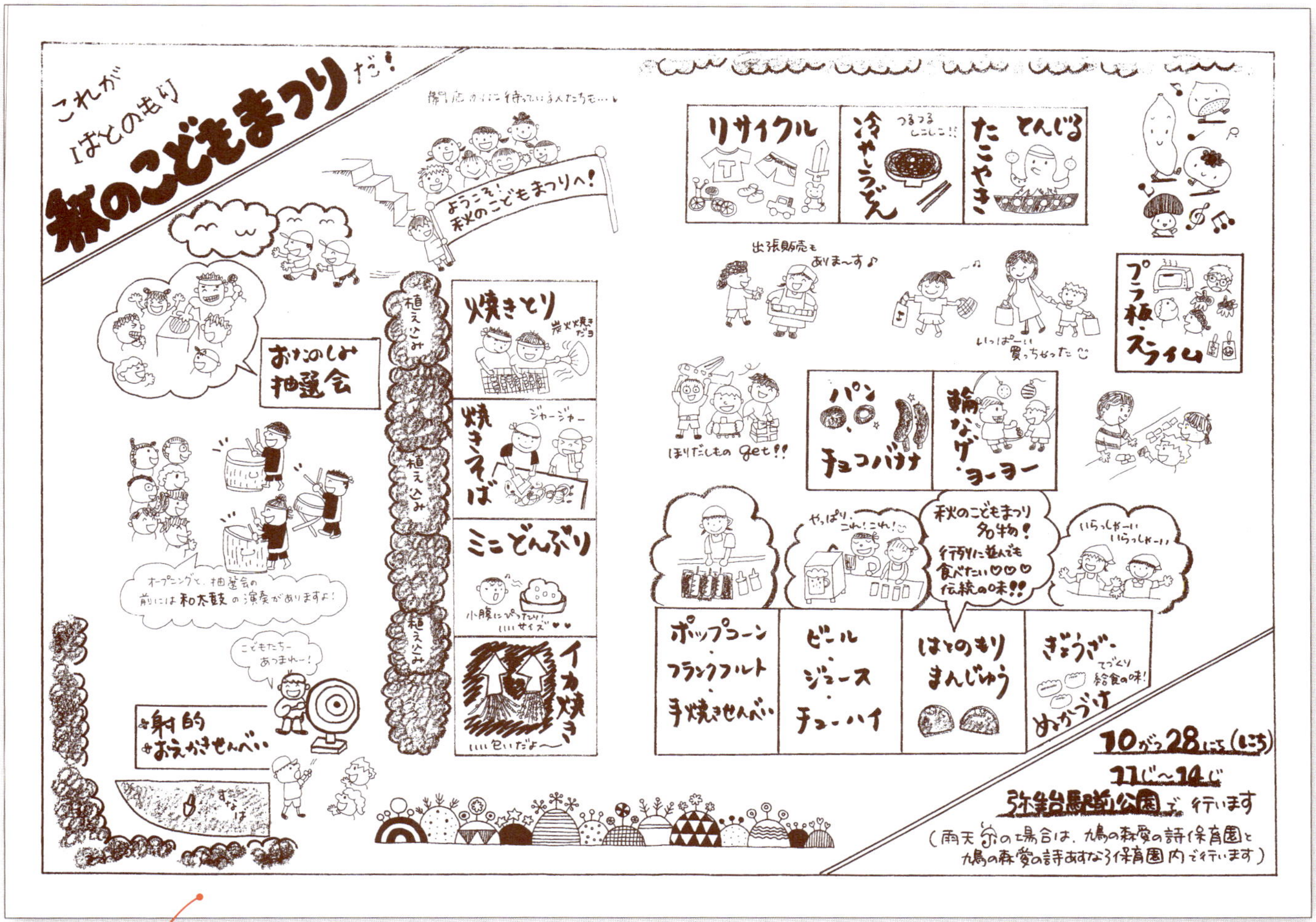

鳩の森愛の詩保育園

地域に発信することの意味

これからの保育は、いかに保護者や地域を巻き込むかがとても大切です。地域へのより積極的な発信が求められています。地域に愛される園は、地域の人たちからいつも支えてもらえます。夏祭りなど、園の行事について地域の方をお誘いするのはとても大切なことです。

また、様々な機会に未就園児がいる家庭に発信することで、園生活を知ってもらうきっかけにもなります。

わたし流おたよりのコツ

近江屋希先生（鳩の森愛の詩保育園）

おたよりでいつも心がけているのが、読みたくなるレイアウトにすること。後輩たちにもそのように指導しています。毎月のおたよりの原稿は、多くの保護者にご協力いただいており、家族を紹介する「マイファミリー」、自分の仕事について伝える「わたくし、こんな仕事をしています」、レシピ紹介の「おすすめメニュー」のコーナーなど、保護者が登場する記事がたくさんあります。（58・59ページに掲載）また、職員がリレーで原稿を執筆する記事もあり、短時間勤務の職員も登場したりするんですよ。

卒園児の保護者の一部にも送付しているのですが、毎月のおたよりから鳩の森の子どもたちや後輩パパ・ママの元気な姿が伝わることを願いながら、いつも作成しています。

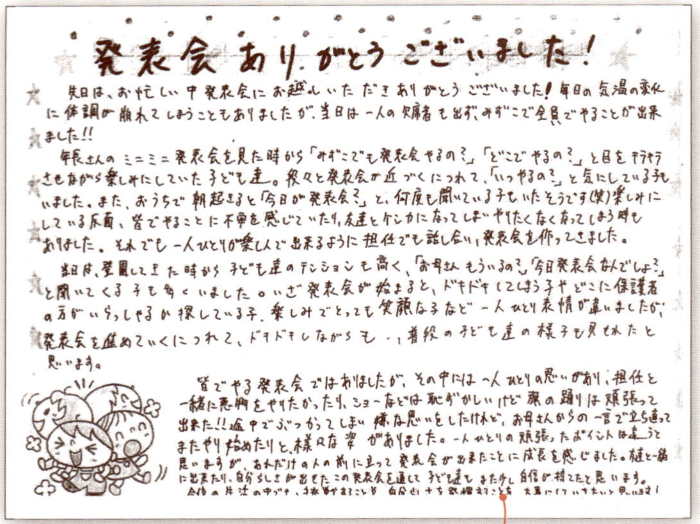

発表会ありがとうございました！

先日は、お忙しい中発表会にお越しいただきありがとうございました！毎日の気温の変化に体調が崩れてしまうこともありましたが、当日は一人の欠席者も出ず、みずこで全員でやることが出来ました!!

年長さんのミニミニ発表会を見た時から「みずこでも発表会やるの？」「どこでやるの？」と目をキラキラさせながら楽しみにしていた子ども達。段々と発表会が近づくにつれて、「いつやるの？」と気にしている子もいました。また、おうちで朝起きると「今日が発表会？」と、何度も聞いている子もいたそうです(笑)楽しみにしている反面、皆でやることに不安を感じていたり、友達とケンカになってしまいやりたくなくなってしまう時もありました。それでも一人ひとりが楽しんで出来るように担任でも話し合い、発表会を作ってきました。

当日は、登園してきた時から子ども達のテンションも高く、「お母さんもういるの？」「今日発表会なんでしょ？」と聞いてくる子も多くいました。いざ発表会が始まると、ドキドキしてしまう子やどこに保護者の方がいらっしゃるか探している子、楽しみでとっても笑顔な子など一人ひとり表情が違いましたが、発表会を進めていくにつれて、ドキドキしながらも、普段の子ども達の様子も見れたと思います。

皆でやる発表会ではありましたが、その中には一人ひとりの思いがあり、担任と一緒に悪者をやりたかったり、ショーなどは恥ずかしいけど森の踊りは頑張って出来た!!途中でぶつかってしまい嫌な思いをしたけれど、お母さんからの一言で立ち直ってまたやり始めたりと、様々な姿がありました。一人ひとりの頑張ったポイントは違うと思いますが、あれだけの人の前に立って発表会が出来たことに成長を感じました。誰と一緒に出来たり、自分らしさが出せたこの発表会を通して子ども達もまた少し自信が持てたと思います。

今後の生活の中でも、挑戦することや[illegible]ことを大事にしていきたいと思います！

ゆうゆうのもり幼保園

行事参加への感謝の言葉を

園では様々な行事がありますが、報告する記事ともに、参加した保護者への感謝の言葉は忘れずに書いておきたいものです。

お楽しみ会やクリスマス会などは、ただ「楽しみました」で終わるのではなく、特に子どもたちが興味を持ったことなどをエピソードで取り上げたり、製作における保育者の意図などをはっきりとした言葉で伝えていきたいですね。

12月

12月のおたよりのポイント

クリスマス会やお楽しみ会などを予定している園も多いと思います。クリスマスにちなんで絵本を読んだり、ツリーや飾りなどの製作など、子どもたちがその日を迎えるまでの姿を伝えましょう。家でできる工作の手順を載せるのも喜ばれます。

お楽しみ会の★

お菓子パーティ！！ での出来事…♪♪

子ども達が楽しみにしていた、おやつパーティー♪お菓子とジュース、それから子ども達には内緒で、ゼリーを用意しました。ジュースは、事前に子ども達と決めた物を頂き、お菓子と一緒に食べました。いくつかお菓子が入っている袋を手にして、「どれから食べようかな～♪」と嬉しそうな子ども達。いくつか食べ終わると、「あとは、ママ(パパ)にお土産！」「お家で一緒に食べるー！」とお家の人を思いながら、カバンにしまう子も居ましたよ。給食の時にお楽しみで"ゼリー"を食べました。特別なことがたくさんあった一日でしたが、子ども達のワクワクしている表情が印象的でした。しかし、ただのお菓子を食べることが楽しかったのではなく、"ゆうゆうでみずこでの皆と一緒に"食べたり、飲んだりするからもっと楽しかったのではないかなと思います。それをお家の人とも共有したく、お菓子一つを大事そうに持ち帰る子どもの姿が本当に可愛らしかったです。3学期も元気いっぱい過ごしていきたいと思います♪

どれから食べようかな～
コレッ!!!

マルモの踊り やまやまさんと踊ったよ☆

遠い国から…♫

12月19日(月)にクリスマス会がありました。暗いホールに集まり、年長の持つろうそくに囲まれて会が始まりました。「メリークリスマス」の歌と共にサンタさんが登場！サンタさんが登場して、目をキラキラさせて大興奮の様子の子ども達。サンタさんは、遠い国からやってきて、日本語が話せないので、英則先生が通訳をしてくれました。部屋に戻るとプレゼントが届いていて、子ども達はニコニコしてとても嬉しそうでした。中には、自分のプレゼントがどこにあるか、我先にと一生懸命探す姿は、本当に可愛かったです。その後園庭へ行くと、ソリの後と沢山の氷の落し物が…♬ その氷を大事に持って帰る子もいましたよ。サンタさんが来てくれて、本当に良かったね♡

袋にいっぱいの氷や ♡宝物♡

今月の大好き絵本♪

＊みずこでツリー＊

No.2

みずこで ツリー☆

子ども達にとって楽しみなクリスマスがもすぐやってきます。みずこでの部屋では、クリスマスの雰囲気を味わえるような製作に取り組んでいなす。ツリーやハート、星などを折り紙に描き切り絵にしたり、折り紙でコップを折り繋ぎ合わせてリースにしたり、輪飾りを作って、クリスマスを楽しみにしています。

クラスで何か一つの物を作る経験をしたいと思い、"みずこでツリー"を作ることにしました。子ども達を誘ってみたところ、「作りたーい！」「何色のツリーにする？」「飾りもいっぱい作りたいな♪」と楽しみな様子の子ども達。早速、絵の具を用意して、大きな筆でダイナミックに塗っていきました。筆の使い方が上手になっていたり、ダイナミックに塗っているけれど、ダンボールの端を塗るときには、細い筆で塗り、場所によって自分で考え筆を使い分けている姿に驚きました。以前ハロウィン製作でも筆を使って絵の具を楽しんできた子ども達なだけに、成長も感じました。その反面、指や手を使って、絵の具の感触を楽しみたい子もいるようでした。完成したツリーを見て子ども達は、「本物のツリーだー！」「私の背より大きいよ！」と嬉しそうな様子でした。飾りは、折り紙で折ったハートやつえ、切り絵、綿を使って雪のようにしてみたりとどんどんにぎやかなツリーになり、世界で一つの"みずこでツリー"が出来ました。皆で一つの物を作る経験にもなり、自分で作った飾りが大きなツリーに飾られるのが嬉しいようです。皆さんにとって素敵なクリスマスが迎えられますように。

松ぼっくりツリーもやったよ☆

はさみでちょきちょき クリスマスツリー★

どれにしようかな

飾り選んでいます☺

個性あふれる作品。

チョキチョキ～

一学期からクラスにある限られた本数の中で友達と譲り合いながら使ってきたハサミ。遊びの中でも少しずつ使う回数が増えてきて、扱い方にも慣れてきた子ども達をみて、更にハサミを使ってできることをもっと知って欲しいと思い、クラスでクリスマス製作をすることにしました。

画用紙に三角形の形をした2つのツリーをハサミで切り、のりで貼り、飾りを付けて、最後に星を貼り付けるという製作です。子ども達の中には、上手に切れる子もいれば、「出来なーい。」と言う子もいたり‥苦戦しながらも、頑張って取り組んでいました。てっぺんに星を付ける子もいれば、真ん中に星をつける子、飾りも自分で選び「どれにしようかな～♪」と言って考えながら貼り、「キラキラのツリーにしたいから、全部金と銀で飾りを付ける！」と言い飾りを選んでたり、それぞれがイメージを持って楽しんでいたように感じます。中には、時間を掛けて、2つ切ったツリーでしたが、「1つで良い！」と言い、一つの山の形でオリジナルのツリーを作る子もいて、一つの製作の中にも子ども達それぞれの個性あふれる作品になりました。出来上がったツリーを手に取り、「見てみてー！頑張って作ったよ。」と嬉しそうに見せてくれたり、「早くクリスマス来て欲しいな～♪」とクリスマスをさらに楽しみにしている子もいました。今後も遊びの中で、ハサミを使って色々なものを作りながら、もっともっとハサミの面白さを感じてもらいたいと思います。

今回、ハサミを使うにあたって、子ども達に気をつけて欲しいことを伝えました。

★ハサミの持ち方(親指と人差し指・中指を使って切る)

★運び方や渡し方

★切るときは必ず座って切る

★難しいときには紙を動かして切る

★自分の指などを切らないように気をつける

お家でも製作する時に一緒に伝え、楽しんで頂けたらと思います。

ゆうゆうのもり幼保園

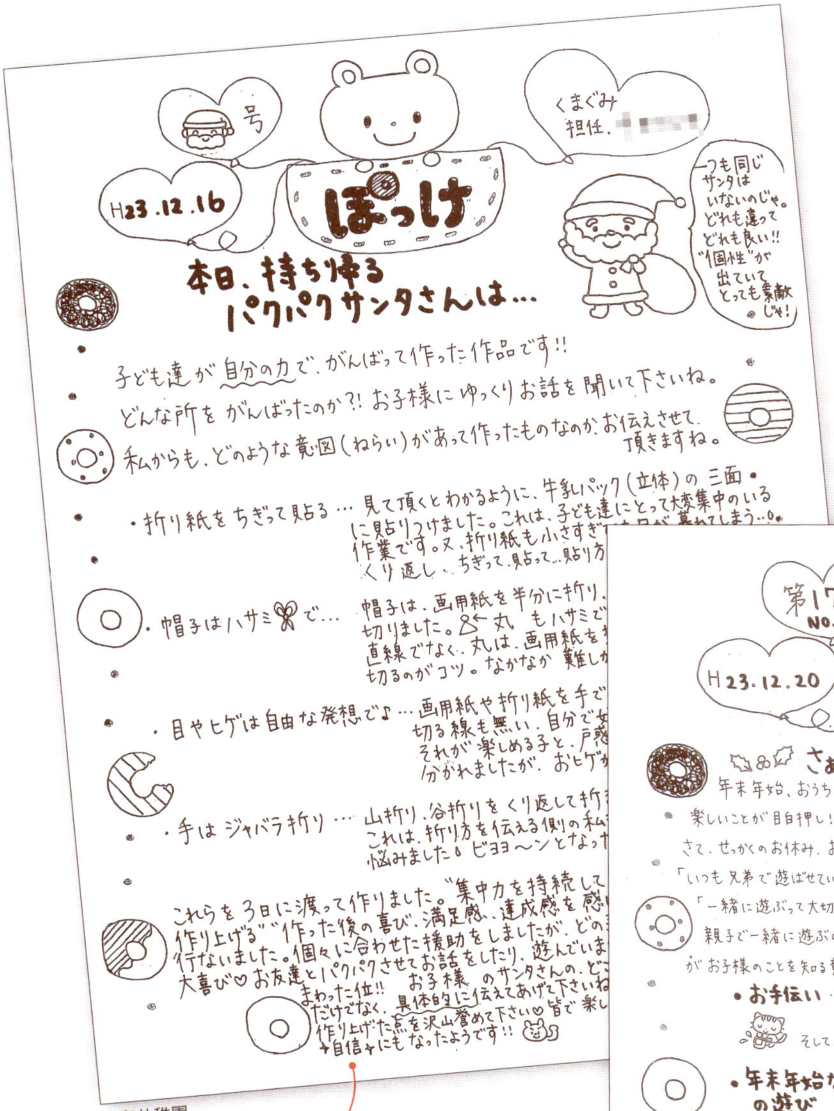

H23.12.16

号

くまぐみ
担任

ぽっけ

いつも同じサンタはいないのじゃ。どれも違ってどれも良い!! "個性"が出ていてとっても素敵じゃ!

本日、持ち帰る
パクパクサンタさんは…

子ども達が自分の力で、がんばって作った作品です!!
どんな所をがんばったのか?! お子様にゆっくりお話を聞いて下さいね。
私からも、どのような意図(ねらい)があって作ったものなのか、お伝えさせて頂きますね。

・折り紙をちぎって貼る… 見て頂くとわかるように、牛乳パック(立体)の三面に貼りつけました。これは、子ども達にとって大変集中のいる作業です。又、折り紙も小さすぎ…
くり返し、ちぎって、貼って…貼り方…

・帽子はハサミで… 帽子は、画用紙を半分に折り、…切りました。丸もハサミで…直線でなく、丸は、画用紙を…切るのがコツ。なかなか難し…

・目やヒゲは自由な発想で♪… 画用紙や折り紙を手で…切る線も無い。自分で…それが楽しめる子と、戸惑…分かれましたが、おヒゲ…

・手はジャバラ折り… 山折り、谷折りをくり返して折…これは、折り方を伝える側の私…悩みました。ビヨヨ〜ンとなっ…

これらを3日に渡って作りました。"集中力を持続して作り上げる""作った後の喜び、満足感、達成感を感…行ないました。個々に合わせた援助をしましたが、どの…大喜び♡ お友達とパクパクさせてお話をしたり、遊んでいま…まわった位!! お子様のサンタさんの、ど…だけでなく、具体的に伝えてあげて下さいね…作り上げた点を沢山誉めて下さい♡ 皆で楽し…自信にもなったようです!!

育和幼稚園

持ち帰る製作物についての解説を

園での製作物を子どもが持ち帰ることがよくあるでしょう。そこには、保育者の意図がありますが、親にはまったくわかってもらえていないことがほとんどです。そこで、見てほしいところのワンポイント解説をぜひ発信しましょう! 親の子どもへの声かけがガラリと変わるはずです。保育者が「ここを大切にしてくれているんだ」という理解にもつながります。

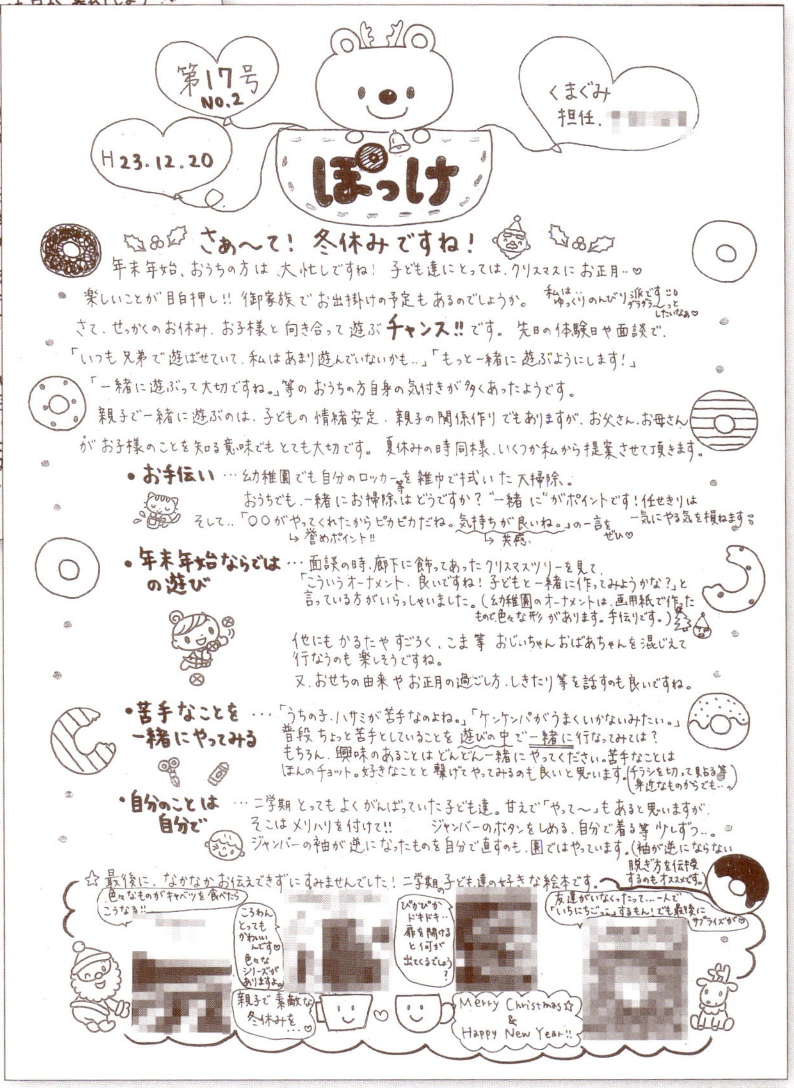

第17号
NO.2

くまぐみ
担任

H23.12.20

ぽっけ

さあ〜て! 冬休みですね!

年末年始、おうちの方は大忙しですね! 子ども達にとっては、クリスマスにお正月…♡
楽しいことが目白押し!! 御家族でお出掛けの予定もあるのでしょうか。 私は…ゆっくりのんびり派です ダラダラ〜っとしたいなぁ♡
さて、せっかくのお休み、お子様と向き合って遊ぶチャンス!!です。先日の体験日や面談で、
「いつも兄弟で遊ばせていて、私はあまり遊んでいないかも…」「もっと一緒に遊ぶようにします!」
「一緒に遊ぶって大切ですね。」等のおうちの方自身の気付きが多くあったようです。
親子で一緒に遊ぶのは、子どもの情緒安定、親子の関係作りでもありますが、お父さん、お母さんがお子様のことを知る意味でもとても大切です。夏休みの時同様、いくつか私から提案させて頂きます。

・**お手伝い**…幼稚園でも自分のロッカー等を雑巾で拭いた大掃除。
おうちでも、一緒にお掃除はどうですか? "一緒に"がポイントです! 任せきりは一気にやる気を損ねます。
そして…「○○がやってくれたからピカピカだね。気持ちが良いね。」の一言をぜひ♡
→誉めポイント!! →共感

・**年末年始ならではの遊び**…面談の時、廊下に飾ってあったクリスマスツリーを見て、
「こういうオーナメント、良いですね! 子どもと一緒に作ってみようかな?」と
言っている方がいらっしゃいました。(幼稚園のオーナメントは、画用紙で作ったもので色々な形があります。手伝りです。)
他にもかるたやすごろく、こま等おじいちゃんおばあちゃんを混じえて行なうのも楽しそうですね。
又、おせちの由来やお正月の過ごし方、しきたり等を話すのも良いですね。

・**苦手なことを一緒にやってみる**…「うちの子、ハサミが苦手なのよね。」「ケンケンパがうまくいかないみたい。」
普段ちょっと苦手としていることを遊びの中で一緒に行なってみては?
もちろん、興味のあることはどんどん一緒にやってください。苦手なことはほんのチョット。好きなことと繋げてやってみるのも良いと思います。(チラシを切って貼る等身近なものからでも…。)

・**自分のことは自分で**…二学期とってもよくがんばっていた子ども達。甘えで「やって〜」もあると思いますが、そこはメリハリを付けて!! ジャンバーのボタンをしめる、自分で着る等少しずつ…。
ジャンバーの袖が逆になったものを自分で直すのも、園ではやっています。(袖が逆にならない脱ぎ方を伝授するのもオススメです。)

☆最後に、なかなかお伝えできずにすみませんでした! 二学期の子ども達の好きな絵本です。

色々なものがキャベツを食べたらこうなる!!
ころわんとってもかわいいんです♡ 色々なシリーズがありますよ
ぴかぴかドキドキ… 扉を開けると何かが出てくるでしょう?
友達がいなくったって…一人で「いちにちごっこ」するもん! でも最後にサプライズが♡
親子で素敵な冬休みを…
Merry Christmas & Happy New Year!!

育和幼稚園

いつもの子どもの姿について

おたよりの内容は、行事など特別なことに偏りがちですが、
普段の遊びややりとりの中でも子どもたちは多くの発見や学びをしています。
ぜひ、日常の姿こそクローズアップを。

あゆみ
2月号．NO3

寒い日が続いていたある日子どもたちはおままごとのテーブルの上に丸座布団をのせて．その上にテーブルクロスをかけてこたつをつくっていました!!「先生も入っていいよ－。あったかいよ－。」と言っていた子どもたち。「これで本当のみかんがあれば最高だね－」なんて言ったりもしていました。たくさんの子たちがこたつに入り．意外と中もあたたかかったです。

みかんをおくためのお皿をおいていました。(笑)

ネックレスやさん

折り紙でハート・クッキー．かぶとなどをつくってスズランテープをつけてネックレスをつくっていた子どもたち。毎日少しずつ増やしてお店やさんをしました。「たくさんつくらないとすぐに売れちゃうもん」と言っていました。たくさんつくったネックレスは年少のクラスに売り歩きに行きました。すぐに売れたので「またつくらなきゃ」と言っていた子どもたちでした。

折り紙がとっても上手になった子どもたち。今までは「先生つくって－!!」だったのに本を見ながらじっくり折る姿が見られます。そして子どもたち同士で教え合う姿も見られとてもほほえましく思います。

おうちごっこ

積木とゲームBOXを組み立てて
布団があって 1人分のスペースがあ
することができるそうです。またある
ネコの家になっていたり．毎日少し
せまいので中には入れないそうで

おふろやさん

積木で大きなおふろをつくり．その中に新聞紙をちぎっておふろをつくっていました。シャワーもあって「シャワーお願いします」と言うとスズランテープのシャワーが上から流れてきます。頭も洗ってくれるおふろやさんなのです。

人形
絵本の
から人
人形
うしろ
しば
ウサ

港北幼稚園

ラーメンやさん

この日は寒くて．あたたかいものが食べたいということで．ラーメンやさんがはじまりました。新聞紙を細長く切り．パックに入れてラーメンをつくり．イスをならべてお客さんを呼んでいました。いろいろなお店やさんを毎日工夫して友だちと楽しんでいる子どもたち。子どもたちの考えるアイデアは本当におもしろく．これからも大切にしていきたいと思います。

進級祝いのお皿づくり

もうすぐきくぐみになる子どもたち。進級祝いのプレゼントとして今回はお皿のプレゼントに決まりました。ただのお皿ではなく．子どもたちの描いた絵がお皿になります。子どもたちにも話して．お皿にしたい好きな絵を描いてもらいました。みんなとっても真剣に描いていました。「これがお皿になるなんて不思議だな～」と言ったりしていました。どんなお皿になるのか楽しみにしている子どもたちです。

こんな感じです。
この形の用紙に絵を描きました。

港北幼稚園

年末年始での豊かな経験をうながして

年末年始は、あわただしい中にも、多様な経験ができる時期です。休み前の園からのちょっとしたアイデア提供が、家庭では大きなヒントになり、親子の世界を広げます。夏休みと同様に具体的な過ごし方の提案は大変役に立つでしょう。

保護者の悩みに寄り添って

保育者は、連絡帳を通して、または送迎時など、
保護者からの子育てについて相談を受けることも多いと思います。
おたよりでそれらの悩みについて取り上げることは、
多くの保護者の役に立つのではないでしょうか。

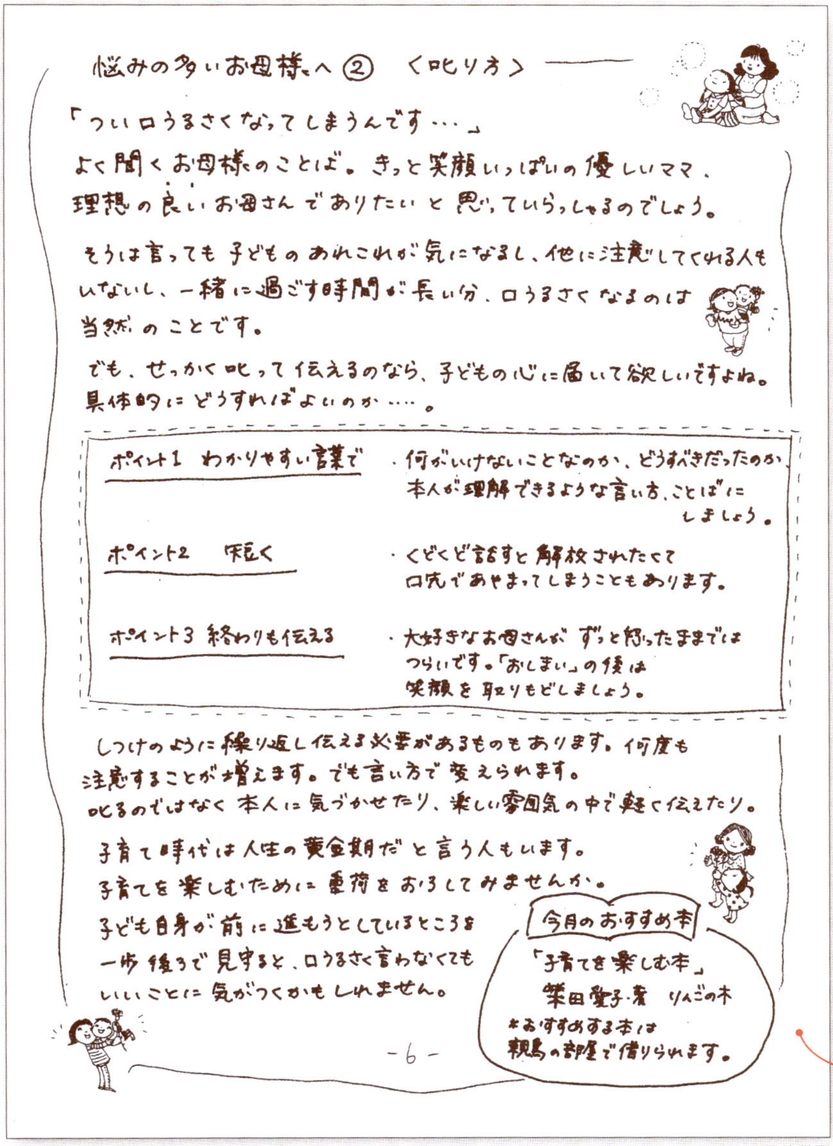

悩みの多いお母様へ ② ＜叱り方＞

「つい口うるさくなってしまうんです…」
よく聞くお母様のことば。きっと笑顔いっぱいの優しいママ、理想の良いお母さんでありたいと思っていらっしゃるのでしょう。

そうは言っても子どものあれこれが気になるし、他に注意してくれる人もいないし、一緒に過ごす時間が長い分、口うるさくなるのは当然のことです。

でも、せっかく叱って伝えるのなら、子どもの心に届いて欲しいですよね。具体的にどうすればよいのか…。

ポイント1 わかりやすい言葉で	・何がいけないことなのか、どうすべきだったのか、本人が理解できるような言い方、ことばにしましょう。
ポイント2 短く	・くどくど話すと解放されたくて口先であやまってしまうこともあります。
ポイント3 終わりも伝える	・大好きなお母さんがずっと怒ったままではつらいです。「おしまい」の後は笑顔を取りもどしましょう。

しつけのように繰り返し伝える必要があるものもあります。何度も注意することが増えます。でも言い方で変えられます。
叱るのではなく本人に気づかせたり、楽しい雰囲気の中で軽く伝えたり。

子育て時代は人生の黄金期だと言う人もいます。
子育てを楽しむために重荷をおろしてみませんか。
子ども自身が前に進もうとしているところを一歩後ろで見守ると、口うるさく言わなくてもいいことに気がつくかもしれません。

今月のおすすめ本
「子育てを楽しむ本」
柴田愛子・著 りんごの木
＊おすすめする本は親島の部屋で借りられます。

－6－

めぐみの子幼稚園

わたし流おたよりのコツ

田崎由布先生
（めぐみの子幼稚園副園長）

現在、おたよりの中で「悩みの多いお母様へ」という１ページの連載をしています。これは、普段、保護者から直接アドバイスを求められたことを元に原稿を書いています。私自身、３人の子の母親という立場ですので、保護者と悩みを分かち合いつつ、専門家としての考え方を伝えています。

後輩たちへのおたよりの指導については、漠然と書き始めるのではなく、まず、紙面で何を一番伝えたいかをよく考え、きちんと決めてから下書きするように言っています。経験を重ね、保育者側が書きたいことと親が知りたいことは違うと気づき、今では、保護者に安心していただくために何を書くべきかが、わかるようになってきました。

イラストは得意ではありませんが、割り当てられた１ページをより素敵にしたいと思いながら、見た目やレイアウトを工夫しています。葉っぱ１枚でも書き添えるだけで、雰囲気が変わると思います。

親への共感をもった発信を

現代は、子育てに悩みを抱えやすい時代です。しつけや叱り方など、多くの親が悩みを抱えています。その気持ちに寄り添ったコメントが親を助けます。「先生は、私の気持ちをわかってくれている」と感じられることが、保育者への信頼にもつながります。

1月

1月のおたよりのポイント

たこあげ、コマ回し、トランプなど、お正月遊びの姿は、ぜひ載せたい話題です。家庭で楽しんでいる子どもも多いでしょうから、会話のきっかけにもなるでしょう。
また、氷や雪、霜、風、光など、冬の自然への気づきや関心など、子どもたちの好奇心についても写真やイラストをまじえながら触れたいものです。寒い時期でも、体を動かして遊ぶ子どもの姿を通して、その大切さについても取り上げましょう。

ほしぞら　1月号　NO3

ねこぺん ENJOY!

お正月遊び編

カルタ

子ども達と一緒につくったお手製のカルタ☆最初は先生やお母さん先生と一緒に楽しんでいました。何回も楽しむうちに、子ども達同士で読み合う姿も…。「はいっ!!」と取れたことがうれしかったり、一枚も取れてなかった友だちが取れたのを見て"よかったね～"と声をかけたり♡カルタの紙がボロボロになる程楽しみました。

はご板

「カーン、カーン」ねこぺんの部屋でとってもいい音が響いています。1人でするよりも2人でみんなですることが楽しいはご板♡空振りしたって面白い!友だち同士で「これしよ～」と誘い合う姿もありました。女の子に人気!?と思いきや、男の子にも大人気で汗をかきながら楽しんでいました。

こま

年少さんにはちょっと難しいこま…。それでも挑戦し、少しでも触れてほしいな…という思いで担任も"やりたい"と挑戦している子ども達1人ひとりに丁寧にかかわり、応援してきました。男の子も女の子も何度も何度も挑戦!! 回ったときには本当にうれしくて、周りにいる友だちも一緒に喜んでくれて、回り終わるまで、みんなで囲みじーっと見ている姿もありました♡難しくても"やってみよう"と挑戦し、出来た時の喜びは、大きな自信になったのではないかと思います!!

福笑い

まずは福笑いの楽しさを知ってもらおうと担任も一緒になって、大笑いして楽しんできた福笑い。何回も楽しむうちに子ども達同士で顔のパーツを渡し合ったり、「上、上!! そこ～」と教え合って楽しんでいました。思わず変な顔ができてしまった時にはみんなで笑いとってもいい雰囲気でした。

たこあげ

ビニールと竹ひごを使って、ねこぺんでもタコをつくってみました。ほとんどの子ども達がつくり、園庭だけでなく屋上でもあげることを楽しんだねこぺんの子ども達。あげることはもちろん、思いっきり走ることも楽しんでいる様子でした。

1月、今まであまり触れたことのないお正月遊びを楽しんだねこぺんの子ども達
新しいことに挑戦したり、友だちと一緒に楽しむ子ども達の姿は3学期た
応援しあったり、一緒に喜んだり、大笑いしたり…♡お正月遊びがよいきっか
たのかなと思います。2月も今まで楽しんだ遊びはもちろん、新しいことにもお
がら、友だちの輪を広げていってほしいなと思います。

ゆうゆうのもり幼保園

お正月遊びを通じて
子どもの成長を伝える

この時期は、カルタや羽根つきなど、いわゆる「お正月遊び」に親しむ園も多いと思います。子どもたちが楽しんでいることを伝えることで「家でもやってみようかしら」という保護者への誘いかけにもなるでしょう。家でも盛り上がることで、園での活動がさらに活性化することも。写真入りの記事にすれば、熱中している様子がよりわかります。その年齢なりの成長を引き出した遊びのエピソードも入れたいですね。

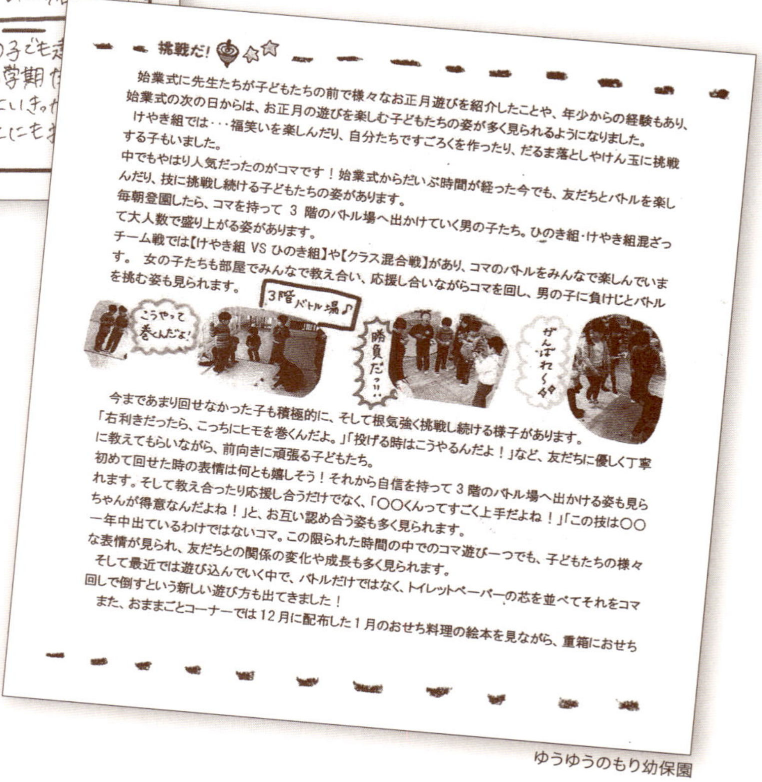

挑戦だ!

始業式に先生たちが子どもたちの前で様々なお正月遊びを紹介したことや、年少からの経験もあり、
始業式の次の日からは、お正月の遊びを楽しむ子どもたちの姿が多く見られるようになりました。
けやき組では・・・福笑いを楽しんだり、自分たちですごろくを作ったり、だるま落としやけん玉に挑戦
する子もいました。
中でもやはり人気だったのがコマです！始業式からだいぶ時間が経った今でも、友だちとバトルを楽し
んだり、技に挑戦し続ける子どもたちの姿があります。
毎朝登園したら、コマを持って 3 階のバトル場へ出かけていく男の子たち。ひのき組・けやき組混ざっ
て大人数で盛り上がる姿があります。
チーム戦では【けやき組 VS ひのき組】や【クラス混合戦】があり、コマのバトルをみんなで楽しんでいま
す。 女の子たちも部屋でみんなで教え合い、応援し合いながらコマを回し、男の子に負けじとバトル
を挑む姿も見られます。

今まであまり回せなかった子も積極的に、そして根気強く挑戦し続ける様子があります。
「右利きだったら、こっちにヒモを巻くんだよ。」「投げる時はこうやるんだよ！」など、友だちに優しく丁寧
に教えてもらいながら、前向きに頑張る子どもたち。
初めて回せた時の表情は何とも嬉しそう！それから自信を持って 3 階のバトル場へ出かける姿も見ら
れます。そして教え合ったり応援し合うだけでなく、「○○くんってすごく上手だよね！」「この技は○○
ちゃんが得意なんだよね！」と、お互い認め合う姿も多く見られます。
一年中出ているわけではないコマ。この限られた時間の中でのコマ遊び一つでも、子どもたちの様々
な表情が見られ、友だちとの関係の変化や成長も多く見られます。
そして最近では遊び込んでいく中で、バトルだけではなく、トイレットペーパーの芯を並べてそれをコマ
回しで倒すという新しい遊び方も出てきました！
また、おままごとコーナーでは 12 月に配布した 1 月のおせち料理の絵本を見ながら、重箱におせち

ゆうゆうのもり幼保園

ぞうぐみさん。たくさん **力** がついています!!

あそぶ力《ちから》

子どもの仕事はあそぶこと!!
ぞうぐみさんは、あそぶことがとっても上手です。
仲間が集まれば、自分たちのスペースにおもちゃをせっせと運びだし、別世界へと変えてしまいます☺
そして、1人で集中してあそぶことも、とっても大事!!
プラレールの動く様子をずーっと研究。スズランテープで三つ編みをひたすら1m・写し絵を大量に20枚描く…1人あそびの中からもたくさんのことを学んでいます。

伝える力《ちから》

ぞうぐみさんに戻ってくると、中には幼稚園でその日やったことを細かく話してくれる子もいます!
製作をした日には、みらい先生、あきこ先生を生徒に、「この折り紙を三角に折って一角と角をぴったんこするよ。わぁー上手上手～!!」と先生気分で教えてくれます(笑)
また、おもちゃの使い方は先生より子どもの方がよーく知っていて、使い方が分からない子には、手とり足とり教えてあげています!

甘える力

ぞうぐみさんは、甘え上手がいっぱい(笑)
「抱っこしてー」
「これやってー!」
相手は先生だったりお兄さん、お姉さんだったり友だちだったり、年下のお友だちだったり(?)
甘えられる力は、絶対に、生きていくうえで必要ですよね!!
なるべく答えてあげたいです☺

生活する力

最近、ぞうぐみではコソコソと先生のところへ来て、「ねえねえ、お知らせする!」と言いにくる子が☺
保「ピンポンパンポーン♪ ○○ちゃんからお知らせでーす!」
子「ロッカーからリュックが落ちてる人は直してね!」
子「手洗い、うがいしていない子はちゃんとしてね!」
と、子どもたちで気づいて、教えてくれます!! 先生が言うより効果(大)
身の周りのことが出来ることはやっぱり必要ですよね。

認める力

ぞうぐみさんには、たくさんの子どもがいます。もちろん、皆1人1人が異なる個性の持ち主☺
ぞうぐみさんは、そんなクラスの仲間のことをよく見ていて、よく知っています。
そして、先生に報告。
子「さっき、○○くんが写し絵描いてくれた!」
「お茶がこぼれちゃったけど、○○ちゃんが拭いてくれたよ」
「○○くん、サッカーすごく上手なんだよ!」
まるで、自分のことの様に、友だちの良いところを認めてあげられますよ!
なんて、いい子たち♡

自信を持つ力

保育園生活は、いろんなことが起こります!!
あそび・生活面…
様々な場面で、必ず1人1人輝く時があります!
小さなことに見えても、その子にとっては、それは大きな大きな宝物☆
「オレ、それ得意!!」
「私、上手だから、やってあげるわ!」
得意なことをたくさん見つけて、自信を持っていってほしいです♡

あと、このぞうぐみ生活も1ヶ月半ですね。
なんて早いのでしょう。
家庭の代わりの保育園生活で身に付けて欲しいのは、これから先、大人になっても必要な生きる力!! 頑張るだけではなく、おもしろいことを見つけたり、
心地良さを感じたり、自己主張したり、息抜き
ぞうぐみさんが、大人になっても幸せでいられる力を
あと少し…本当にさみしいですが、楽しみま

中野どんぐり保育園

「育ち」が見えるように

子どもはあっという間に大きくなります。親は意外とどの部分がどのように成長したかをつかめていないものです。どういった面が育ってきているのかをわかりやすく、具体的にコメントすることはとても大切です。子どもが経験している内容を５領域の側面から説明するのもいいかもしれませんね。親の安心にもつながります。

もっともっと降れ～★★

先日はこちらでは珍しく２日間も雪が降り、ゆうゆうの園庭には白い雪がうっすらと積もっていました。
子どもたちは登園するなり大興奮!「先生!雪降ってる～!」「遊びに行ってもいい?」と顔を輝かせていました。
築山を滑って遊んだり、園庭を駆け回ったり、雪合戦をしたり…寒さも忘れ、子どもたちは夢中で遊んでいました。
途中で冷たい風がビュービュー吹いて、水を含んでいる雪が顔じゅうについても子どもたちはお構いなし!「うわぁ～!」「きゃあ～!楽しい～!」「もっと降れー!」と元気いっぱいです!
顔や手を真っ赤にしながら、雪を満喫していました。
雪がやんで再び降り始めた時、帰りの集まりの時間で全員部屋の中にいたのですが、私が「あっ!また雪が降ってきた!」と言うと「本当だー!」と、たちまち全員ゴムチップへ…
子どもの頭についた雪を見て「雪の結晶が見えるよ!」と言うと、みんな「どれ!?」と、友だちの頭や自分の洋服についた雪を見ながら雪の結晶を一生懸命探していました。

ゆうゆうのもり幼保園

保育参観

保育参観やクラス懇談会は、学期に1～2度行っている園が多いようです。
参加の呼びかけを丁寧にすることで、保護者側の意識も高まるでしょう。
当日出された意見などもおたよりで発信することで、
保護者との信頼関係がさらに深まります。

木工コーナー

《場所》
晴れ→園庭　雨→手芸コーナーに移動して頂きます
『木材・道具を使って色々なものを作って遊びましょう!!』

★持ちもの★
のこぎり、かなづち、紙袋(記名したもの)、その他 必要と思われるもの
◎お家にない方は園の物をお使い下さい
※用具には必ず記名をお願いします。
※釘、ボンド、木材は園で用意します。
※園庭での作業となりますので、お子様も暖かい私服で登園して下さい。(長ズボン、フリース、ジャンパーなど)
※のこぎり、かなづちは足りなくなる可能性があります。御家庭にある方は御持参ください。

手芸コーナー

画用紙に穴をあけ、毛糸と手芸針を使って模様を刺しゅうします。
＊集合場所…もも組
＊持ち物…特になし

リリアンコーナー(年長のみ)

毛糸とペットボトルを使ってマフラー作りをします。
＊集合場所…さくら組
＊持ち物…500mlの空のペットボトル
→マフラー作りの機械を作ります。
詳細は別紙にて。

参加保育

〈日時〉
1月19日(木)～1月21日(土)

★前日にチケットを持ち帰りますので、おうちで持ち物などをよく確認して、忘れ物のないようにお願い致します。

★3日間の参加保育中、どのコーナーを選ぶかは、子どもの判断です。
お子様の決めたコーナーに参加し、そのコーナーの他の子どもたちのお世話もよろしくお願い致します。

★活動時間は10:00～11:30の予定です。

★土曜日は降園のバスが出ません。(12時降園になります。)

ご協力よろしくお願いします!

カプラコーナー

場所・体育館

幼稚園にある魔法の板カプラ。
このカプラを使って、みんなで一緒に遊びます♡
小さな板が…気が付くと様々な作品に変身!!
きっと保護者の方も夢中になるはずです!!

作品例・キリン、電車、船、おしろ etc…
どんなものでも作れます♪
持ち物・特にありません。

お料理コーナー

場所：ホール(2F)

《作るもの》→ホットケーキ
《持ちもの》→エプロン(スモックでも構いません)
三角巾・お誕生会セット(コップ・お皿・ナフキン・おはし)

☆ホットケーキにトッピングする材料(1人1品で構いません)
(例：生クリーム・フルーツ・チョコスプレー etc…お好みでどうぞ♡)
☆ホットケーキミックス・卵・牛乳は園で用意します。
☆なまものの具材は保冷剤を入れるなど配慮をお願いします。
☆三角巾・マスクの着用をお願いします。

グループごとにトッピングを持ちよって

中野幼稚園

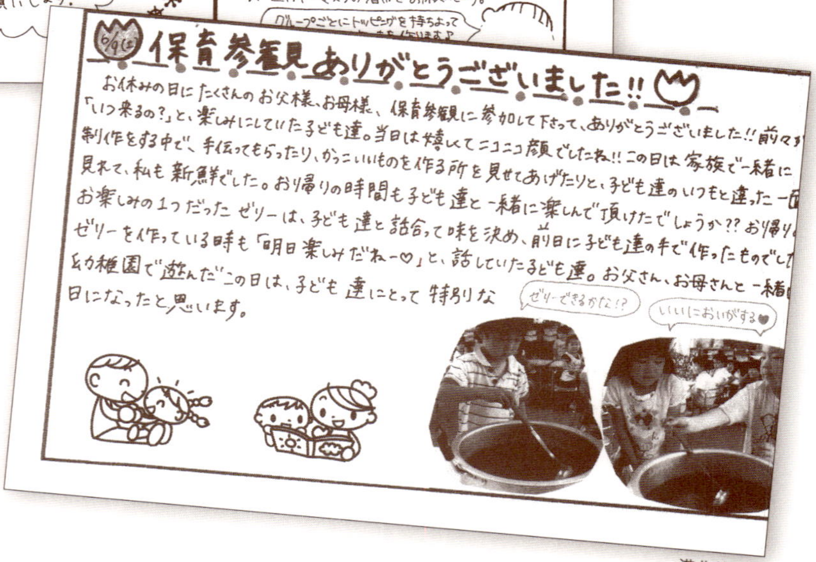

保育参観ありがとうございました!!

お休みの日にたくさんのお父様、お母様、保育参観に参加して下さって、ありがとうございました!! 前々す
「いつ来るの?」と、楽しみにしていた子ども達。当日は嬉しくてニコニコ顔でしたね!! この日は家族で一緒に
制作をする中で、手伝ってもらったり、かっこいいものを作る所を見せてあげたりと、子ども達のいつもと違った一面
見れて、私も新鮮でした。お帰りの時間も子ども達と一緒に楽しんで頂けたでしょうか?? お帰り
お楽しみの1つだったゼリーは、子ども達と話合って味を決め、前日に子ども達の手で作ったものでした
ゼリーを作っている時も「明日楽しみだねー♡」と、話していた子ども達。お父さん、お母さんと一緒
幼稚園で遊んだこの日は、子ども達にとって特別な
日になったと思います。

ゼリーできるかな!?

いいにおいがする♡

港北幼稚園

保護者の気づきや感想に共感し、発信する

保育参観やクラス懇談会では、保育者ばかりが話すのではなく、保護者の声をしっかり聞くことがとても大切です。また保育参加では、実際に保護者に遊びを体験してもらう意味を説明するなど、せっかくの機会をより有効にする工夫をしましょう。
後日、クラスだよりを通じて、当日の様子とともに保護者からの気づきや感想を整理し、発信していくことは、保護者の保育への理解を促すうえで、非常に重要です。厳しい意見もあるかもしれませんが、まずは共感するスタンスを持ちたいですね。

健康診断・身体測定

園で行われる身体測定や健康診断。親がいない集団での測定や診断がどんな風に進んでいくのか、保護者にとっては未知の世界です。どんな様子なのかおたよりで伝える意義は大きいでしょう。年齢にもよりますが、衣服の着脱について触れてもいいかもしれません。

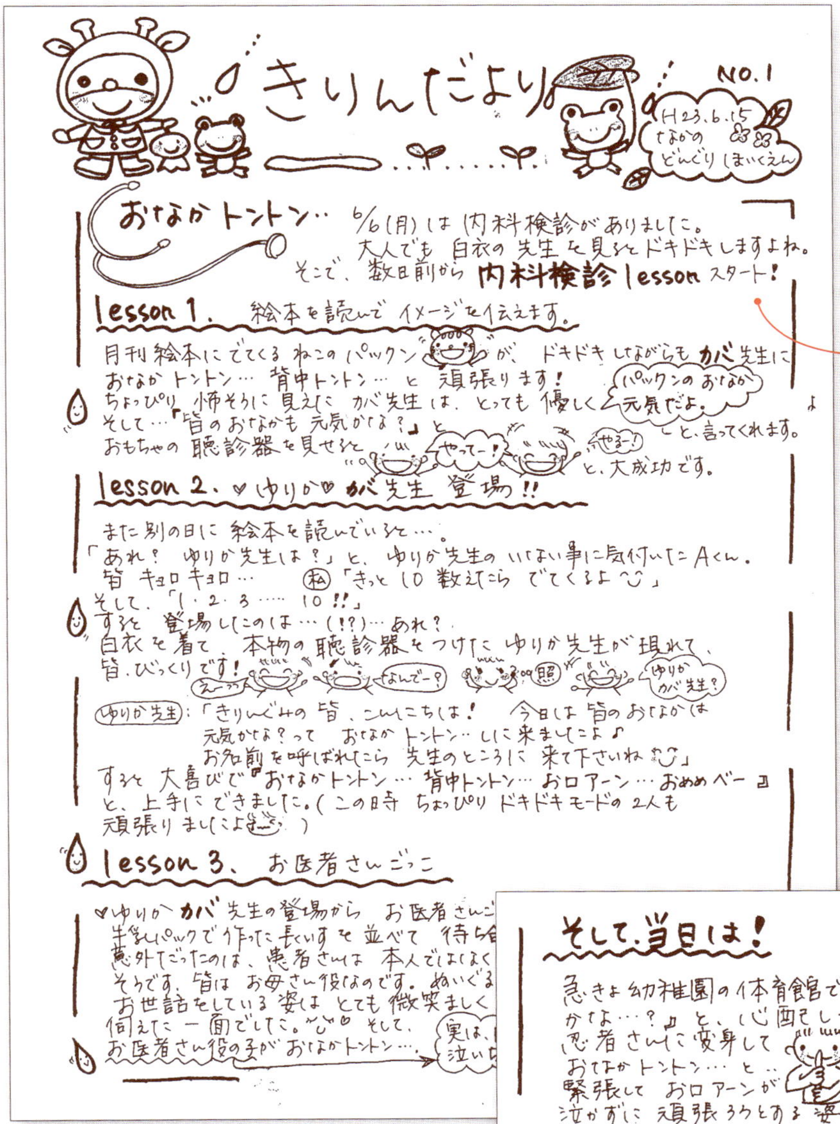

きりんだより NO.1

H23.6.15 なかの どんぐり ほいくえん

おなかトントン‥ 6/6(月)は内科検診がありました。大人でも白衣の先生を見るとドキドキしますよね。そこで、数日前から **内科検診 lesson** スタート!

lesson 1. 絵本を読んでイメージを伝えます。

月刊絵本にでてくるねこのパックンが、ドキドキしながらも **カバ** 先生におなかトントン… 背中トントン… と頑張ります! ちょっぴり怖そうに見えたカバ先生は、とっても優しく「パックンのおなか元気だよ。」と、言ってくれます。そして…『皆のおなかも元気かな?』と おもちゃの聴診器を見せると「やって-!」「やる-!」と、大成功です。

lesson 2. ♡ゆりか♡ **カバ** 先生 登場!!

また別の日に絵本を読んでいると…。「あれ? ゆりか先生は?」と、ゆりか先生のいない事に気付いたAくん。皆キョロキョロ… 私「きっと10数えたらでてくるよ^◡^」 そして「1・2・3…… 10!!」 すると登場したのは…(!?)…あれ? 白衣を着て、本物の聴診器をつけたゆりか先生が現れて、皆、びっくりです!（えーっ）（なんでー?）（照）（ゆりかカバ先生?）

ゆりか先生:「きりんぐみの皆、こんにちは! 今日は皆のおなかは元気かな?って おなかトントン‥しに来ましたよ♪ お名前を呼ばれたら先生のところに来て下さいね^◡^」

すると大喜びで『おなかトントン… 背中トントン… お口アーン… おめめベー』と、上手にできました。(この時ちょっぴりドキドキモードの2人も頑張りましたよ)

lesson 3. お医者さんごっこ

♡ゆりか **カバ** 先生の登場から お医者さんご… 牛乳パックで作った長いすを並べて 待合… 意外だったのは、患者さんは本人ではなく… そうです。皆はお母さん役なのです。ぬいぐる… お世話をしている姿はとても微笑ましく 伺えた一面でした。^◡^♡ そして、お医者さん役の子がおなかトントン…… → 実は、… 泣い…

中野どんぐり保育園

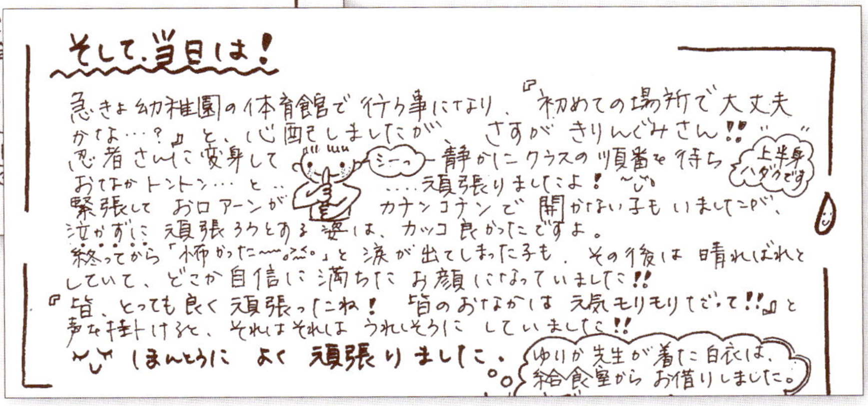

そして、当日は!

急きょ幼稚園の体育館で行う事になり、『初めての場所で大丈夫かな…?』と、心配しましたが、さすがきりんぐみさん!! 患者さんに変身して（シーっ）静かにクラスの順番を待ち おなかトントン… と……頑張りましたよ! ^◡^ 緊張してお口アーンがカナンコナンで開かない子もいましたが、泣かずに頑張ろうとする姿は、カッコ良かったですよ。（上半身ハダカです）

終ってから「怖かった～」と涙が出てしまった子も、その後は晴ればれとしていて、どこか自信に満ちたお顔になっていました!!

『皆、とっても良く頑張ったね! 皆のおなかは元気モリモリだって!!』と声を掛けると、それはそれはうれしそうにしていました!!

^◡^ ほんとうによく頑張りました。

（ゆりか先生が着た白衣は、給食室からお借りしました。）

子どもへの成長の願いをこめて

健康診断は大人でも緊張したりするものです。かかりつけの医療機関とは異なる場所で受診するため、見慣れない白衣の先生を怖いと思ったり、衣服を脱ぐのを嫌がったりする子どもたちもいるでしょう。身長や体重をはかる子どもたちの姿、クラスメートとともに健康の大切さを理解し、成長する喜びを感じられるよう、保育者がどのように配慮し、進めているのかなど、発信していけるといいですね。

なお、身体測定や水遊びなど、子どもたちの裸の写真は、取扱いに十分に注意してください。

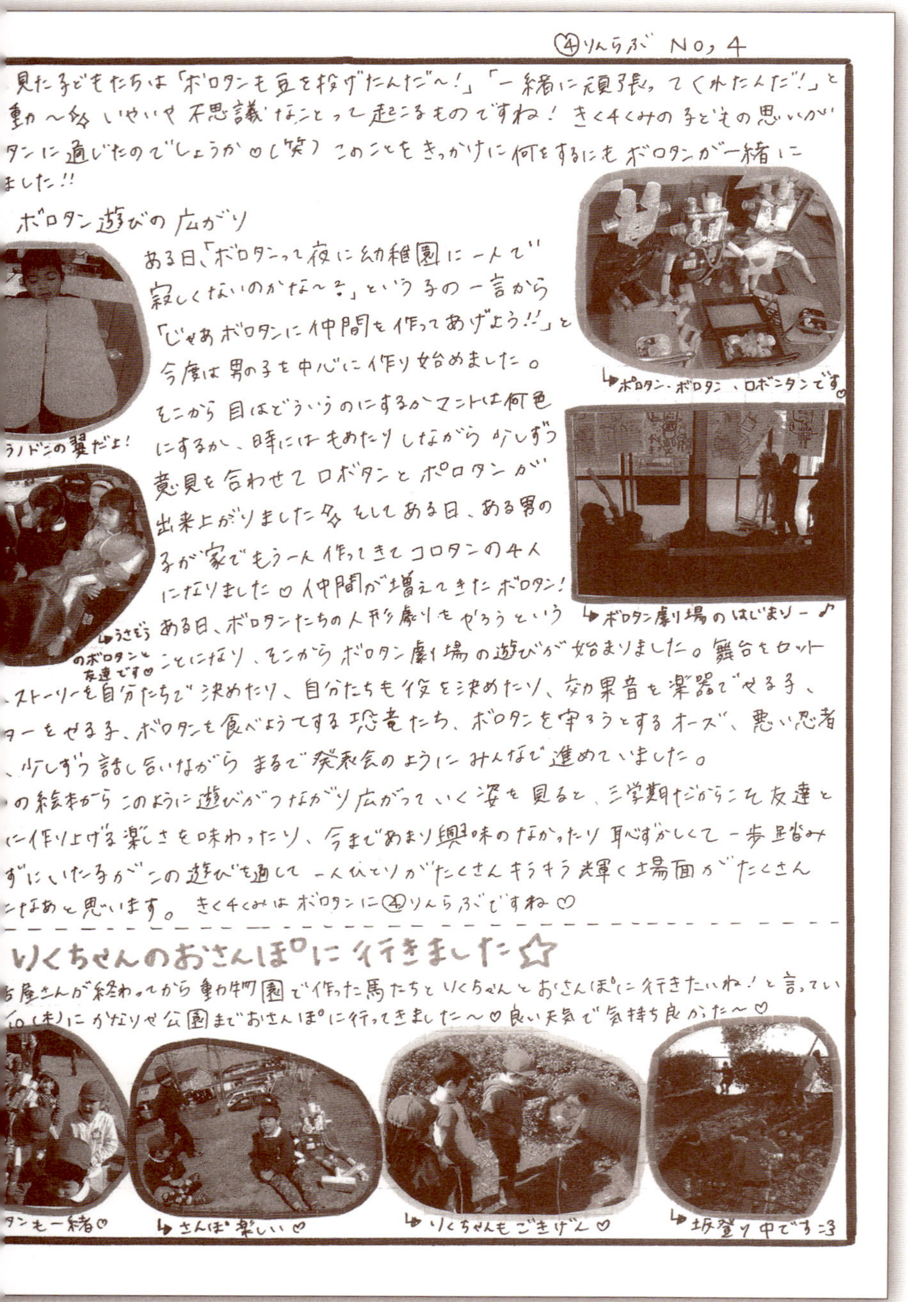
④りんらぶ No.4

見た子どもたちは「ボロタンも豆を投げたんだ〜!」「一緒に頑張ってくれたんだ!」と
動〜〃 いやいや不思議なことって起こるものですね! きく組の子どもの思いが
タンに通じたのでしょうか♡(笑) このことをきっかけに何をするにもボロタンが一緒に
ました!!

ボロタン遊びの広がり

ある日、「ボロタンって夜に幼稚園に一人で寂しくないのかな〜?」という子の一言から「じゃあボロタンに仲間も作ってあげよう!!」と今度は男の子を中心に作り始めました。そこから目はどういうのにするか マントは何色にするか、時にはもめたりしながら少しずつ意見を合わせてロボタンとポロタンが出来上がりました〃 そしてある日、ある男の子が家でもう一人作ってきてコロタンの4人になりました♡ 仲間が増えてきたボロタン! ある日、ボロタンたちの人形劇をやろうということになり、そこからボロタン劇場の遊びが始まりました。舞台をセット、ストーリーを自分たちで決めたり、自分たちも役を決めたり、効果音を楽器で鳴らす子、ターを鳴らす子、ボロタンを食べようとする恐竜たち、ボロタンを守ろうとするナース、悪い忍者、少しずつ話し合いながら まるで発表会のようにみんなで進めていました。
の絵本からこのように遊びがつながり広がっていく姿を見ると、三学期だからこそ友達とに作り上げる楽しさを味わったり、今まであまり興味のなかったり恥ずかしくて一歩踏みずにいた子がこの遊びを通して一人ひとりがたくさんキラキラ輝く場面がたくさんなあと思います。きく組はボロタンに④りんらぶですね♡

ラノドンの翼だよ!
↳ボロタン・ポロタン、ロボンタンです♪
↳ボロタン劇場のはじまり〜♪
↳うさぎのボロタンと友達です♡

りくちゃんのおさんぽに行きました☆

屋さんが終わってから動物園で作った馬たちと りくちゃんとおさんぽに行きたいね!と言ってい
(木)にかなりや公園までおさんぽに行ってきました〜♡ 良い天気で気持ち良かった〜♡

タンも一緒♡ ↳さんぽ楽しい♡ ↳りくちゃんもごきげん♡ ↳坂登り中です:3

港北幼稚園

2月

2月のおたよりのポイント

園によって、発表会や造形展などがある時期です。見栄えや出来栄えでなく、表現している子どもひとりひとりの思いや意欲などについて伝えたいものです。
行事がない場合も、作ったり、描いたり、音やイメージを通して表現する姿などについても書くのもおもしろいでしょう。異年齢交流について取り上げるのも大切なことです。

遊びの広がりをとらえて伝える

ちょっとしたきっかけで始まった遊びがクラスに広がり、大きな取り組みになることもあるでしょう。子どもの豊かな発想力と行動力をぜひ、保育者だけでなく保護者にも伝えてください。
上のおたよりにある「絵本からクラス全体に広がったボロタンの遊び」のように、長期的に発展した活動の経過を取り上げることも大切です。
子どもたちの豊かな発想や具現化するための工夫、そして協力し合う姿など、活動を通した「学びの物語」を積極的に発信しましょう。

年中行事について
伝える意味とは

最近は、家庭で年中行事を行うことが減ってきたようです。だからこそ、園生活でそれらを行うことの意味は大きいといえます。行事の意味を子どもに伝えるだけでなく、保護者にも発信することは伝統行事を家庭に伝え、親子で経験するきっかけをつくる役割も担っているのです。

☆ボロタンだ〜いすき♡♡♡☆

ボロタン♡

ボロタンの始まり

もはや今ではきく千くみの大切な仲間のボロタン♡今ではきく千くみのみんなが大切にしているボロタンですが、最初は二人の女の子から始まった遊びなのです!!

一月の絵本のボロタンをある日のお帰りで読んだ次の日に廃材コーナーで黙々と何かを作っている女の子。何かを見ながら集中しているなあ…と思い、こっそり見てみるとボロタンの絵本を見ながら絵本の通りに真似して作っているではありませんか!! 担任もびっくりするほどそっくりに作っていてお帰りで発表してもらうと、他の子たちもびっくり!!「すご〜い! そっくり〜!!」とみんな目をキラキラさせて言っていました♡

それから絵本の中に出てくるロボットダンスをみんなで踊ったり、ボロタンのお弁当を作ってあげる子がいたり、少しずつ少しずついろいろな子が遊び入るようになりました。またボロタンからの手紙がきたことでボロタンに返事を書いたり、「夜は何しているのかな〜?」という子がいたり、朝登園して来ると必ず移動しているボロタンに大興奮:3 このようにじわじわ広がってきました!!

↳あまりのそっくりさにびっくり!!

↳お弁当も一緒♡

ボロタンはきく千くみの仲間

だんだんボロタンをみんなが大切に思っているなあという場面が増えてきました。お弁当になると席を用意していたり、どこに行くにも「めいこ先生!! ボロタン連れて行ってもいい?」と言ったりするようになりました!! KMOの演奏会ではアンコールの「君という名の翼」で自分の旗を持たせ一緒に踊ったり、りくちゃんのさんぽに一緒に連れて行ったり、本当にクラスの一員になっているようでした。そんなきく千くみの子どもたちとボロタンの絆がより深くなった出来事が豆まきでした!

クラスで豆まき用の豆を配っていると「ボロタンも連れて行くからボロタンにも豆あげようよ!!」と言って頭の紙コップに豆を二粒入れました(笑) 豆まきの最中では男の子たちが「ボロタンを守らなきゃ!!」と言ってしっかり鬼に連れて行かれないよう守ったりしていました。豆まきが終わりクラスに戻ると「めいこ先生! ボロタンの豆がなくなってる〜!!」と言って紙コップを見るとあるはずの二粒の豆がなくなり、豆のカスだけが残っていました。

↳抱っこで連れて行きます!

↳ボロタンからの手紙大興奮♡

↳子どもたちの手作り弁当

鬼は外 福は内

2月3日は節分でした。
2月3日 …この日を迎えるまでに「鬼がくる日やせ
昨年の経験もあり、この日を迎えるまでに「鬼がくる日やせ
いました。少しでも勇気を持ってこの日に臨めたらと思い、鬼
皆で調べ、鬼の嫌いな歌を唄ったり、柊の葉やいわしの
ドアに貼ったりもしていました。また当日が怖いだけでな
するのかということから子ども達と自分の中に住んでいる鬼
すると「怒りんぼ鬼」「泣き虫鬼」「全部鬼!」などが出てきて
しよう!」と挑むことにしました。そして迎えた当日…。
いて、豆まきの前に泣き出す子も…😢 でも、そんな友達を
「先生といよう!」「俺たちがやっつけるから!」と周りの子が
いざ豆まきが始まると鬼の迫力に皆驚き、泣き出す
豆を投げたり、歌を唄ったりして戦っていました。鬼が
泣き出す子もいましたが皆が逃げ出さずに怖い子も豆
ことは嬉しく思いました。毎年やってくるこの行事を通
ことも大事にしながらまた一年健康でいられることを
頑張りました!!

おまけ

発表会当日。頑張った皆でりんごジュースで乾杯! 緊張もとけてほっと一息ついた写真です!

ゆうゆうのもり幼保園

劇プログラム

発表会などについても、ぜひ工夫をこらした発信をしたいものです。練習のプロセスや当日の見どころなど、62・63ページも参考にしてください。

62・63ページも参考にしてください。

3 14ひきのねずみ ばらぐみ

あらすじ

ある森の大きな木の穴の中に、14匹のねずみたちが仲良く暮らしていました。ある日、森に住むふくろうがお腹を空かせてねずみたちを捕まえにきました。
ねずみさん!! どうしましょう!!

お話が出来るまで

ねずみの出てくる絵本が大好きで、ねずみがしっぽにつかまり電車ごっこをしている一場面を見て「おもしろそう」と子どもたち。そこからはちまきをしっぽに見立ててのねずみ電車ごっこが日課となりました。部屋の隅をねずみの穴ぐらにし、ねずみになりきっている子どもたちは「ねずみはくりとかどんぐりがすきなんだよ」「あと、はちみつも!」「ねずみはふくろうがこわいんだよ」などイメージを膨ませて遊んでおり、そこからこのお話が出来ました。

みどころ

1 動物になるの大好き!!
以前から折り紙や新聞紙で動物の耳を作って遊ぶのが好きだった子どもたちは、劇をする事が決まると「みみとしっぽをつくらなきゃ!!」と大張り切り。あっという間に作り上げました。

2 お料理大好き!!
砂場やままごとで日々お料理を作っていたばら組さん。劇の中でもお料理上手なねずみに変身!! それぞれ好きな形の○。○○を作ります。

3 ダンス大好き!!
運動会で踊ったダンスを今でも楽しんでいるばら組さんは劇の中でも自分たちが振りつけしたダンスを力いっぱい踊っています。特に「クッキーのうた」はお気に入りで、遊びながらも口ずさんでいます。良かったらお家でも歌ってみて下さい。

ばら組さんの好きなねずみの絵本
。「ねずみくんのチョッキ」
作/なかえよしを 絵/上野紀子
ポプラ社
シリーズで出ています。
。「14ひきのさむいふゆ」
作・絵/いわむらかずお
シリーズになっています。童心社
。「ねずみのでんしゃ」「ねずみのいもほり」
作/山下明生 絵/いわむらかずお
ひさかたチャイルド/チャイルド本社

当日は、沢山のお客さんにびっくりして少しもじもじしてしまうかもしれませんが、どうぞ温かく見守って下さい。

クッキーのうた

ひかりの子幼稚園

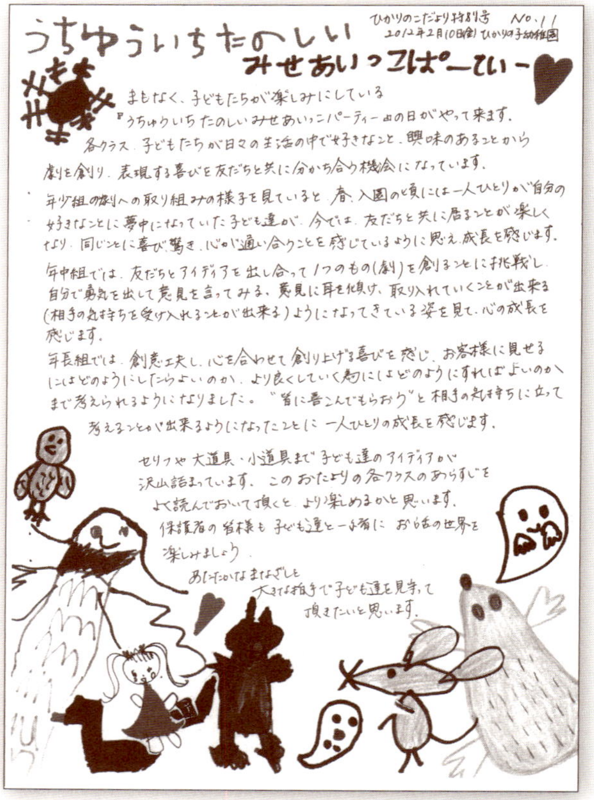

ひかりのこだより特別号 No.11
2012年2月10日(金) ひかりの子幼稚園

うちゅういちたのしいみせあいっこぱーてぃー

まもなく、子どもたちが楽しみにしている『うちゅういちたのしいみせあいっこパーティー』の日がやって来ます。
各クラス、子どもたちが日々の生活の中で好きなこと、興味のあることから劇を創り、表現する喜びを友だちと共に分かち合う機会になっています。
年少組の劇への取り組みの様子を見ていると、春、入園の頃には一人ひとりが自分の好きなことに夢中になっていた子ども達が、今では、友だちと共に居ることが楽しくなり、同じことに喜び、驚き、心が通い合うことを感じているように思え、成長を感じます。
年中組では、友だちとアイディアを出し合って1つのもの(劇)を創ることに挑戦し、自分で勇気を出して意見を言ってみる、意見に耳を傾け、取り入れていくことが出来る(相手の気持ちを受け入れることが出来る)ようになってきている姿を見て、心の成長を感じます。
年長組では、創意工夫し、心を合わせて創り上げる喜びを感じ、お客様に見せるにはどのようにしたらよいのか、より良くしていく為にはどのようにすればよいのかまで考えられるようになりました。"皆に喜こんでもらおう"と相手の気持ちに立って考えることが出来るようになったことに一人ひとりの成長を感じます。

セリフや大道具・小道具まで子ども達のアイディアが沢山詰まっています。このおたよりの各クラスのあらすじをよく読んでおいて頂くと、より楽しめるかと思います。
保護者の皆様も子ども達と一緒にお話の世界を楽しみましょう。
あたたかなまなざしと大きな拍手で子ども達を見守って頂きたいと思います。

ひかりの子幼稚園

わたし流おたよりのコツ

豊嶋ときわ先生(ひかりの子幼稚園園長)

毎年、運動会と創作劇発表会に関するおたよりは、子どもの描いた絵を使って原稿を作っています。創作劇のプログラムは、あらすじだけでなく、その話ができるまでの過程、見どころなども載せ、クラスの様子を想像し、子どもたちに共感しながら劇を楽しんでいただきたいと考えています。本番前には特別号を発行し、保護者にそれぞれの行事が持つ意味をきちんと理解してもらえる工夫もしています。

4 おおばけちゃんとおおかみくんのひゅるるるべーえ　ももぐみ

こんなおはなし

あるところに、元気いっぱいのもも組さんがいました。お昼はいつものもも組さんですが夜になってお月さまが出ると…なんとおばけちゃんだったのです。おばけちゃんは色々なものに変身して遊ぶことが大好き。さぁ、今日はどんなものに変身するのでしょうか??

劇が出来るまで

4月から表現遊びが好きだったもも組さんたち。ライオンや忍者や魔法使いなど、色々なものに変身していました。その中でも、「おばけになーれ！」「おばけだぞー！」とおばけになって遊ぶことが多く、この「おばけちゃんとおおかみくんのひゅるるるべーえ」のお話が出来上がりました。どうぞお楽しみ下さい。

変身する時の特別な呪文「ひゅるるるべーえ」は、子どもたちが考えました。「おばけちゃんってどんな動きかな？」と話すと、「"ひゅるるるー"ってうごくんだよ！」「おばけだから"べーえ"ってべろをだすのかも！」と、この言葉が出来上がりました。

おばけの衣装

一人ひとり好きな色を選んで、おばけちゃんの衣装を作りました。「おばけはふわふわういてるんだよ！」という子どもの声から、スズランテープをつけました。表現している時の、ふわふわ動くおばけちゃんの衣装にも、是非ご注目下さい！！

5 おうじさまとおひめさま　さくらぐみ
ゆめのくにのおはなし

こんなおはなしだよ

昔むかし夢の国というところにそれはかわいいお姫様が毎日楽しく暮らしていました。
しかしある日のこと、恐い魔女が現れてお姫様は高い塔の中にとじ込められてしまいました。困ったお姫様は王子様に助けを求めます。勇気のある王子様はすぐに助けに向かいましたが、塔までの道のりは危険がいっぱい。王子様は無事にお姫様を塔から助け出すことが出来るのでしょうか？

橋にはトロルにばけた魔女がいる
王子様のいるところ
いばらの塔
お姫様がとじ込められたところ
ちず

王子様

…勇敢に戦う王子様。橋でトロル（魔女）と対決する…

2 すてきでげんきなはつめいかちゃりっぷぞ…

あらすじ

あるところに、心のやさしい発明家が住んでいました。発明室では、困っている人を助ける発明品を朝から夜まで忙しく作っています。
今日も、困っている人がたくさん!! 1人ひとりの「こんなものがあったらいいのになぁ。」という物を考えてくれますよ！

みどころ

みどころは子ども達が考えた発明品！
「動物と話せるもの」「みんなで旅に出かけられるもの」「お家の人を助けてくれるもの」どんな発明品かは劇を見るまでのお・た・の・し・み!!

お話しができるまで

空箱や折り紙で制作を楽しんでいた子ども達。作りあげる作品は子どもの成長と共にアイディアとユーモアがたくさん入ったものになってきました。(ex. おばけがでてく…
ある時、「〇〇ができる道具があればいいのになぁ。」とぽつり。そこから、皆に"〇〇ができる道具"と尋ねてみると、たくさんあがりました。「そうだ！みんなでつくろう!!」「はつめいをしよう！」と決ま…「これを作るには何が必要かなぁ？と発明品を作る会議が始まりこのお話しが出来上がりました。最後までお楽しみ下さい。

ひかりの子幼稚園

子どもと作った劇の魅力をあらかじめ伝える

子どもたちが、クラスみんなで一緒にセリフや振り付け、ストーリーの展開などを考えながら劇を作ることは、イメージする、話し合う、友達と協力しあうなど、様々な力を育みます。しかし、ストーリーがわかりにくいなど、せっかくの劇の良さが親にはあまり理解してもらえない場合も…。あらかじめ、あらすじや見どころを伝えることは、とても意味があるのです。

3月

3月のおたよりのポイント

卒園、修了の時期です。総決算として、子どもたちの一年間の成長を発信しましょう。

忙しい時期ではありますが、子どもたちが経験したこと、学んだことなどをジャンルごとに振り返って書いてみるのもおすすめです。進級や進学などへの期待も添えられるといいですね。最後のおたよりを通して、保護者とともに成長の喜びを共有したいものです。

最後のメッセージ…何を伝える？

卒園（あるいは修了）を迎える子どもたちを前に、みなさんは保護者にどんなメッセージを送りますか？　私なら、子どもたちの素敵さについて思いいれたっぷりに伝えたいと思います。このクラスの子どもたちは何が好きで、何に力を入れてきたか、そこに担任である自分はどんな思いでかかわってきたか…。保育者からの熱い思いがこめられた文面は、保護者の心にもストレートに伝わると思います。

Twinkle　3月号

平成24年3月9日（金）　ゆうゆうのもり幼保園　ひのき組　[redacted]

ついに明日が卒園式ですね。4月、ドキドキしながら登園したみんなの顔が浮かびます。ゆうゆうのもりでの最後の１年間をひのき組のみんなと一緒に過ごせたことが本当に嬉しいです。みんながいたから、頑張れた。みんながいたから元気をもらった。みんながいたから楽しかった！みんながいたから成長できた。子ども達と過ごした、ひのき組での毎日はみんなの“絆”を感じさせられる事が多かったです。

本当に寂しいですが、卒園はお別れではなく、新しいスタートです。ひのき組30人、明日は１人１人を笑顔で見送りたいと思います。

それでは、キラキラひまわりたちの様子をお伝えします。Twinkle 最終号スタート★

★ＧＩＶＥ　ＭＥ　ＦＩＶＥ！～ＨＮＫ４８最終公演！？～★

１学期から楽しんできたＡＫＢごっこ。『ポニーテールとシュシュ』や『ヘビーローテーション（年長になってからパワーアップしたＮＥＷバージョン）』『言い訳 Meybe』など数々のダンスを作ってきました。３学期に入り、高橋みなみのポジションを子どもに譲り、秋元康のポジションになってしまった私は「そろそろ新しいダンス作りたいね。」と子どもたちと話していました。丁度、その頃年中の発表会があり、かえで組が踊った『フライングゲット』をＨＮＫ４８の新曲にするものの、私率いるＨＮＫ４８は物足りなさを感じていました。

そんな中、偶然『ＧＩＶＥ　ＭＥ　ＦＩＶＥ』のＣＤを知り合いから「幼保園で使って～」と頂き、当初私はその曲がどんな曲かもわからなかったのですが、子ども達にそのことを伝えると…ＨＮＫ４８の目がキラキラ輝き、「知ってる！ギターのやつでしょー！」と！さらに、「踊りたい！」「あっ、ギター作ろうよ！」「さえ先生は誰になる？」「ともちんはマラカスなんだよ（笑）」など、盛り上がりました。

いざ、ギターを作って（みんなギターで踊ることになりました。）踊り作り開始★「こうする？」「ここは自由にしようよ」「ハイタッチはみんなでやろうよ」など、意見も出て踊りも完成。途中から新メンバーの年中さんも入り、ホールにも踊りに行きました。

女の子たちにとって、憧れの存在のＡＫＢ４８。この１年間で女の子たちを見ていて、『こうなりたい！』『本物みたくなりたい！』と、憧れの気持ちから“なりたい自分になる”を教えてくれました。ＨＮＫ４８。そこには、未来のＡＫＢが私には見えます！

＊ちなみに余談ですが、最近はお別れ会での職員の劇の家政婦のミクさん、ワタさん、エリさんの影響から、ＫＡＲＡの『ミスター』も踊りを作ってます♪

Twinkle 3月号 No.1

★お内裏様とお雛様～２人ならんですまし顔～♪★

３月１日にお雛様を持ち帰りましたが、おうちで飾っていただけたでしょうか？今回のお雛様製作では、“はさみとのりを上手に使って切って顔を作ってみよう”“着物になる折り紙をずらして貼ってみよう”“本物のひな人形をじっくり見て、自分のお雛様を作ろう”に挑戦してみました。

まずは顔作りをして、翌日に体の部分を作りました。当初は挑戦の気持ちが大きかったのですが、子ども達は、楽しんで自分の顔を作っている様子。色々な作り方があり、髪の毛の表現１つでもギザギザ切りや、結んだ髪型、画用紙を細く切って貼る子もいました。作りながら「Ａちゃんはこんな風にやっているよ♪」「Ｂ君は新しいやり方。こんな風にもできるんだね」と周りに伝えながら、じっくり顔作りを楽しみました。中には、お雛様を何度も何度も見て「目は茶色だった！だから、茶色の紙頂戴。」という子も出てきて驚いてしまいました。よく見ているんですね。今回の顔作りは、私たち保育者には挑戦だったのですが、子どもたちとやってみると、楽しんでいる姿、１人１人の表現方法がたくさんあっておもしろいと感じました。何よりも、アイデアが素敵で１つ紹介すると、もう１つ紹介したい物が出てくる！「う～ん。どうやってやろう」と悩む子もいたのですが、ちょっと切って貼ってみると、「できてきた！」と、顔が明るくなったり、それを見る周りの子も「できたじゃん～♪」ともっとやってみよう！と思える雰囲気がそこにはありました。

意外に難しかったのが着物をづらして、貼る事。「難しい…」の声がたくさんありました。しかし、次第にのりを角につけるやり方など、やりやすい方法を発見していく子どもたち。最初に巻いてみてイメージしながら作る姿が見られました。また、折り紙を色や和柄のものを用意したのですが、人気だったのが白！そうです。お雛様もお内裏様も白の襦袢を重ねて着ています。子どもたちは本当によく見ているんですね。

「冠や尺、扇子は自由に作っていいよ」と金と銀の紙を用意していたのですが、ここもアイデアがたくさんで驚きの連続。扇子を折り紙で折り、立体で作ったり、尺よりもお内裏様の刀を作る男の子が多く、１人１人が自分の表現を出して完成させていました。

今回の製作活動では、周りを気にする姿が少なく、１人１人が自分らしさを発揮したお雛様＆お内裏様を作り、友達と認め合い、自分のものを気に入ってる様子が見られました。本当にアイデア多彩で、一緒に作った私も、子どもたちの姿＆アイデアが面白く、楽しい時間でした。

ゆうゆうのもり幼保園

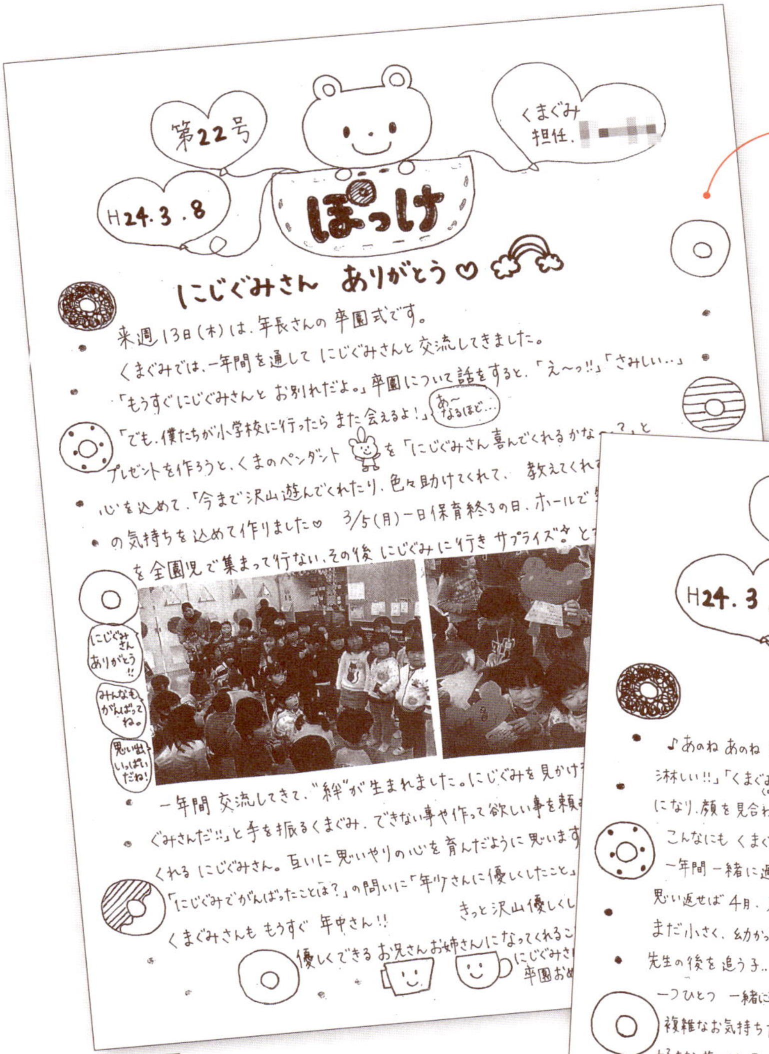
第22号
くまぐみ 担任 [redacted]
H24.3.8
ぽっけ

にじぐみさん ありがとう♡

来週13日(木)は、年長さんの卒園式です。
くまぐみでは、一年間を通して にじぐみさんと交流してきました。
「もうすぐにじぐみさんと お別れだよ。」卒園について話をすると、「え～っ!!」「さみしい…」
「でも、僕たちが小学校に行ったら また会えるよ!」（あ～ なるほど…）
「にじぐみさん喜んでくれるかな～…?」と
プレゼントを作ろうと、くまのペンダントを
心を込めて、「今まで沢山遊んでくれたり、色々助けてくれて、教えてくれ…
の気持ちを込めて作りました♡ 3/5(月)一日保育終るの日、ホールで…
を全園児で集まって行ない、その後 にじぐみに行き サプライズ☆ と…

にじぐみさん ありがとう!!
みんなも、がんばってね。
思い出いっぱいだね!

一年間 交流してきて、"絆"が生まれました。にじぐみを見かけ…
ぐみさんだ!!」と手を振るくまぐみ、できない事や作って欲しい事を頼…
くれる にじぐみさん。互いに思いやりの心を育んだように思います…
「にじぐみでがんばったことは?」の問いに「年少さんに優しくしたこと」…
くまぐみさんも もうすぐ 年中さん!! きっと沢山優しくし…
優しくできるお兄さんお姉さんになってくれるこ…
にじぐみさ… 卒園おめ…

育和幼稚園

ペアの友達との別れを伝える

異年齢交流を大切にした保育を行ってきた園の場合、ペアやグループを組んでいた友達との別れは子どもたちにとって特に大きなトピックです。卒園式やお別れ会の記事は当日の様子だけでなく、これまでの交流についても書くことができれば、年上へのあこがれや年下への愛情など、子どもたちそれぞれの心の成長が保護者にも伝わりやすいのではないでしょうか。

3学期と1年を振り返って

3月号は、3学期と1年の両方について振り返るものとしたいですね。過去のおたよりの記事などを参考にしながら原稿を書くのもおすすめです。また、保育者の子どもへの思いだけでなく、保護者とのかかわりについて触れるのもいいでしょう。

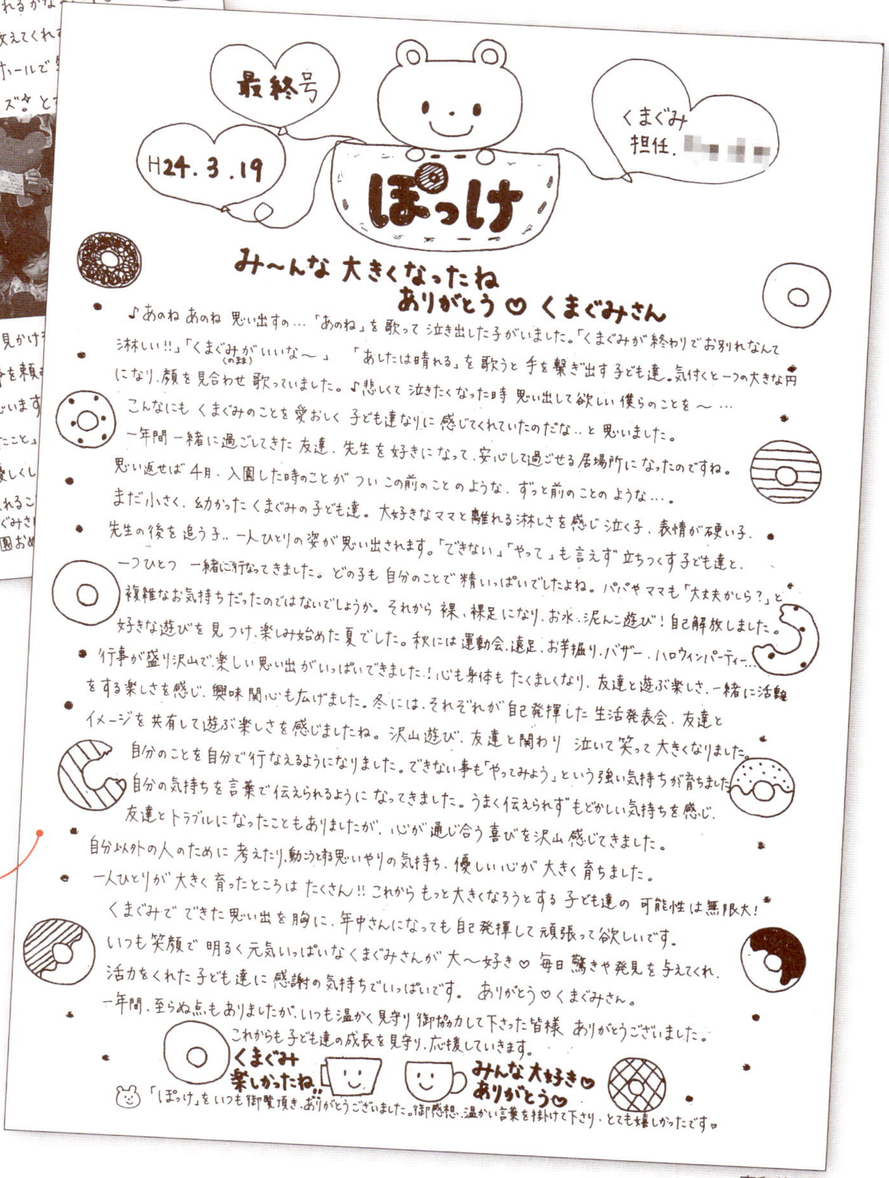
最終号
くまぐみ 担任 [redacted]
H24.3.19
ぽっけ

み～んな 大きくなったね ありがとう♡ くまぐみさん

♪あのね あのね 思い出すの…「あのね」を歌って 泣き出した子がいました。「くまぐみが終わりでお別れなんて
淋しい!!」「くまぐみ(のまま)がいいな～」「あしたは晴れる」を歌うと 手を繋ぎ出す子ども達。気付くと一つの大きな円
になり、顔を見合わせ 歌っていました。♪悲しくて 泣きたくなった時 思い出して欲しい 僕らのことを～…
こんなにも くまぐみのことを愛おしく 子ども達なりに 感じてくれていたのだな…と 思いました。
一年間 一緒に過ごしてきた 友達、先生を好きになって、安心して過ごせる居場所になったのですね。
思い返せば 4月、入園した時のことが つい この前のことのような、ずっと前のことのような….
まだ小さく、幼かった くまぐみの子ども達。大好きなママと離れる淋しさを感じ 泣く子、表情が硬い子、
先生の後を追う子… 一人ひとりの姿が思い出されます。「できない」「やって」も言えず 立ちつくす子ども達と、
一つひとつ 一緒に行なってきました。どの子も 自分のことで 精いっぱいでしたよね。パパやママも「大丈夫かしら?」と
複雑なお気持ちだったのではないでしょうか。それから 裸、裸足になり、お水、泥んこ遊び! 自己解放しました。
好きな遊びを見つけ、楽しみ始めた夏でした。秋には運動会、遠足、お芋掘り、バザー、ハロウィンパーティー…
行事が盛り沢山で、楽しい思い出がいっぱいできました! 心も身体も たくましくなり、友達と遊ぶ楽しさ、一緒に活動
をする楽しさを感じ、興味関心も広げました。冬には、それぞれが自己発揮した 生活発表会、友達と
イメージを共有して遊ぶ楽しさを感じましたね。沢山遊び、友達と関わり 泣いて笑って 大きくなりました。
自分のことを自分で行なえるようになりました。できない事も「やってみよう」という強い気持ちが育ちました。
自分の気持ちを言葉で伝えられるようになってきました。うまく伝えられず もどかしい気持ちを感じ、
友達とトラブルになったこともありましたが、心が通じ合う喜びを沢山感じてきました。
自分以外の人のために 考えたり、動こうとする思いやりの気持ち、優しい心が 大きく育ちました。
一人ひとりが 大きく育ったところは たくさん!! これから もっと大きくなろうとする 子ども達の 可能性は無限大!
くまぐみで できた思い出を胸に、年中さんになっても 自己発揮して 頑張って欲しいです。
いつも笑顔で 明るく元気いっぱいな くまぐみさんが 大～好き♡ 毎日 驚きや発見を与えてくれ、
活力をくれた子ども達に 感謝の気持ちでいっぱいです。ありがとう♡くまぐみさん。
一年間、至らぬ点もありましたが、いつも温かく見守り 御協力して下さった皆様 ありがとうございました。
これからも 子ども達の成長を見守り、応援していきます。

くまぐみ 楽しかったね!!
みんな大好き♡ ありがとう♡

「ぽっけ」をいつも御覧頂き、ありがとうございました。御感想、温かい言葉を掛けて下さり、とても嬉しかったです♡

育和幼稚園

卒園式・修了式

入園式同様、卒園式は大切な節目です。
準備などもあり、保護者も保育者も気ぜわしくなりがちですが、
忘れ物などがなく、落ち着いて当日を迎えられるよう、
わかりやすい案内を発信できるといいですね。

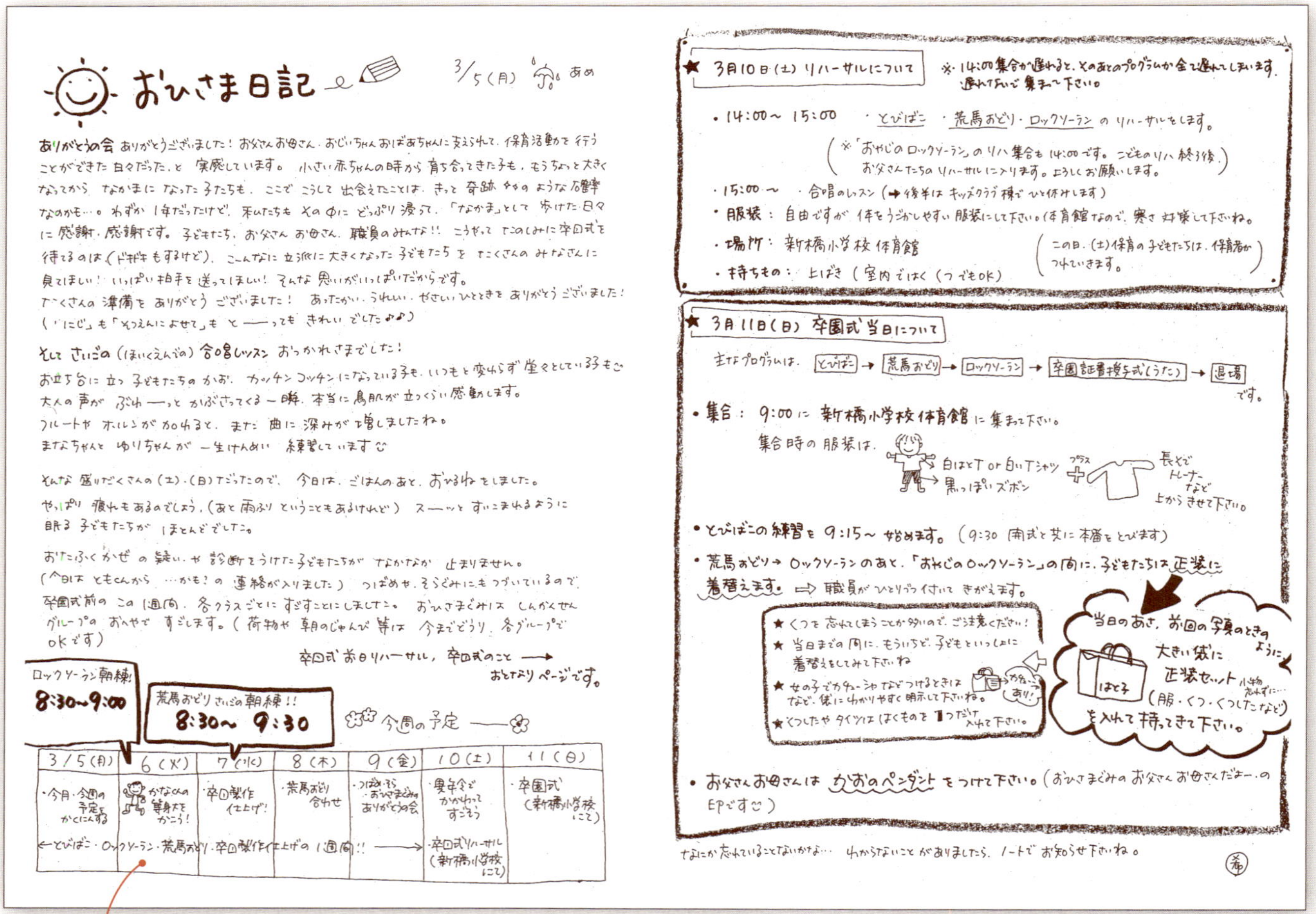

おひさま日記　3/5（月）あめ

ありがとうの会 ありがとうございました！お父さんお母さん、おじいちゃんおばあちゃんに支えられて、保育活動を行うことができた日々だった、と実感しています。小さい赤ちゃんの時から育ち合ってきた子も、もうちょっと大きくなってから なかまに なった子たちも、ここで こうして 出会えたことは、きっと 奇跡 々々の ような 確率なのかも…。わずか 1年だったけど、私たちも その中に どっぷり 浸って、「なかま」として 歩けた 日々に 感謝、感謝です。子どもたち、お父さん お母さん、職員のみんな!! こうやって たのしみに 卒園式を 待てるのは（ドキドキもするけど）、こーんなに 立派に 大きくなった 子どもたち を たくさんの みなさんに 見てほしい！いっぱい 拍手を 送ってほしい！そんな 思いが いっぱいだからです。
たくさんの 準備を ありがとう ございました！ あったかい、うれしい、やさしい ひとときを ありがとう ございました！
（「にじ」も「そつえんによせて」も と──っても きれい でした♪♪）

そして さいごの（ほいくえんでの）合唱レッスン おつかれさまでした！
お立ち台に 立つ 子どもたちの かお。カッチン コッチン になっている子も、いつもと 変わらず 堂々としている子もご
大人の 声が ぶわ──っと かぶさってくる 一瞬、本当に 鳥肌が 立つくらい 感動します。
フルートや ホルンが 加わると、また 曲に 深みが 増しましたね。
まなちゃんと ゆりちゃんが 一生けんめい 練習しています☺

そんな 盛りだくさんの（土）・（日）だったので、今日は、ごはんの あと、おひるね を しました。
やっぱり 疲れも あるのでしょう。（あと 雨ふり ということも あるけれど） スーッと すいこまれるように 眠る 子どもたちが ほとんどでした。

おたふくかぜ の 疑い、や 診断を うけた 子どもたちが なかなか 止まりません。
（今日は ともくんから …かも？の 連絡が 入りました） つばめや、そらぐみにも つづいているので、卒園式前の この 1週間、各クラスごとに すごすことに しました。 おひさまぐみは しんかくせん グループの おへやで すごします。（荷物や 朝の じゅんび 等は 今までどうり、各グループで OKです）

卒園式前日リハーサル、卒園式のこと ──→ おとなりページです。

ロックソーラン朝練！ 8:30〜9:00

荒馬おどり さいごの朝練!! 8:30〜 9:30

今週の予定

3/5（月）	6（火）	7（水）	8（木）	9（金）	10（土）	11（日）
・今月・今週の予定をかくにんする	かなくんの等身大をかこう！	・卒園製作仕上げ！	・荒馬おどり合わせ	・つばめ・そら・おひさまぐみのありがとうの会	・異年令でかかわってすごそう	・卒園式（新橋小学校にて）
←とびばこ・ロックソーラン・荒馬おどり・卒園製作仕上げの1週間!!				──→	・卒園式リハーサル（新橋小学校にて）	

★ 3月10日（土）リハーサルについて

※・14:00集合が遅れると、そのあとのプログラムが全て遅れてしまいます。遅れないで集まって下さい。

・14:00〜 15:00　・とびばこ ・荒馬おどり・ロックソーラン の リハーサルをします。
（※「おやじのロックソーラン」のリハ集合も 14:00です。こどものリハ終了後、お父さんたちの リハーサルに入ります。よろしくお願いします。）
・15:00〜　・合唱のレッスン（➡後半は キッズクラブ様で ひと休みします）
・服装：自由ですが 体をうごかしやすい 服装にして下さい。体育館なので、寒さ対策して下さいね。
・場所：新橋小学校 体育館
・持ちもの：上ばき（室内ではくくつでもOK）
（この日、（土）保育の子どもたちは、保育者がつれていきます。）

★ 3月11日（日）卒園式当日について

主なプログラムは、とびばこ → 荒馬おどり → ロックソーラン → 卒園証書授与式（うた）→ 退場 です。

・集合：9:00に 新橋小学校体育館 に 集まって下さい。
集合時の 服装は、白はとT or 白いTシャツ、黒っぽいズボン ＋プラス 長そで トレーナー など 上から きせて下さい。

・とびばこの 練習を 9:15〜 始めます。（9:30 開式と共に 本番を とびます）
・荒馬おどり→ ロックソーランの あと、「おやじの ロックソーラン」の間に、子どもたちは 正装に 着替えます。⇨ 職員が ひとりづつ 付いて きがえます。

★ くつを 忘れてしまうことが 多いので、ご注意ください！
★ 当日までの 間に、もういちど、子どもと いっしょに 着替えをしてみて下さいね
★ 女の子で カチューシャ などつけるときは など、袋に わかりやすく 明示して下さいね。
★ くつしたや タイツは はくものを 1つだけ 入れて下さい。

当日の あさ、お回の 写真のときの ように、大きい袋に 正装セット（服・くつ・くつしたなど） 小物 忘れずに… を入れて 持ってきて下さい。

・お父さんお母さんは かおのペンダント をつけて下さい。（おひさまぐみの お父さん お母さんだよー、の 印です☺）

なにか 忘れていることないかな… わからないこと がありましたら、ノートで お知らせ下さいね。

鳩の森愛の詩保育園

一度きりの節目の行事はわかりやすさを優先して

卒業や修了の時期は、予定が目白押しとなります。お知らせのおたよりがゴチャゴチャと書かれたものだと、とてもわかりにくく、不案内です。
できるだけシンプルに、イラストやレイアウトを工夫して、視覚的に見やすくすることが大切。また、日程やタイムスケジュールを表などの形で見通しを示すようにすれば、安心して卒園式を迎えることができます。
服装や持ち物への不安も大きくなりがちです。混乱や忘れ物を防ぐ発信の工夫をしましょう。

保護者に感謝を伝えて

**お別れ遠足、お別れ会、卒園式など、締めくくりとなる行事が続く月です。
残りわずかとなった現在のクラス・学年で楽しむ
子どもたちの様子をどんどん伝えていきましょう。
保護者や役員への感謝の言葉も忘れずに入れたいものです。**

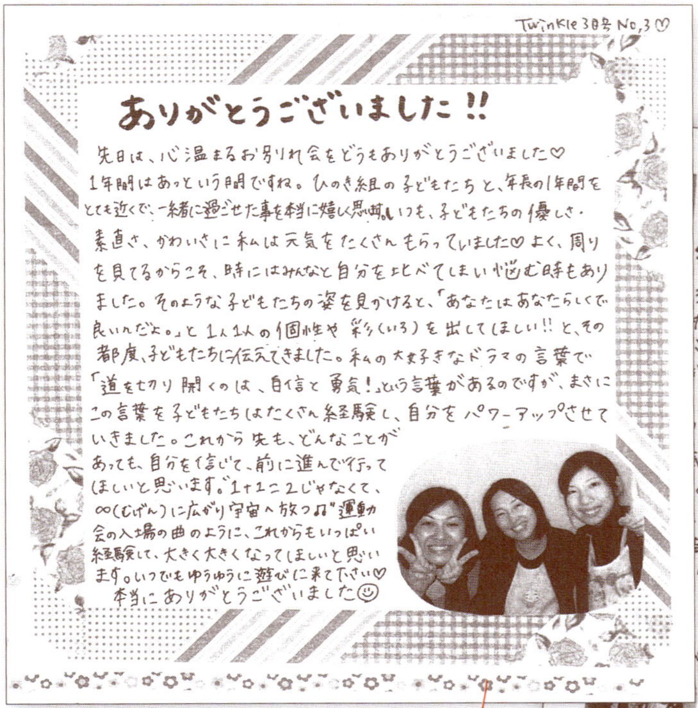

Twinkle 3月号 No.3♡

ありがとうございました!!

先日は、心温まるお別れ会をどうもありがとうございました♡
1年間はあっという間ですね。ひのき組の子どもたちと、年長の1年間をとても近くで、一緒に過ごせた事を本当に嬉しく思います。いつも、子どもたちの優しさ・素直さ、かわいさに私は元気をたくさんもらっていました♡よく、周りを見てるからこそ、時にはみんなと自分を比べてしまい悩む時もありました。そのような子どもたちの姿を見かけると、「あなたはあなたらしくで良いんだよ。」と1人1人の個性や彩(いろ)を出してほしい!!と、その都度、子どもたちに伝えてきました。私の大好きなドラマの言葉で「道を切り開くのは、自信と勇気!」という言葉があるのですが、まさにこの言葉を子どもたちはたくさん経験し、自分をパワーアップさせていきました。これから先も、どんなことがあっても、自分を信じて、前に進んで行ってほしいと思います。"1+1=2じゃなくて、∞(むげん)に広がり宇宙へ放つ♫"運動会の入場の曲のように、これからもいっぱい経験して、大きく大きくなってほしいと思います。いつでもゆうゆうに遊びに来て下さい♡
本当にありがとうございました☺

ゆうゆうのもり幼保園

親にとっても卒業・修了

保護者も、子どもと一緒に卒業、修了します。親も1年間を通して子どもとたくさんの出来事があったはず。子どもと保育者との園生活を振り返るだけでなく、保護者が頑張った部分などにスポットをあてて伝えることも大切です。毎日、お弁当を作り続けた親、仕事と両立に奮闘した親、園の役員を務めた親など…。ねぎらいの言葉が入れば、おたよりがより強いメッセージ性を持つでしょう。

多動動物園がやってきた〜!!☆

たのしい!

う少しで動物園がくるね♫"」と待ち望んでいた移動動物園。
ポニーに乗ったり、うさぎ・モルモット・にわとり・ひよこと触れ合い、かめ、
だ、羊、あひるにエサを何度も何度もあげるのを楽しんでいました。
"は、すごい勢いでエサを食べるので、最初は少し怖がっていたのですが、
く内に慣れ、「この羊は、りんごを食べないよ。葉っぱが好きみたい」
たちの特徴をとらえていました。1人1人、気に入る動物があるようで
に入った♡」と言って、さわったり、えさをあげている姿が印象的でした。
のお兄さんの話をしっかりと聞いて、動物の気持ちを考えて、優しく
、を楽しみました♡その後、園でもうさぎのりりに「今どう思ってるかな?
声を小さくしてあげようよ。」と大切にかわいがる姿が見られます
生き物と過ごす中で、その生き物の気持ちやあつかい方を知って、
優しい気持ちが感じられた、温かい時間でした

うれしー

ヤギもたくさん食べる!!

羊さんかわいい♡

ヤギ〜!!食べなよ〜☺

にわとりを頭にのせてくれました♡

パンジーは1人1つ!?

2学期から、大切に大切に種から育てたパンジー。今年度は、夏は暑く、冬は例年より特に寒く、植物の成長が思うようにいきませんでした。しかし!!なんとか卒園までに1人1つのパンジーを育てられるようになりました☺パンジーなので「チンパンジーちゃん♡」と言っている子もいます(笑)
「何色が咲くかな?」「大切にするね!」「大きくなってね♡」と毎日、お日様がよく当たるけやきのゴムチップまで、お水をあげにいき、話しかけてます♫

ゆうゆうのもり幼保園

Lesson 4
F

イシグロフミカの簡単イラスト講座

① 基本の髪型を描いてみよう！

Lesson3で練習した基本の顔に髪を加えてみましょう。
年齢や性別などカンタンにバリエーションが広がりますよ。

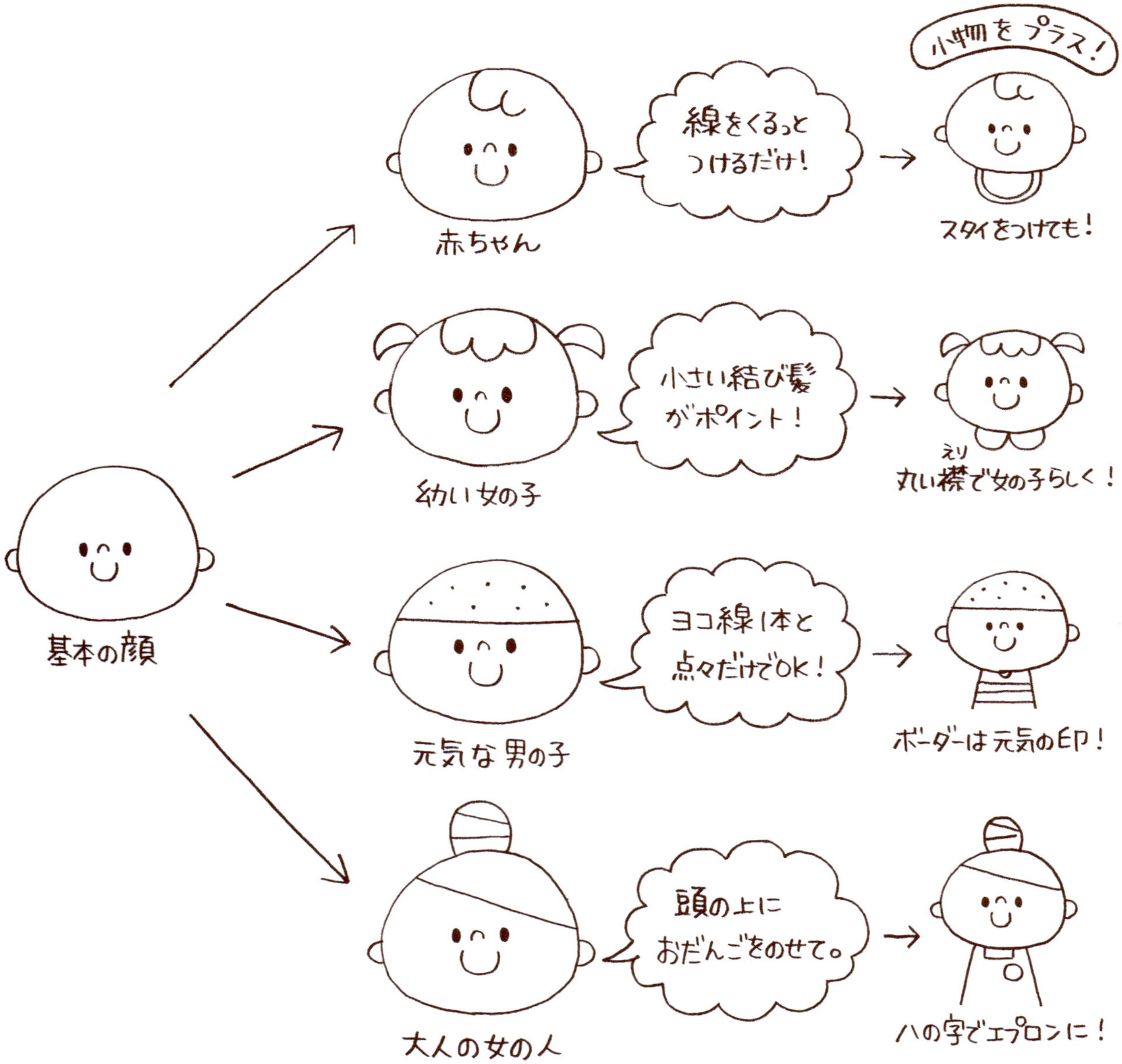
基本の顔
赤ちゃん
線をくるっとつけるだけ！
小物をプラス！
スタイをつけても！
幼い女の子
小さい結び髪がポイント！
丸い襟《えり》で女の子らしく！
元気な男の子
ヨコ線1本と点々だけでOK！
ボーダーは元気の印！
大人の女の人
頭の上におだんごをのせて。
ハの字でエプロンに！

次はバリエーションを増やして描き分けちゃいましょう！

P96へGO！

4

クラスだより以外のおたより

クラスだより以外にも、様々な用途のおたよりを出している園は多いでしょう。
ここでは、「園だより」や「行事予定表」「保健だより」「給食だより」
などについて考えます。

園だより・行事予定表

1ヵ月の予定を知らせる行事予定表は、保護者にとって非常に大切な情報です。ただ読むだけでなく、部屋に貼ったり、冷蔵庫に貼ったりと活用度が高いので、マークを入れたり、ケイ線やフォントの種類・大きさ・太さを変えたりしてデザインやレイアウトを工夫しましょう。

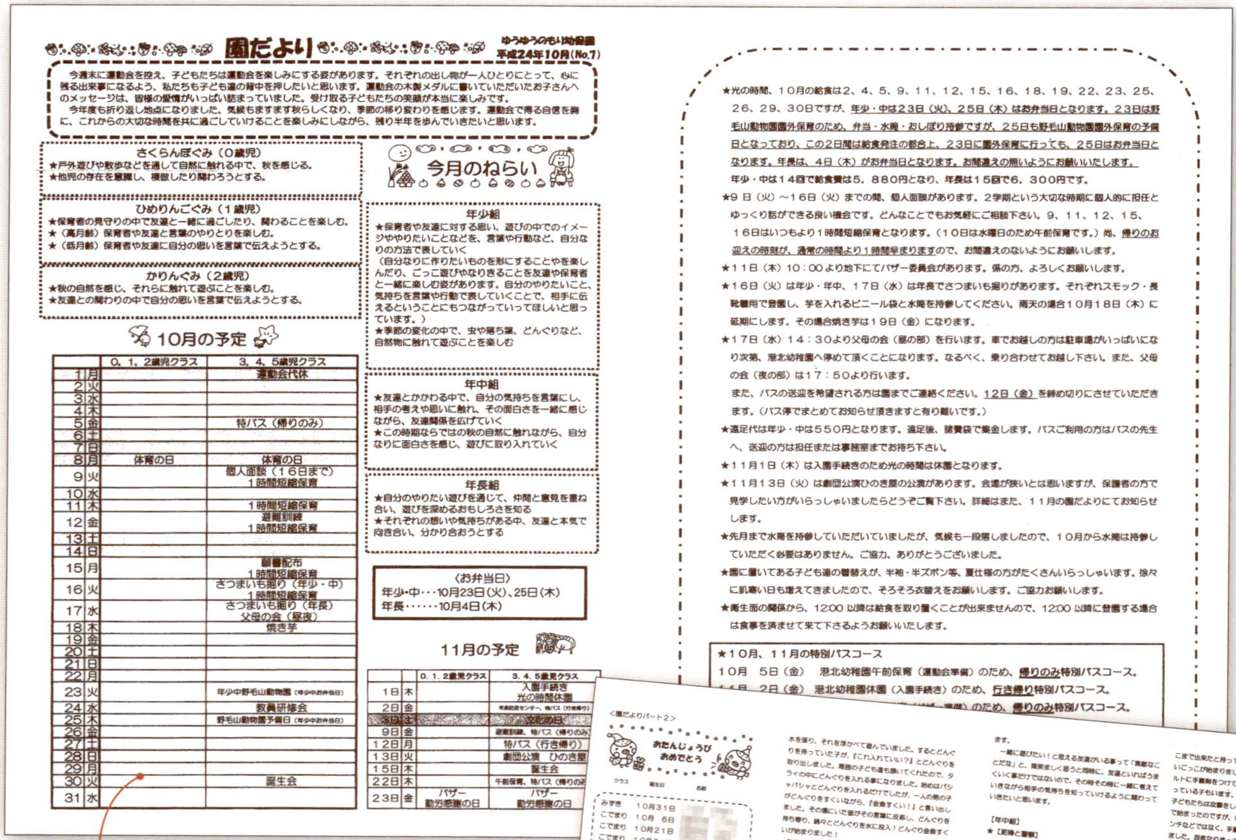

園だより　ゆうゆうのもり幼保園　平成24年10月(No.7)

今週末に運動会を控え、子どもたちは運動会を楽しみにする姿があります。それぞれの出し物が一人ひとりにとって、心に残る出来事になるよう、私たちも子ども達の背中を押したいと思います。運動会の木製メダルに書いていただいたお子さんへのメッセージは、皆様の愛情がいっぱい詰まっていました。受け取る子どもたちの笑顔が本当に楽しみです。

今年度も折り返し地点になりました。気候もますます秋らしくなり、季節の移り変わりを感じます。運動会で得る自信を胸に、これからの大切な時間を共に過ごしていけることを楽しみにしながら、残り半年を歩んでいきたいと思います。

さくらんぼぐみ（0歳児）
★戸外遊びや散歩などを通して自然に触れる中で、秋を感じる。
★他児の存在を意識し、模倣したり関わろうとする。

ひめりんごぐみ（1歳児）
★保育者の見守りの中で友達と一緒に過ごしたり、関わることを楽しむ。
★（高月齢）保育者や友達と言葉のやりとりを楽しむ。
★（低月齢）保育者や友達に自分の思いを言葉で伝えようとする。

かりんぐみ（2歳児）
★秋の自然を感じ、それらに触れて遊ぶことを楽しむ。
★友達との関わりの中で自分の思いを言葉で伝えようとする。

今月のねらい

年少組
★保育者や友達に対する思い、遊びの中でのイメージややりたいことなどを、言葉や行動など、自分なりの方法で表していく
（自分なりに作りたいものを形にすることやを楽しんだり、ごっこ遊びやなりきることを友達や保育者と一緒に楽しむ姿があります。自分のやりたいこと、気持ちを言葉や行動で表していくことで、相手に伝えるということにもつながっていってほしいと思っています。）
★季節の変化の中で、虫や落ち葉、どんぐりなど、自然物に触れて遊ぶことを楽しむ

年中組
★友達とかかわる中で、自分の気持ちを言葉にし、相手の考えや思いに触れ、その面白さを一緒に感じながら、友達関係を広げていく
★この時期ならではの秋の自然に触れながら、自分なりに面白さを感じ、遊びに取り入れていく

年長組
★自分のやりたい遊びを通じて、仲間と意見を重ね合い、遊びを深めるおもしろさを知る
★それぞれの想いや気持ちがある中、友達と本気で向き合い、分かり合おうとする

〈お弁当日〉
年少・中・・・10月23日(火)、25日(木)
年長・・・・・・10月4日(木)

10月の予定

		0、1、2歳児クラス	3、4、5歳児クラス
1	月		運動会代休
2	火		
3	水		
4	木		
5	金		特バス（帰りのみ）
6	土		
7	日		
8	月	体育の日	体育の日
9	火		個人面談（16日まで） 1時間短縮保育
10	水		
11	木		1時間短縮保育
12	金		避難訓練 1時間短縮保育
13	土		
14	日		
15	月		願書配布 1時間短縮保育
16	火		さつまいも掘り（年少・中） 1時間短縮保育
17	水		さつまいも掘り（年長） 父母の会（昼夜）
18	木		焼き芋
19	金		
20	土		
21	日		
22	月		
23	火		年少中野毛山動物園（年少中お弁当日）
24	水		教員研修会
25	木		野毛山動物園予備日（年少中お弁当日）
26	金		
27	土		
28	日		
29	月		
30	火		誕生会
31	水		

11月の予定

		0、1、2歳児クラス	3、4、5歳児クラス
1日	木		入園手続き 光の時間休園
2日	金		年長防災センター、特バス（行き帰り）
3日	土		文化の日
9日	金		避難訓練、特バス（帰りのみ）
12日	月		特バス（行き帰り）
13日	火		劇団公演　ひのき屋
15日	木		誕生会
22日	木		午前保育、特バス（帰りのみ）
23日	金	バザー 勤労感謝の日	バザー 勤労感謝の日

★光の時間、10月の給食は2、4、5、9、11、12、15、16、18、19、22、23、25、26、29、30日ですが、年少・中は23日（火）、25日（木）はお弁当日となります。23日は野毛山動物園園外保育のため、弁当・水筒・おしぼり持参ですが、25日も野毛山動物園園外保育の予備日となっており、この2日間は給食発注の都合上、23日に園外保育に行っても、25日はお弁当日となります。年長は、4日（木）がお弁当日となります。お間違えの無いようにお願いいたします。
年少・中は14回で給食費は5，880円となり、年長は15回で6，300円です。

★9日（火）～16日（火）までの間、個人面談があります。2学期という大切な時期に個人的に担任とゆっくり話ができる良い機会です。どんなことでもお気軽にご相談下さい。9、11、12、15、16日はいつもより1時間短縮保育となります。（10日は水曜日のため午前保育です。）尚、帰りのお迎えの時刻が、通常の時間より1時間早まりますので、お間違えのないようにお願いします。

★11日（木）10：00より地下にてバザー委員会があります。係の方、よろしくお願いします。

★16日（火）は年少・年中、17日（水）は年長でさつまいも掘りがあります。それぞれスモック・長靴着用で登園し、芋を入れるビニール袋と水筒を持参してください。雨天の場合10月18日（木）に延期にします。その場合焼き芋は19日（金）になります。

★17日（水）14：30より父母の会（昼の部）を行います。車でお越しの方は駐車場がいっぱいになり次第、港北幼稚園へ停めて頂くことになります。なるべく、乗り合わせてお越し下さい。また、父母の会（夜の部）は17：50より行います。
また、バスの送迎を希望される方は園までご連絡ください。12日（金）を締め切りにさせていただきます。（バス停でまとめてお知らせ頂きますと有り難いです。）

★遠足代は年少・中は550円となります。遠足後、諸費袋で集金します。バスご利用の方はバスの先生へ、送迎の方は担任または事務室までお持ち下さい。

★11月1日（木）は入園手続きのため光の時間は休園となります。

★11月13日（火）は劇団公演ひのき屋の公演があります。会場が狭いとは思いますが、保護者の方で見学したい方がいらっしゃいましたらどうぞご覧下さい。詳細はまた、11月の園だよりにてお知らせします。

★先月まで水筒を持参していただいていましたが、気候も一段落しましたので、10月から水筒は持参していただく必要はありません。ご協力、ありがとうございました。

★園に置いてある子ども達の着替えが、半袖・半ズボン等、夏仕様の方がたくさんいらっしゃいます。徐々に肌寒い日も増えてきましたので、そろそろ衣替えをお願いします。ご協力お願いします。

★衛生面の関係から、12:00 以降は給食を取り置くことが出来ませんので、12:00 以降に登園する場合は食事を済ませて来て下さるようお願いいたします。

★10月、11月の特別バスコース
10月　5日（金）　港北幼稚園午前保育（運動会準備）のため、帰りのみ特別バスコース。
11月　2日（金）　港北幼稚園休園（入園手続き）のため、行き帰り特別バスコース。
……のため、帰りのみ特別バスコース。

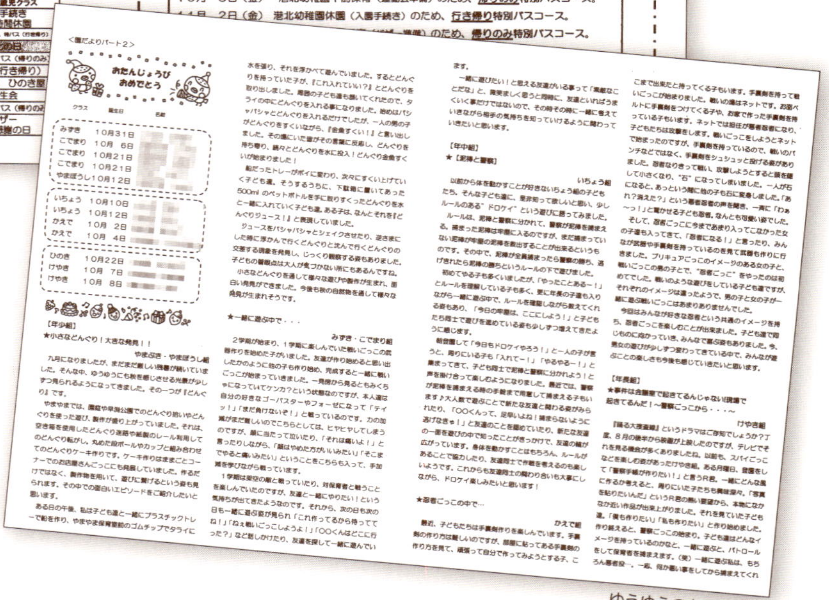

<園だよりパート2>

おたんじょうび おめでとう

ゆうゆうのもり幼保園

見やすさ、わかりやすさを優先して

園だよりのなかに「行事予定」を入れている園もありますし、「行事予定表」という形で、別に配布している園もあります。この園では、園だよりに含んでいて、右ページでも各予定について細かく記載しています。次の月の予定まで知らせているので、保護者は予定が立てやすいでしょう。

行事予定表は、見やすく、わかりやすいことが何よりです。行事の多い月もありますから、カレンダー方式にするなど、ひと目でわかる配慮をしたいものです。

園長からの発信

園長がおたよりに原稿を書いている園があります。
その時々で保護者に必要と思われる事柄を事務的でない
文章でつづった発信は、保護者の心をとらえるでしょう。

園長の等身大のメッセージは親に伝わる

55ページでも書きましたが、園長先生が、親向けに自分らしい等身大のエッセイを書いている園では、保護者が園に強い信頼を持つ傾向が高いようです。なぜなら、園長が何を大事にしているかが親に伝わるからです。
しかも、「こうあるべき」といった教条的な内容を語るよりも、自分が子どもとかかわって感じたことなど、子どもとのエピソードなどを語る方が、親近感が持てるようです。必ずしも長文でなくてよいので、ご自身の素朴な思いを発信しましょう。

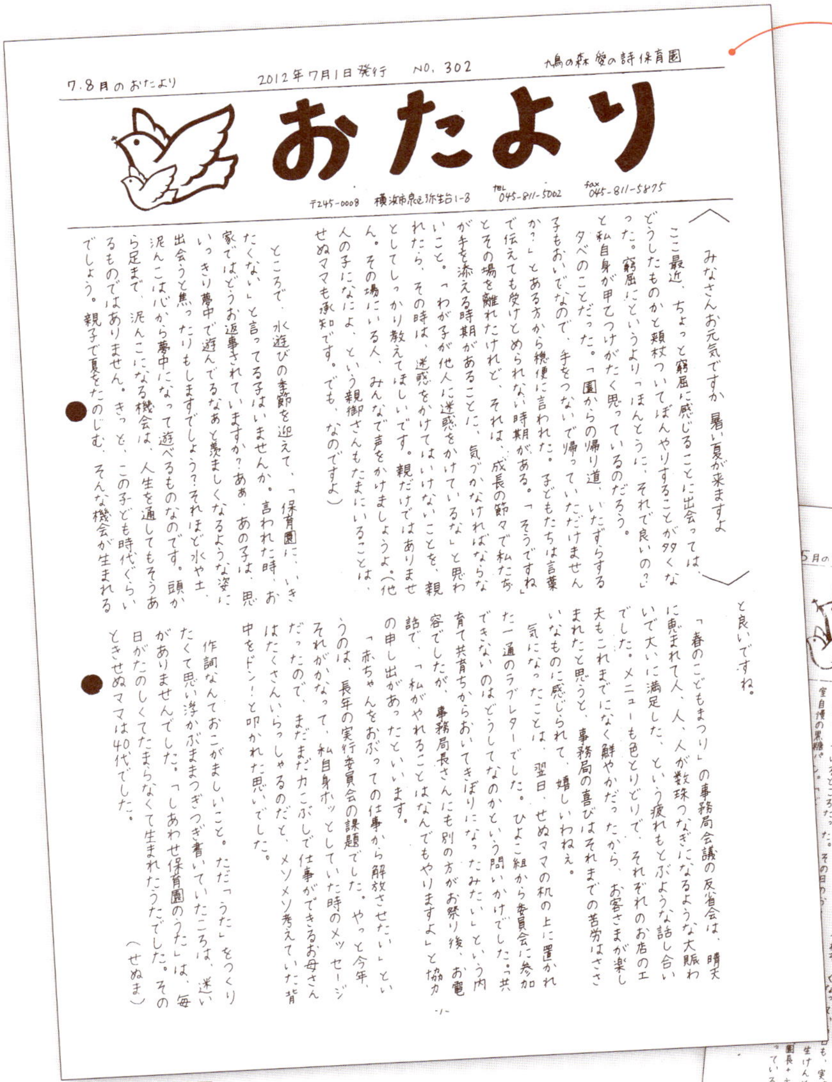

7.8月のおたより　2012年7月1日発行　NO. 302　鳩の森愛の詩保育園

おたより

〒245-0008 横浜市泉区弥生台1-8　TEL 045-811-5002　FAX 045-811-5875

みなさんお元気ですか　暑い夏が来ますよ

ここ最近、ちょっと窮屈に感じることに出会っては、どうしたものかと頬杖ついてぼんやりすることが多くなった。窮屈にというより「ほんとうに、それで良いの？」と私自身が甲乙つけがたく思っているのだろう。

夕べのことだった。「園からの帰り道、いたずらする子もおいでなので、手をつないで帰っていただけませんか？」とある方から穏便に言われた。子どもたちは言葉で伝えても受けとめられない時期がある。「そうですね」とその場を離れたけれど、それは、成長の節々で私たちが手を添える時期があることに、気づかなければならないこと。「わが子が他人に迷惑をかけているな」と思われたら、その時は、迷惑をかけてはいけないことを、親としてしっかり教えてほしいです。親だけではありません。その場にいる人、みんなで声をかけましょうよ。(他人の子になによ、という親御さんもたまにいることは、せぬママも承知です。でも、なのですよ)

ところで、水遊びの季節を迎えて、「保育園に、いきたくない」と言ってる子はいませんか。言われた時、お家ではどうお返事されていますか？ああ、あの子は、思いっきり夢中で遊んでるなあと羨ましくなるような姿に出会うと焦ったりもしますでしょう？それほど水や土、泥んこは心から夢中になって遊べるものなのです。頭から足まで、泥んこになる機会は、人生を通してもそうあるものではありません。きっと、この子ども時代ぐらいでしょう。親子で夏をたのしむ、そんな機会が生まれると良いですね。

「春のこどもまつり」の事務局会議の反省会は、晴天に恵まれて人、人、人が数珠つなぎになるような大賑わいで大いに満足した、という疲れもとぶような話し合いでした。メニューも色とりどりで、それぞれのお店の工夫もこれまでになく鮮やかだったから、お客さまが楽しまれたと思うと、事務局の喜びはそれまでの苦労はささいなものに感じられて、嬉しいわねえ。

気になったことは、翌日、せぬママの机の上に置かれた一通のラブレターでした。ひよこ組から委員会に参加できないのはどうしてなのかという問いかけでした。「共育て共育ちからおいてきぼりになったみたい」という内容でしたが、事務局長さんにも別の方がお祭り後、お電話で、「私がやれることはなんでもやりますよ」と協力の申し出があったといいます。

「赤ちゃんをおぶっての仕事から解放させたい」というのは、長年の実行委員会の課題でした。やっと今年、それがかなって、私自身ホッとしていた時のメッセージだったので、まだまだ力こぶしで仕事ができるお母さんはたくさんいらっしゃるのだと、メソメソ考えていた背中をドン！と叩かれた思いでした。

作詞なんておこがましいこと。ただ「うた」をつくりたくて思い浮かぶままつぎつぎ書いていたころは、迷いがありませんでした。「しあわせ保育園のうた」は、毎日がたのしくてたまらなくて生まれたうたでした。そのときせぬママは40代でした。

（せぬま）

-1-

鳩の森愛の詩保育園

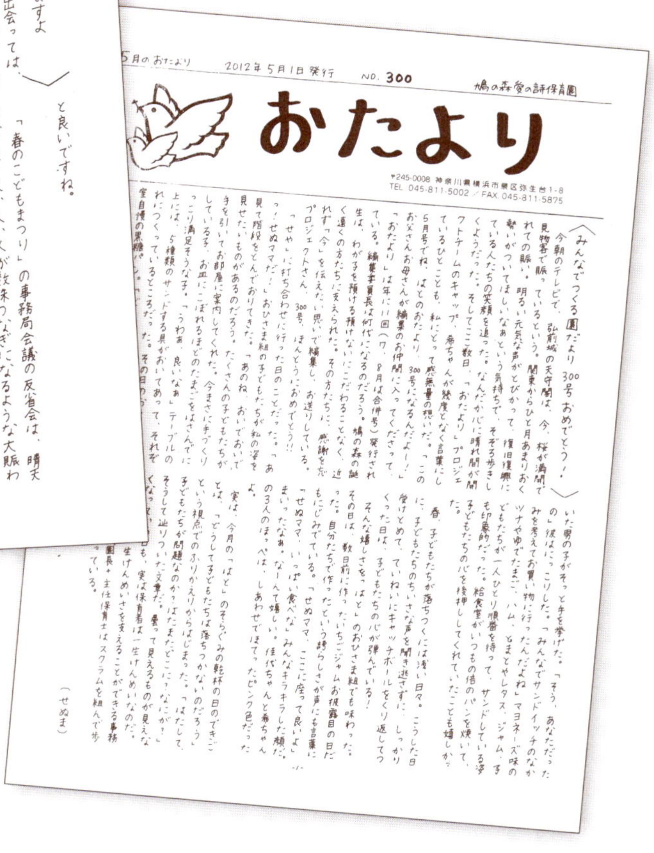

5月のおたより　2012年5月1日発行　NO. 300　鳩の森愛の詩保育園

おたより

〒245-0008 神奈川県横浜市泉区弥生台1-8
TEL 045-811-5002 ／ FAX 045-811-5875

みんなでつくる園だより　300号おめでとう！

今朝のテレビで、弘前城の天守閣は、今、桜が満開で見物客で賑っているという。関東からひと月あまりおくれての賑い。明るい元気な声がとびかって、復旧復興に勢いがついてほしいなあという気持ちで、そぞろ歩きしている人たちの笑顔を追った。なんだか心に晴れ間が開くようだった。そしてここ数日、「おたより」プロジェクトチームのキャップ、希ちゃんが幾度となく言葉にしているひとことも、私にとって感無量の想いだ。「この5月号でね、はとのおたより、300号になるんだよー！」お父さんお母さんが編集のお仲間に入ってくださって「おたより」は年に11回（7、8月は合併号）発行されている。編集委員長は何代になるのだろう。鳩の森の誕生は、わが子を預ける預けないにこだわることなく、近く遠くの方たちに支えられた。その方たちに、感謝を忘れず「今」を伝えたい思いで編集し、お送りしている。プロジェクトさん、300号、ほんとうにおめでとう!!

「せや」に打ち合わせに行った日のことだった。「あっ！せぬママだ！」おひさま組の子どもたちが私の姿を見て階段をとんでおりてきた。「あのね、おいでおいで」見せたいものがあるのだろう。たくさんの子どもたちが手を引いてお部屋に案内してくれた。今まさに手づくりしている子、お皿にこぼれるほどのたまごをはさんでにっこり満足そうな子。「うわあ、良いなあ」テーブルの上には、5種類のサンドする具がおいてあって、それぞれにつくっているところだった。その日か

室自慢の黒糖パン。

いた男の子がそっと手を挙げた。「そう、あなただったの」彼はにっこりした。「みんなでサンドイッチのなかみを考えてお買い物に行ったんだよね」マヨネーズ味のツナやゆでたまご、ハム、とまとやレタス、ジャム。子どもたちが一人ひとり順番を待って、サンドしている姿も印象的だった。給食室がいつもの倍のパンを焼いて、子どもたちの心を後押ししてくれていたことも嬉しかった。

春、子どもたちが落ちつくには浅い日々。こうした日に、子どもたちのちいさな声を聞き逃さずに、しっかり受けとめて、ていねいにキャッチボールをくり返してつくった日は、子どもたちの心が弾んでいる！

そんな嬉しさを「はと」のおひさま組でも味わった。その日は、数日前に作ったいちごジャムお披露目の日だった。自分たちで作ったという誇らしさが声にも言葉にもにじみでている。「せぬママ、ここに座って良いよ」「せぬママ、いっぱい食べな」みんなキラキラした顔だ。まいったなあ。なーんて嬉しい。佳代ちゃんと希ちゃんの3人のほっぺは、しあわせでほてったピンク色だった

よ。

実は、今月の「はと」のそらぐみの乾杯の日のできごとは、「どうして子どもたちは落ちつかないのだろう」という視点でのふりかえりからはじまった。「はたして子どもたちが問題なのか？はたまたどこになにが？」そうして辿りついた文章だ。曇って見えるものが見えなくなって

日も、実は保育者は一生けんめいなのだ。生けんめいさを支えることができる事務園長＋主任保育士はスクラムを組んで歩っている。

（せぬま）

-1-

保健だより

その時期にかかりやすい病気や起こりやすいケガ、歯のことや生活リズムなど、
幅広く子どもの健康や成長に関する情報を扱う保健だより。
忙しい保護者にきちんと理解してもらえるよう、
用語の使い方やイラストなど工夫を重ねたいですね。

ほけんだより

2011/07/4
パオバブ保育園ちいさな家

各地で猛暑日が連日観測され、厳しい暑さが続いていますね。夜も寝苦しく、寝不足気味になっていませんか？　暑さで、体調を崩さないように元気に夏を過ごしたいですね。

ー　最近の保健の状況　ー

こすずめ　：6月から熱や下痢でお休みする人が続いています。
こぶた　：とびひ　2名
こやぎ　：元気に過ごしています。
＊　感染症の報告はありません。

熱中症について

猛暑続きで発症者が相次ぐ熱中症。子どもは汗腺がちいさく汗をかきにくいので、熱中症になりやすいので、注意が必要です。

熱中症のサイン

サイン1：顔が赤くなる

ワンポイントアドバイス
このようなサインを感じたら、霧吹きで水をかけ、うちわで仰いであげると汗が蒸発しやすく、肌が冷え体温を下げる事が出来ます。

サイン2：大量のあせをかく

熱中症の予防

ー その1　水分補給のポイント ー

□ **コマめに水分摂取**
人の体は、水分を補給してから吸収するまでに60～90分程度かかります。
つまり、一度に大量の水分を摂取しても、直ぐ吸収されるわけではないので、こまめに摂るように心がける事が大切です。

ちなみに・・・ちいさな家では
① 朝のお茶の時間　②お昼ご飯の時　③お昼寝後　④おやつの時間
② 夕方5時くらい　と、こまめに麦茶を飲んで水分摂取しています。
＊この時間以外にも、子ども達が水分を欲しがった時に、その都度飲めるよう、麦茶を準備しています。

□ **水かお茶が最適**
例えば・・・
＜牛乳＞牛乳は消化吸収に時間がかかるため、水分補給には向いていません。
＜ジュース＞
糖分が多く含まれていますが、砂糖は体の中で分解する途中で
ビタミンB1を使うため不足がちになり、夏ばてを起こしやすくなります。

□ **たくさん汗をかいたら**
大量の汗をかくと、水分だけでなく塩分も不足し、脱水を起こしやすくなります。イオン飲料は、塩分と糖分が水に溶けたものなので、水分だけでなく、ナトリウムも補給してくれます。大人用よりも、糖分が少ない子供用がお勧めです。ただし、糖分が入っているので摂りすぎはよくありません。たくさん汗をかいた時などの水分補給に、上手に利用してください。

ーその2　室内温度の調整　ー

□ **熱中症は、屋外だけでなく室内でも起こります。**
人は、汗をかくことで体内の熱を放出しますが、気温が体温を上回ったり、湿度が高くなり過ぎると汗が蒸発しずらくなるため、発汗による体温調節が難しくなり、熱中症を起こしやすくなります。
例えば・・・室温が28℃くらいに保たれていても、湿度が70%を越えると熱中症を起こしやすいので、室内の湿度に注意を払うことも必要です。

ー その3　ベビーカーで熱中症になるこも！ ー

日常、使用することが多いベビーカー。ベビーカーに乗る子どもの顔の高さは70～80cm位なので、大人の顔の高さよりも低いため、道路などを歩く時の路面から受ける放射熱の影響は、大人よりも大きくなります。気温が30度を超えるとき、ベビーカーに乗る子どもの顔の部分を、日よけで直射日光を遮る工夫をしても、子どもの顔近くの温度は36度くらいまで上昇。親の顔の高さよりも、3～4度も高くなっているという実験結果もあります。ベビーカーで出かけられる時には注意が必要ですね。

ベビーカー用のクールシート等、ベビーカー用グッズもあるようです。

裏面もあります

パオバブ保育園・パオバブ保育園ちいさいな家

専門用語などはかみくだいて表現を

子どもの健康や衛生面の情報は、保護者にとって非常に関心の高いテーマです。
とはいっても、堅苦しい内容だったり、教条的な雰囲気が強いと、必要性が高いにもかかわらず読み進んでもらうのが難しくなってしまいます。
子どもの病気について知識が少ない親も多いので、専門用語をできるだけかみくだいた文章にしたり、イラストを入れたりするなど、わかりやすくすることがポイントです。普段から、新聞や雑誌の関連記事の切り抜き等をファイルしておくと、役に立ちます。

給食だより

食育について、力を入れている園も多いと思います。
「食」に関して、高い意識を持たれている保護者も多く、
給食のメニューが家庭での会話に登場したりします。
役に立つ情報とともに、園の食への取り組みについても伝えていきましょう。

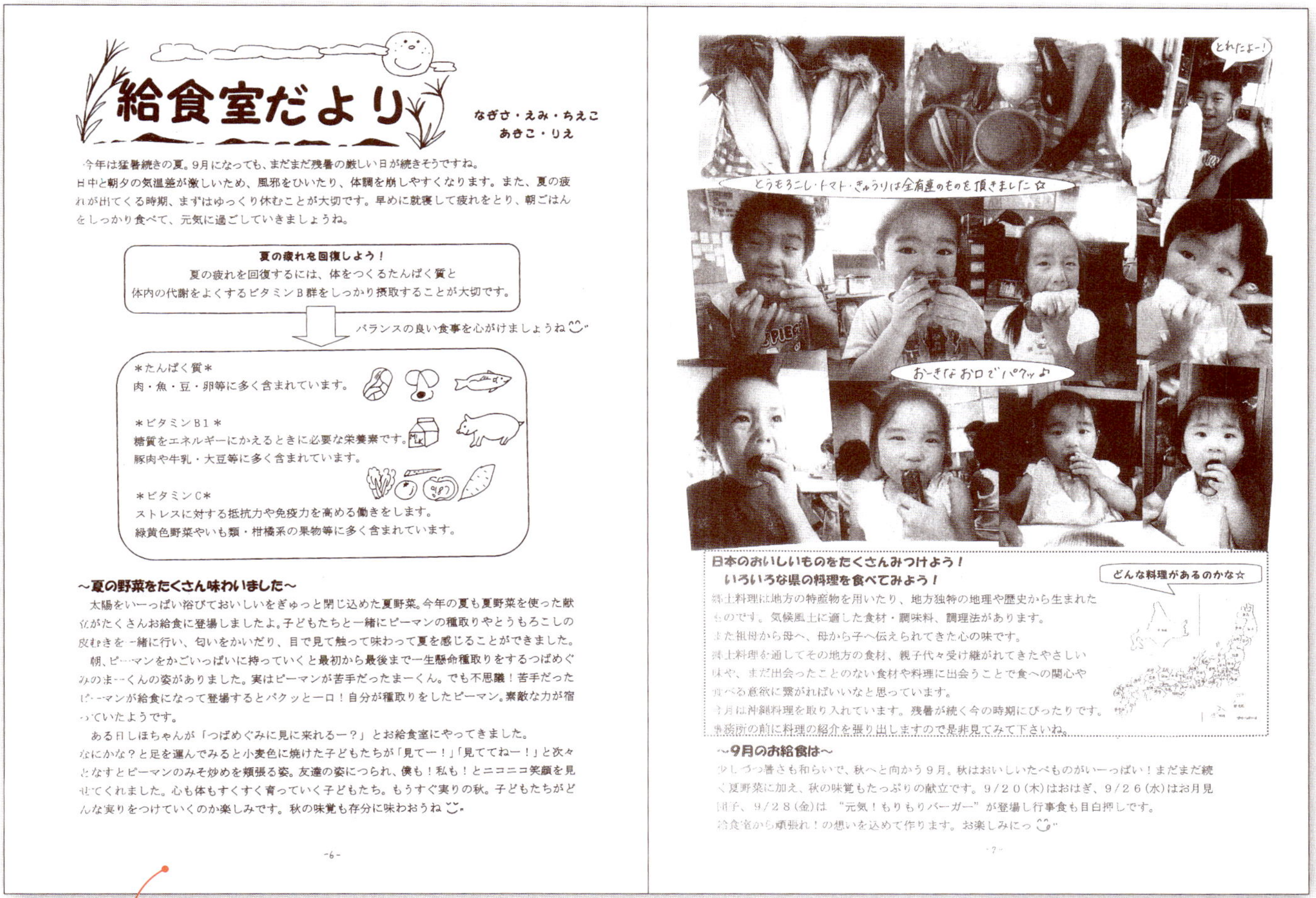

給食室だより

なぎさ・えみ・ちえこ
あきこ・りえ

今年は猛暑続きの夏。9月になっても、まだまだ残暑の厳しい日が続きそうですね。日中と朝夕の気温差が激しいため、風邪をひいたり、体調を崩しやすくなります。また、夏の疲れが出てくる時期、まずはゆっくり休むことが大切です。早めに就寝して疲れをとり、朝ごはんをしっかり食べて、元気に過ごしていきましょうね。

夏の疲れを回復しよう！
夏の疲れを回復するには、体をつくるたんぱく質と
体内の代謝をよくするビタミンB群をしっかり摂取することが大切です。

バランスの良い食事を心がけましょうね

＊たんぱく質＊
肉・魚・豆・卵等に多く含まれています。

＊ビタミンB1＊
糖質をエネルギーにかえるときに必要な栄養素です。
豚肉や牛乳・大豆等に多く含まれています。

＊ビタミンC＊
ストレスに対する抵抗力や免疫力を高める働きをします。
緑黄色野菜やいも類・柑橘系の果物等に多く含まれています。

～夏の野菜をたくさん味わいました～

太陽をいーっぱい浴びておいしいをぎゅっと閉じ込めた夏野菜。今年の夏も夏野菜を使った献立がたくさんお給食に登場しましたよ。子どもたちと一緒にピーマンの種取りやとうもろこしの皮むきを一緒に行い、匂いをかいだり、目で見て触って味わって夏を感じることができました。

朝、ピーマンをかごいっぱいに持っていくと最初から最後まで一生懸命種取りをするつばめぐみのまーくんの姿がありました。実はピーマンが苦手だったまーくん。でも不思議！苦手だったピーマンが給食になって登場するとパクッと一口！自分が種取りをしたピーマン。素敵な力が宿っていたようです。

ある日しほちゃんが「つばめぐみに見に来れるー？」とお給食室にやってきました。なにかな？と足を運んでみると小麦色に焼けた子どもたちが「見てー！」「見ててねー！」と次々となすとピーマンのみそ炒めを頬張る姿。友達の姿につられ、僕も！私も！とニコニコ笑顔を見せてくれました。心も体もすくすく育っていく子どもたち。もうすぐ実りの秋。子どもたちがどんな実りをつけていくのか楽しみです。秋の味覚も存分に味わおうね

-6-

とれたよー！
とうもろこし・トマト・きゅうりは全有連のものを頂きました☆
おーきなお口でパクッ♪

日本のおいしいものをたくさんみつけよう！
いろいろな県の料理を食べてみよう！

どんな料理があるのかな☆

郷土料理は地方の特産物を用いたり、地方独特の地理や歴史から生まれたものです。気候風土に適した食材・調味料、調理法があります。
また祖母から母へ、母から子へ伝えられてきた心の味です。
郷土料理を通してその地方の食材、親子代々受け継がれてきたやさしい味や、まだ出会ったことのない食材や料理に出会うことで食への関心や食べる意欲に繋がればいいなと思っています。
今月は沖縄料理を取り入れています。残暑が続く今の時期にぴったりです。
事務所の前に料理の紹介を張り出しますので是非見てみて下さいね。

～9月のお給食は～

少しづつ暑さも和らいで、秋へと向かう9月。秋はおいしいたべものがいーっぱい！まだまだ続く夏野菜に加え、秋の味覚もたっぷりの献立です。9/20（木）はおはぎ、9/26（水）はお月見団子、9/28（金）は“元気！もりもりバーガー”が登場し行事食も目白押しです。
給食室から頑張れ！の想いを込めて作ります。お楽しみにっ

-7-

鳩の森愛の詩保育園

園のこだわり、作り手の顔が見える発信を

給食については、毎日の家庭の食事や献立との兼ね合いもあるため、特に関心を持っておたよりを読んでいる保護者は少なくありません。単にメニューを載せるだけでなく、園側のこだわりや作り手の思いも発信し、作っている人の顔が見えるようになるといいですね。園や園児の家庭でオススメの簡単レシピの記事は、実用的で評判がいいようです。
この園では、素敵な表情で食べている子どもたちの写真が載っていて、園で食べることを楽しんでいる様子が、強く伝わってきます。

お泊り保育

夏休みや夏休みに入る直前に実施されることの多いお泊り保育。初めて家族から離れて夜を過ごすという子どもも多いため、おたよりでの詳しい情報を保護者も求めていると思います。

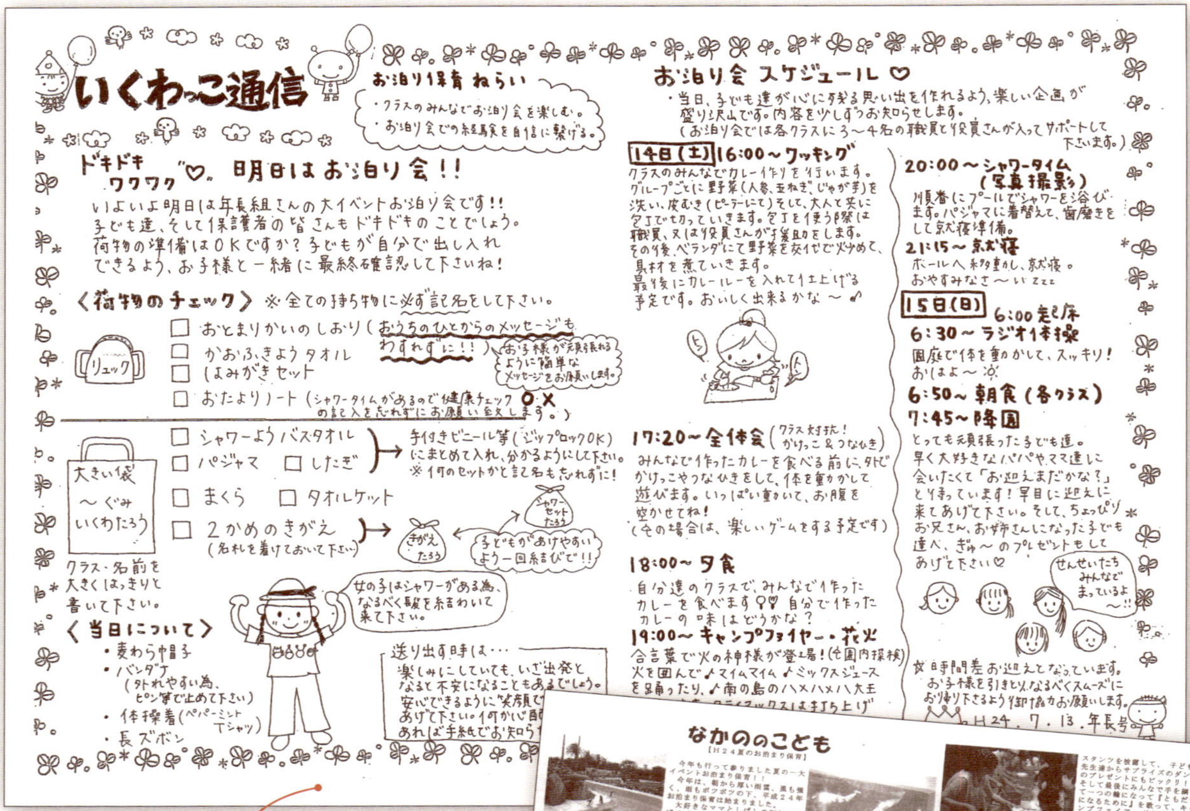

いくわっこ通信

お泊り保育 ねらい
・クラスのみんなでお泊り会を楽しむ。
・お泊り会での経験を自信に繋げる。

ドキドキワクワク♡ 明日はお泊り会!!

いよいよ明日は年長組さんの大イベントお泊り会です!!
子ども達、そして保護者の皆さんもドキドキのことでしょう。
荷物の準備はOKですか? 子どもが自分で出し入れできるよう、お子様と一緒に最終確認して下さいね!

〈荷物のチェック〉 ※全ての持ち物に必ず記名をして下さい。

リュック
- □ おとまりかいのしおり(おうちのひとからのメッセージもわすれずに!!)
  お子様が頑張れるように簡単なメッセージをお願いします。
- □ かおふきようタオル
- □ はみがきセット
- □ おたよりノート(シャワータイムがあるので健康チェック O・X の記入を忘れずにお願い致します。)

大きい袋 〜ぐみ いくわたろう
- □ シャワーようバスタオル
- □ パジャマ □ したぎ
  → 手付きビニール等(ジップロックOK)にまとめて入れ、分かるようにして下さい。※何のセットかと記名も忘れずに!
- □ まくら □ タオルケット
- □ 2かめのきがえ(名札を着けておいて下さい) → きがえ たろう
  子どもがあけやすいよう一回結びで!! シャワーセット たろう

クラス・名前を大きくはっきりと書いて下さい。

〈当日について〉
- 麦わら帽子
- バンダナ(外れやすい為、ピン等で止めて下さい)
- 体操着(ペパーミントTシャツ)
- 長ズボン

女の子はシャワーがある為、なるべく髪を結わいて来て下さい。

送り出す時は…
楽しみにしていても、いざ出発となると不安になることもあるでしょう。安心できるように笑顔で… あげて下さい。何か心配… あれば手紙でお知らせ…

お泊り会 スケジュール♡
・当日、子ども達が心に残る思い出を作れるよう、楽しい企画が盛り沢山です。内容を少しずつお知らせします。
(お泊り会では各クラスに3〜4名の職員と役員さんが入ってサポートして下さいます。)

14日(土) 16:00〜クッキング
クラスのみんなでカレー作りを行います。グループごとに野菜(人参、玉ねぎ、じゃが芋)を洗い、皮むき(ピーラーにて)そして、大人と共に包丁で切っていきます。包丁を使う際は職員、又は役員さんが援助をします。その後、ベランダにて野菜を交代で炒めて、具材を煮ていきます。最後にカレールーを入れて仕上げる予定です。おいしく出来るかな〜♪

17:20〜全体会(クラス対抗! かけっこ&つなひき)
みんなで作ったカレーを食べる前に、外でかけっこやつなひきをして、体を動かして遊びます。いっぱい動いて、お腹を空かせてね!
(雨の場合は、楽しいゲームをする予定です)

18:00〜夕食
自分達のクラスで、みんなで作ったカレーを食べます♡ 自分で作ったカレーの味はどうかな?

19:00〜キャンプファイヤー・花火
合言葉で火の神様が登場!(全園内探検)火を囲んで♪マイムマイム ♪ミックスジュースを踊ったり、♪南の島のハメハメハ大王…

20:00〜シャワータイム(写真撮影)
順番にプールでシャワーを浴びます。パジャマに着替えて、歯磨きをして就寝準備。

21:15〜就寝
ホールへ移動し、就寝。
おやすみなさ〜い zzz

15日(日) 6:00 起床
6:30〜ラジオ体操
園庭で体を動かして、スッキリ!
おはよ〜

6:50〜朝食(各クラス)

7:45〜降園
とっても頑張った子ども達。
早く大好きなパパやママ達に会いたくて「お迎えまだかな?」と待っています! 早目に迎えに来てあげて下さい。そして、ちょっぴりお兄さん、お姉さんになった子ども達へ、ぎゅ〜のプレゼントもしてあげて下さい♡

せんせいたち みんなでまっているよ〜!!

☆時間差お迎えとなっています。お子様を引きとり、なるべくスムーズにお帰り下さるよう御協力お願いします。

H24.7.13.年長号

育和幼稚園

報告のおたよりは、終了後、なるべく早めに

お泊り保育は、親子ともにドキドキの行事です。親と離れ、家庭以外の場所で寝泊まりするのは初めてという子どもも少なくありません。そのため、親は「今頃、ごはんを食べているかな?」などと、ずっと気になっていたりします。事前にスケジュールを伝え、終了後は、早めにたくさんのエピソードとともに報告したいものです。写真やイラストも使って、2日間の流れをわかりやすく紹介するのもいいでしょう。

なかののこども
【H24夏のお泊まり保育】

中野幼稚園

5

おたより以外の発信方法

園での子どもたちの様子や保育者の思いなどを伝える方法は、
紙でできたおたより以外にもあります。
この章では、おたよりとは違う
保護者とのコミュニケーションについて取り上げます。

おたより以外の発信方法

おたより以外の発信方法として、オーソドックスなものといえば連絡帳でしょう。また、園によって回数は異なりますが、直接、保護者に発信できる機会には保育参観や懇談会などがありますね。それらを活用するためのポイントなどについて考えましょう。

連絡帳

連絡帳（連絡ノート）は、個人への受発信のツールです。最近では、保育者の業務を軽減するなどの理由から、連絡帳を取りやめる園も増えていますが、普段保護者と直接話すことがあまりできない園の場合、とても重要な機能を果たします。

一般的に、連絡帳はその日の体調や服薬など、文字通り連絡事項のやりとりをするものですが、園での子どもの様子を知らせたり、親の相談について回答するなどの保護者支援の機能を持っている園もあります。

たとえば「今日は、砂場でお友達とプリン作りに夢中でした」とたった一文を書くだけでも、保護者には、今日のわが子の様子が具体的にイメージされますし、家庭での会話のきっかけにもなるでしょう。忙しい保育者にとって文章を書くことは大変な業務と思いますが、この一文があるかないかの差は大きく、特にわが子のことで不安のある保護者にとっては子育てをする上での大きな励ましとなります。

連絡帳がうまく機能している園では、子どもの姿がしっかりと伝わると同時に、保育者がわが子を丁寧に見てくれているという、園や保育者への信頼感が高まる傾向があるようです。

懇談会

保護者懇談会は、クラスの保護者が情報を共有する場です。日常のなかにある子どもの素敵な表情や姿、育ちが見えるような発信ができるといいですね。最近は、園での子どもの様子を音楽付きのスライドショーで紹介する園やビデオなどの動画で保育者が保育のポイントを紹介している園もあり、とても喜ばれているようです。

保護者が顔を合わせる貴重な機会ですから、保護者同士をつなげることに重きを置く時間をとるのもいいでしょう。身近なテーマ（しつけでの悩みなど）を設定し、小グループで話し合った結果を発表してもらい、それを受けて園ではどう対応しているかを伝えれば、「さすが、プロ！」と説得力を持って聞いてもらえ、子育てのアドバイスにもなります。

また、「おしゃべり会」といった機会を定期的に設けている園もあります。お茶を飲みながら、気軽に話せる場は好評です。

保育参観（参加）

保護者が園の活動に参加（参観）する行事は、絶好の発信の機会です。子どもの姿を直接見ることに加え、園や保育者が何を大切に保育しているかを知ってもらえる重要な場となります。ですから、どのように見てもらい、参加してもらうかが、発信を成功させるカギとなります。

参観の場合、ただ何となく見てもらうだけでなく、事前に見るポイントを伝えておくのも一案です。

ある園では、保育室と園庭のマップを作って保護者に渡し、見学中にどこでどのような遊びがあったかを記録してもらう方法をとっています。その後の懇談会では、これらの発表をまじえ、会がとても盛り上がり、大変好評のようです。

最近は、「保育参加」の形態をとる園も増えています。実際に自分が子どもたちとかかわることで、わが子の保育やクラスメイトの成長なども実感してもらえるようです。さらに、単に子どもにかかわるだけでなく、「一日保育者体験」を企画し、実行している園もあります。保育者の仕事や専門性について知ってもらえるだけでなく、園に対する理解と感謝が深まっているという声をよく聞きます。

また、保護者の特技を生かし「ママ先生」となってもらったり、「サークル活動」を通じて保育参加してもらっている園もあります。

ボード/ドキュメンテーション 児童票・ブログ

今日の姿をリアルタイムに伝える方法として、ボード（掲示ボード）やドキュメンテーション*の掲示、ブログなどを用いる園が増えています。ボードの場合、文章だけでなく、写真を貼って具体的なエピソードやキャプションを入れるなど、より保護者にわかりやすく伝える工夫をしている園も多いようです。

また、就学に向けて作成される児童票をアレンジし、記録や保護者とのやりとりに活用している園も出てきました。これらの方法については、次ページ以降で詳しく紹介します。

＊北イタリアの都市・レッジョ・エミリアで実践されている「レッジョ・エミリア・アプローチ」の特徴の一つ。子どもたちの育ちや学びの様子を文字や写真などで構成した観察記録のことで、「ドキュメント」とも呼ぶ。

児童票❶ 社会福祉法人わこう村 和光保育園

鈴木眞廣園長

「学びの個人記録」に取り組んで

児童票に記載する内容が結果ばかりに偏っているため、そうではない、子どもが成長しようとしている瞬間（今）に向き合った記録を取りたいと以前から考えていました。同時に、個人の年間計画表の必要性も感じていました。そんなとき、ニュージーランドのラーニングストーリー（学びの物語）の視点に気付き、それを土台とした「学びの個人記録」を作成することにしたのです。

1年間を4期に分け、各期についてA4サイズ1枚に書くため、子ども一人あたり、年間で4枚の記録が作成されます。保護者にも見せますので、「○○ができない」「○○が気になる」というマイナスな視点ではなく、「親に伝えたい」というポジティブな視点が基本です。漠然と書くのではなく、その子の気持ちが動いた、育ちの手ごたえを感じた具体的な出来事など、その期ごとの特徴的な場面をピックアップし、①エピソード、②タイトル、③背景、④保育者が読み取ったそのときの気持ち、⑤次への手立て、について写真などをまじえて記録しています。

現在、この様式での取り組みがスタートして3年目を迎えました。試行錯誤の途中ですが、職員会議で事例報告として使ったりもしています。子どもの学びに着眼し、どのように保育者が応援すれば、その学びがより力強く、より確かなものになるのかについて、職員みんなで語り合い、分かち合うことで、子どものことをより多面的にとらえたいと考えています。

記録者：0.1歳児担当　K　　　撮影日：12月13日

主人公：N(1歳10か月)　M(2歳8か月)　「私の一言で私も変わったの」

≪背景≫

N

9月に途中入園してきた本児。2月生まれでクラスの中でも月齢がひくいが言葉もはっきり話せ、相手の言っていることもよく理解している。遊びの中では一人あそびや大人との関わりが多かったが、最近では回りの子がやっているが気になっている様子。リュックをしょって「いってきまーす」とお出かけをすると「Nちゃんも！」と同じリュックをしょって「いってきまーす！」とあとを追ったり、パン屋さんごっこをしていると「Nちゃんも！」とすかさず見つけてやってくる姿がある。クラスの子の名前もよく呼ぶようになる。

M

月齢も高く、口も達者。遊びでも楽しいことを見つけるのが得意で、遊びを引っ張っていく存在。下の子が生まれるということもあり、わたしはお姉ちゃん！という意識がつよく0歳児の子などの世話をするのが好き。食が細く、食べるのに時間がかかってしまうことも多い。

≪エピソード≫

お昼ごはんを食べている時のこと、Nちゃんのお皿を見るとブロッコリーだけが残っていた。「ブロッコリー苦手？」と聞くと「うん」とうなずく。「じゃあぞうさんのお口で食べてみる？」などと声をかけるが、いらないと顔をそむける。すると隣で食べていたMちゃんが「小さくすればいいじゃん。」と声をかけてくれた。「いい考え！」と保育士がブロッコリーを小さくする様子を見つめるNちゃん。そして「小さくなったよ。食べられるかな？」と口の近くにもっていくと・・・ぱくっ。

するとその様子を見ていたMちゃん。「Mちゃんも！」と自分のお皿に残っていたものを小さくし、ぱくぱくっと食べてしまった。お皿がぴかぴかになり、デザートのみかんを食べる2人。ときどきお互い顔を見合いながら食べる。

≪読み取り≫

N

・大人の声かけと友達の声かけで反応が大きく違った。顔をそむけたのは、大人の「食べてほしい」という気持ちが伝わってしまったのか、それを感じ取っているのではないか。
・いつもはブロッコリーを食べている本児。今日は大人への甘えもあったのではないか。
・クラスの子に興味が出てきて、特に遊びを引っ張って行くMちゃんにあこがれの気持ちもあったからこそ、Mちゃんの一言が耳に入ってきた。気持ちが切り替えられて、そして食べたら食べられたことで、次の一口への意欲になったのではないか。

M

・食が細い本児、日頃自分がやってもらっていた経験が「小さくすればいいじゃん」という言葉につながった。
・「小さくすればいいじゃん」という自分の考えが大人に認めてもらえ、Nちゃんも受け入れてくれたことが、本児の食べる意欲にもつながったのではないか。逆に始めは、ブロッコリーを食べないNちゃんになにげなくいった「小さくすればいいじゃん」という自分の体験から出た一言に対し、本当に食べてしまったNちゃんを見て、驚きもあったのではないか。だからこそ、わたしも！という食べる意欲につながったのではないか。(3枚目の写真の本児の表情より)

≪次への手立て≫

・今回、食が細いMちゃんだからこその一言からこの学びの物語が生まれた。「食が細い＝困ったこと」と捉えてしまうこともあるが、そこから生まれる学びがあることに気づかされた。
・大人とだけでなく、好きな仲間に関心を向け、真似る／受け入れる／支えてもらうことが、これからどんどん増えていくと思うので、そんな子どもたちの姿を見守っていきたい。

＊上記の児童票は、たまたま二人の子どもが主人公のエピソードを選んだものであり、1枚で二人分の個人記録を兼ねている。

児童票のイメージが変わりました

子どもたちの姿を「学びの物語（エピソード）」で記録する、その実物を見た時は、衝撃を受けました。なぜなら、これまでの児童票のイメージは、「できた」「できない」ばかりを書くものでしたから。保育者の思いを入れるというのも、大変魅力的ですね。

児童票❷ 社会福祉法人相友会 八王子市立長房西保育園 島本一男園長

子どもたちが愛された証となる「あゆみノート」

私たちが児童票にも転記できる「あゆみノート」をスタートさせたのは、今から15年程前。きっかけは、園で書く書類の数が多く、しかも形骸化している、という実感からでした。せっかく記録を書くなら、保護者に園での子どもの様子をもっと知ってもらえて、家庭と連携できるためのプログラムにするべきと考えました。

それで、各児童の指導計画や写真とともにエピソードを記録し、月に一度、保護者に見せて感想をもらうという方法を思いつきました。職員からは業務が増えると反対の声もありましたが、重要性を確信していたので、まず0歳児クラスで試行しました。それまでは保護者と顔を合わせていても、保育に関して意見を聞くことは少なかったのですが、このやりとりを始めた途端、保護者からの本音が聞けるようになりました。親にとっては、わが子を丁寧にみてもらえているという評価につながり、その結果、保護者とのすれ違いや苦情がなくなり、信頼関係が急速に深まったのです。その後、内容を改訂し、児童票の元にもなる「あゆみノート」として発展させ、全クラスでスタートさせました。

児童全員分の保育計画を立て、写真を貼り、保護者とやりとりする（3歳以上は年3回、それ以下は月1回）のは大変と思われるかもしれませんが、園に関心の薄かった保護者もやりとりを重ねるにつれて積極的に変わられますし、職員も観察眼が鋭くなります。「あゆみノート」は子どものための記録です。自分たちが愛された証として、卒業アルバムにして渡しています。

あゆみノート（発達プログラム・児童票）

名前　　2才6 ヶ月　　ちゅうりっぷ　組
平成23年6月　　記録者

	次への課題と配慮	子どもの思い（評価・反省）
生活 食事 睡眠 排泄 健康 安全	・色々な食材や料理にふれ、家族とやりとりをしながら、楽しく食事が食べられるようにする。 ・引き続き安定した生活のリズムを心がけ、午睡で十分な休息が取れるようにする。 ・尿意や便意を感じ、トイレに意欲的に行けるようにする。 ・汗をかきやすい時期なので、スキンケアに心がけ、快適に過ごせるようにする。 ・身支度や身の回りのことなど家族に手伝ってもらいながら、自分でできることをふやしていく。	・毎日いとこ達とにぎやかな食卓で年上の子の真似をしながら張り切って食べていました。でもいつも食べる食材も上の子が「嫌い!」と言うと「ゆきちゃんも」と食べなくなる事も💦 ・午睡のタイミングを逃し、夕方倒れる様に寝ている事もありました。 ・おまるでおしっこが出来る様になりました! うんちはオムツでやりたいらしく自分でパンツ→オムツに着がえてしていました。
あそび 人間関係 居場所 繋がり 貢献 言葉 表現 運動	・第3子の出産から不安な気持ちも出てくるが、沖縄の祖父母や家族に思いを受けとめてもらいながら安心感をもってすごせるようにする。 ・水遊びなど、夏ならではの遊びを、のびのびと楽しみ開放感を味わえるようにする。 ・好きな歌や絵本など家族と一緒に楽しみながら、心地よい時間を過ごせるようにする。 ・自分の思いを言葉で表現することを喜び、沢山おしゃべりを楽しんでいく。	・妹が生まれてから「赤ちゃ〜ん♡」と呼びかけたり、泣いていたら「赤ちゃん泣いてる! 泣いてる!」と焦って母を呼びに来たり「お姉ちゃん」やっていました。 ・家プールでの水遊びや、夜の花火等様々な遊びをしました。以前は火を触るなど持たす事ができなかった花火も1人で持って楽しめる様になった。 ・近い歳のいとこ達に刺激を受けてボキャブラリーがすごく増えました。大人に対するダメ出しも増えました💦

保護者と子どもの関わり。
家庭での子どもの発見、楽しかったこと、困ったこと、嬉しかったこと、驚き、要望等

6月1日に妹（　）が生まれました。
妹の誕生と同時に1週間近く母と離れて生活するという由紀子にとっては人生初の試練が目白押しな6月でした。
母が入院中は大きなトラブルもなく、実家で祖父母、叔父、叔母、いとこ達やお兄ちゃんとお利口に過ごせた様です。ただ、母に気をつかったのかいつもべったりな叔母には一度も近づかなかった様です。
妹が家にきてからは、「赤ちゃ〜ん♡」とよく呼びかけていました。「まりこちゃんだよ」と教えても、しばらく「赤ちゃ〜ん♡」と呼んでいました。「頭は触らないでね。おててはいいよ。」と赤ちゃんとの接し方を教えるとちゃんと守り、他の子にも「頭はダメだよ〜」と教えていました。

「抱っこさせて〜」とよく抱っこしたがり、させると緊張して固まっていましたが、赤ちゃんは大事に扱うと言う事をすごく良く理解していました。

クレームをゼロにしたすごさ

島本先生から、「あゆみノートを定期的に保護者に渡すことで信頼関係が深まり、クレームがなくなった」と聞いた時はその効果に感心しました。子どもが丁寧に保育されていることを保護者に伝えることの大切さを非常に実感させられた取り組みです。

ブログ❶ 学校法人白井学園 南横須賀幼稚園 長澤英子副園長

ほどよい距離感がいいと評判です

　当園では、園のことを理解していただくための情報発信をとても重要ととらえ、4年ほど前からブログをスタートしました。とはいえ、特別に担当の職員がいるわけではなく、他の業務と同じように10日に一度程度、毎日当番制で実施しています。バス通園が多い地域（当園は現在96％がバス通園）であることや働くお母さんの増加など、保護者と顔をあわせて話をする機会が減っていることから、閉鎖的になりがちな幼稚園という場所についてオープンに伝え、保護者と園の信頼を深めたいと考えました。

　当園は、製作を保育の軸としているのですが、保護者のなかにはそればかりをしていると勘違いされている方もおられることから、ブログでは「もっといろいろな保育の部分や子どもたちができる姿を知ってほしい」と思って発信しています。またブログは、園を知ってもらうという意味で、在園児の親だけでなく、地域の未就園児の保護者へのPRでもあるととらえています。

　実際の更新作業は、当日の担当の職員が子どもの降園後に写真を選んで原稿を書き、上の職員がWチェックしてアップ。平均1時間くらいかけて更新しています。基本的に、子どもたちに関するプラスの内容で、絵文字などは多用しすぎないことと簡潔さを大事にしています。「○○がありました」といったような書き方ではなく、小さな仕草やエピソード、行事への過程、子どものつぶやきをなるべく載せるようにしています。ときどき、行事前などに、クラス担任以外の職員が別のクラスについて書くこともあります。担任とは違った視点での記事は新鮮で、相互理解が深まっていると感じています。

　子どもたちの写真の掲載については、保護者から年度始めに承諾書（①ブログやホームページ、②おたよりなどへの印刷物、③ポスターなど外部への発信の3種について）をいただいています。現在、ブログは特別にパスワードなども設定せずに運営していますが、特に苦情などは出ていません。

　ブログの更新も4年が経過し、職員もずいぶん慣れていきました。おかげさまで保護者からは、堅苦しすぎず、近すぎず、ほどよい距離感だと好評です。

親近感がわく 生の声

ブログのよさは、リアルタイムの発信と親近感です。この園のブログは、保育者による親世代の感覚に近い生の声の発信で、非常に親しみを感じます。おたよりだと、ついつい堅い雰囲気になりがちですが、それを感じさせないのがよいですね。

ブログ❷ 社会福祉法人 光と風のむら ゆうゆうのもり幼保園 宮本雄太先生

普段の子どもたちの姿を知りたいという保護者の声に応えて

私たちの園では、「特別な行事ではない、もっと日々の保育の様子を知る機会がほしい」という声をたくさんいただいたことから、ブログを立ち上げることになりました。まず、1年間のテスト期間を設け、2010年6月、本格的スタートしました。

運営は、以前から園のサイトを担当する「ホームページ委員会」が主体となっています。構成は、IT関連に詳しい保護者6名と職員2名です。私はクラス担任を持たないフリーの立場なので、いつもカメラを持ち歩き、いろいろなクラスに入りながらブログに使う写真を撮影しています。子どもたちの何気ない表情、一人のつぶやきから広がっていく遊びの瞬間など、シャッターチャンスをねらっていますが、子どもたちの輪に入り、ともに遊びながら撮影することもしばしばです。

インターネットでの発信という意味では園のホームページもあります。こちらは誰でも閲覧が可能ですし、記事も行事を中心にアップしているので、写真は個人が特定されない、全体の雰囲気が伝わるようなものを選んでいます。

一方、ブログは二重のパスワード管理をしています。子どもたちの生き生きした表情も伝えたいので、顔に寄って撮影するなど、写真の撮り方は異なります。

更新は、基本的に週1回です。自分が取材した子どもたちの話や撮影した写真だけでなく、他の先生たちから写真を借りたり話を聞いたりしながら、それらをまとめる形で記事を作成し、アップしています。

保護者からの反響は非常に大きく、とても喜んでいただいています。ブログと聞くとハードルが高いイメージがあるかもしれませんが、やってみると意外と難しくなく、月1回のおたよりよりも身近に園のことが伝えられる大きな手段になりました。自宅や職場などからアクセスできますので、特に働いている保護者やお迎えに来られない保護者に園全体のことを知ってもらうには、とても有効だと感じています。

クラスだよりとは別の視点が◎

フリーの立場の先生が、その目線で写真を撮り、発信をするというのがおもしろいですね。クラスだよりとは別のこのような発信があることで、保護者は様々な視点から子どもの姿を理解できます。担任からの取材記事があるのも素敵ですね。

イシグロフミカの簡単イラスト講座

② ヘアアレンジで描き分けよう！

さらにいろいろな髪型を紹介しますので、たくさん描いてみてください。
さまざまな表情と組み合わせると楽しいですよ。

・いろんな女の子を描いてみよう！

上の方に
小さく2つ描くと
かわいい！

おだんご

顔の中に
四角を描く
ように。

おかっぱ

大きなアクセサリーでかわいく！

・いろんな男の子を描いてみよう！

前髪を少し
へこませると
上品なかんじに。

おぼっちゃま

だいたんな
ギザギザで
元気な男の子。

ギザギザカット

帽子をかぶると元気さアップ！

・いろんな保育者を描いてみよう！

保育者は
まとめ髪がポイント！

エプロンと名札を
つければバッチリ！

モコモコ

ポニーテール

ツインテール

アレンジいろいろ

表情も髪型もアレンジは自由自在！自分そっくりのキャラクターを
作るといろいろな場面で使えて便利ですよ！活用してみてください♪

P106へGO！

6

写真を生かした発信
2つの事例

パソコンやデジタルカメラなどの普及にともない、写真を活用した掲示で、
よりわかりやすく日々の保育の様子や子どもの姿を発信する園が増えています。
実際に取り組む2園を紹介します。

写真を生かした発信・事例❶

子どもの今を伝え気持ちを代弁する「ボード・フォリオ」づくり

和光保育園 千葉県富津市

約30年前、保育者主導型の一斉保育から、時間帯で区切らず子どものやりたい気持ちを優先する保育へ一変した和光保育園。保育の方法だけでなく、親への発信方法も見直し、1枚の紙にその日の様子を文章で書き、掲示する「連絡ボード」を25年間続けてきました。そして近年、「ボード・フォリオ」と名付けた写真と解説を加えた壁新聞の掲示をスタート。そこにある思いと作成の過程を取材しました。

1
取材にうかがったのは、月に一度の「自宅弁当の日」。お弁当を持って、近くの山までハイキングです。本日、ボード・フォリオの作成を担当する鈴木先生は、カメラを持ち、出発前の様子を撮影しながら、子どもたちに接します。

いってきまーす！

2
行く途中、道路の脇の溝に何かを発見。興味津々な子どもたちの姿を写真に収めます。会話やつぶやきも忘れないようにメモする鈴木先生。

3
無事、近くの山に到着。草の生えた坂を繰り返し滑る楽しそうな子どもたちをパチリ。

みつけたよ！

5 いっぱい遊んだら、お楽しみのお弁当タイム。
「みんな、おいしそうだね！」

いただきまーす♪

4 「おしり、よごれちゃったー」
ズボンを見せ合って笑う子どもたち。

6 午睡の時間に作業開始。パソコンに写真データを取り込み、セレクトしたらプリント開始。

zzzzz・・・

7 切り抜いて、台紙となる大きな紙に写真を次々と貼り付けます。

8 メモを手がかりに、状況を思い出しながらコメントを書きこみます。

9 部屋に掲示して終了。「今日の子どもたちの様子が伝わりますように」

完成!!

10 お迎え時になると、子どもたちが保護者とボード・フォリオのところへ行く姿が。
「おばあちゃん、わたし、ここだよ」「ほんとだ。うつってるね」

私たちが「ボード・フォリオ」に取り組む理由

鈴木眞廣 園長

約30年前、卒園文集のために保護者に原稿をお願いすると、出てくる内容は親子で参加した遠足や運動会といった行事のことばかり。普段、子どもたちがどのように過ごしているかについて知ってもらえていないことを大きな問題と感じました。当たり前の日々の中にある子どもの思いや学び、成長過程を伝えたい、というのが、ボード・フォリオに取り組んだきっかけです。

その前にまず、行事のお知らせや報告に終始していた園だよりを変えました。内容を日ごろの子どもたちの姿を伝えるものにしたのです。月に一度、B5サイズで平均12枚ものものを配布しているのですが、全クラスのおたよりも入れることで、わが子の成長を懐かしく振り返ったり、今後の見通しを立ててもらいたいと考えています。おたよりはすべて手書き。でも、文字ばかりでは読みづらいので、園庭での子どもたちの様子を示したイラストマップをつけるなどの工夫をしています。

月に1度だけではなく、日々の様子をリアルタイムで伝えたいと25年前から始めたのが「連絡ボード」です。これはB4・1枚の用紙にその日のクラスについて文章で書き、掲示するもので、毎日のお迎え時に保護者に読んでもらっています。

そして、文字だけでなく、写真があったほうがより具体的に、わかりやすいということで始めたのが「ボード・フォリオ」です。ニュージーランドで行われている「ポートフォリオ」(ポートは港という意、自分に立ち返る記録)をもじって名付けました。写真という「子どもの今」をとらえた素材を使ったことで、ストーリー仕立てで具体的に子どもたちの様子を紹介できるようになりました。解説の文章は「○○した」といったものではなく、子どもたちの気持ちを代弁して書くように心がけています。

写真が入ったことで、ボード・フォリオを見た子どもたちがその事柄について語るストーリー・テラーをするようになりました。これは予想していなかった効果です。保護者や保育者だけでなく、子どもたちとも一緒に園生活について分かち合えることに新たな可能性を感じています。

またわが園は、クラス担任はいるものの、

鈴木眞廣 園長

これまで作ったボード・フォリオは大切に保管（左）。教室にもたくさんのボード・フォリオが掲示されています（右）。

基本的に子どもの思いに任せて過ごし、全職員で全クラスを保育しているため、他のクラスの様子を保育者同士で把握するのにも役に立っています。

　現代の保護者たちは、地域社会との関係性が弱く、仕事も多忙で、時間がありません。

ともに、どれだけ子どもに丁寧に向き合い、寄り添って育てる関係・環境をつくることができるかが課題です。

　子どもの成長を結果のみではからず、その子自身がどうやって様々なことをやってきたのか、一生懸命に取り組んでいたのかがボード・フォリオを通じて理解していただけたらと思っています。保育者も親も「子どもと気持ちが響き合える、そして響き返すことができる大人」に一緒に育っていけるよう、これからも取り組んでいきたいです。

2012.10.11 遠足
自分でできるとたのしいな♡うれしいな♡
～重たいリュックを背負って…～

今回、鈴木先生が作ったボード・フォリオ

毎日ワクワクしながら作っています！

鈴木香織先生

ボード・フォリオのおかげで、保育をしながら写真を撮影するのが当たり前となりました。子どもたちの学びの様子やおもしろがっている表情、仲間と過ごしているからこその姿など、一瞬の場面を切り取り、自分が伝えられる喜びにワクワクしながら、いつもカメラを携えています。

　大きさやレイアウトは、内容によって変わりますが、写真4枚ほどのシンプルなものなら、30分くらいで完成。掲示の回数は決まっておらず、「保護者に伝えたい」というトピックがあれば作成しています。即時性を重視して、撮影した当日に張り出すこともあれば、後日、状況をまとめて書く場合もあります。

　やり始めた当初は、パソコンなどの作業が慣れなくて大変でしたが、保護者が見たくても見られない子どもたちの姿を、ボード・フォリオを通じて発信できることに楽しさを感じます。保護者と会話が弾むきっかけにもなりますし、親子や子ども同士でボード・フォリオを見ながら話している姿を見るのも嬉しいです。

ライブ感あふれる子どもの姿

大きな用紙に写真を貼り付け、先生がマジックで自由に書き込む様子も含めてライブ感があります。まさにリアルタイムの発信ですね。しかも、先生たちがワクワクしながら書いている雰囲気が手書きの文字を通して伝わります。こんな発信が毎日あれば、保護者も子どもも職員も、子どもの話題で盛り上がりますね。

写真を生かした発信・事例❷

保護者・子ども・保育者 みんなの対話ツールとなる「ドキュメンテーション」

仁慈保幼園 鳥取県米子市

子どもたちのやりたいという思いや興味を大切にした保育を実践するため「対話」を重視している仁慈保幼園では、保護者に日常の保育の様子を伝える方法として、その日の状況を写真と文章でつづる「ドキュメンテーション」を10年前から開始しました。保護者がわが子の活動を視覚的に理解できることで子どもや職員との「対話」が増え、保育者・子ども・親たちがよりコミュニケートし合えることを目指しています。

1
3歳児以上は、毎日、異年齢でのグループで過ごします。取材したのは、キウイグループ。一斉保育ではなく、子どもたちそれぞれの興味を生かした「プロジェクト型保育」を実施しているため、毎朝夕、子どもたちが互いの様子を報告し合います。

2
冬野菜栽培に向けての畑の手入れ、なでしこジャパン風のユニフォームづくり、ドラム演奏用の衣装づくり…。今日の活動予定を確認したら、各自がやりたいことをさっそくスタート！

3
「ヨイショ、ヨイショ！」。園庭では、土を耕したり、小石を取り除いたりと畑の手入れをする子どもたちの様子を見ながら、今日のドキュメンテーション作成を担当する松尾先生がシャッターを切っています。

4
昼休みの職員室では、3台のパソコンがフル稼働。各グループの先生たちが写真を選び、文章を書いて、ドキュメンテーションを作成しています。

5
約1時間で原稿完成。内容についてチェックを受けます。

完成!!

7 夕方、お迎えに来た保護者とドキュメンテーションを見ながら、今日の活動について報告。保護者も子どももとっても楽しそうです。

6 OK がでたらプリントし、破れないようにラミネートコーティングをして、貼り出します。

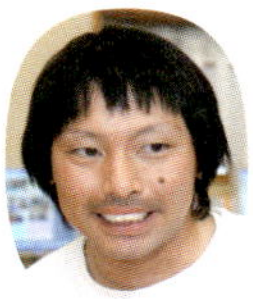

保護者との会話が格段に増えました

松尾賢先生

毎日、同じグループを受け持つ先生と内容を相談・確認しながらドキュメンテーションづくりをしています。できるだけ小さな活動にも意識を向け、子どもたちのつぶやきにも焦点を当てるよう心掛けています。

うちの子どもたちにとって、カメラが側にあることは日常。特別に意識するようなことはありませんから、写真の子どもたちは、いつも自然な表情や姿です。そのような写真をまじえて子どもたちの様子を伝えることは、文章や会話など言葉だけの報告よりも、保護者の反応が非常に良く、以前に比べて話しかけられる回数が、格段に増えました。ですから、視覚的に保育を伝えているか否かの差は、とても大きい気がしています。

私たち保育者にとって、保育記録となるドキュメンテーションは重要なもの。これまでの振り返りや次の活動展開を予想するのにも役立っていると実感しています。

畑の土作り

苦土石灰を入れる準備

2012. 9. 20（木）

冬野菜作りに向けて、準備を進めています。火曜日に、土を耕してみると土の中から、雑草の根や小石などがたくさん出てきて、集まりの時間に[redacted]君が「土が軟らかくなっても、硬い小石があったり、根っこが混ざっていたら土の中で、種を植えても、当たって大きくならないと思う」と意見が出て、外遊びの時間に「畑の小石や、根っこを集めたい」と言って、小石や根っこを拾うことにしました。夏野菜を育てた時のことも思いだし「土を耕したら、苦土石灰を入れて混ぜて、栄養のある土にしよう」と集まりの時間に確認もしました。関心のある子が畑に集まってきて、畑の土を耕したり、小石や根っこを集めて、畑の土作りの準備が進んでいます。

根や小石が集まったよ

土が柔らかくなったよ

なでしこジャパンの選手ユニホームを作りたい

ドラム遊びの興味から ドラムの衣装を作りたい

クィーンの曲でドラム遊び

ドラムの衣装を作りたい

背番号や日本のマークを付けたよ

[redacted]ちゃんと[redacted]ちゃんは「なでしこジャパン」のユニホーム作りの続きをしています。「背番号を絵の具で描きたい」「日本のマークを付けて、取れないように縫いたい」と言って、絵の具を使って自分の好きな数字を描いたり、裁縫をしながら怪我をしないように慎重に針と糸を使って、少しずつ日本のマークを縫い合わせていました。「完成したら、ユニホームを着てサッカーをしてみたい」と言って2人は張り切っています。

[redacted]君は、朝、バチを使ってドラム遊びを楽しんでいて「仁慈フェスタで、ドラムの人になって入場行進をしたい」と言って、ドラムに関心のある[redacted]ちゃんと一緒にデザインの絵を描いてさっそく帽子を画用紙で作り始めています。「ベルトを付けて、ドラムを叩きながら歩きたい」と言って、面白いアイデアも出ています。紹介もしてくれて、他のお友達も衣装作りに興味が出始めています。

取材時、松尾先生が作ったドキュメンテーション

「過程の存在」である子どもたちの姿を伝えたい

妹尾《せのお》正教《まさのり》 園長先生

子育ては本来、地域の営みのなかにあるはず。園を町から切り離された異空間ではなく、オープンな場所にしたい――。11年前、私が園長になったとき、まず、保護者にもっと子どものことや園について理解を深めてもらわなければと思いました。

連絡帳は、親とのマンツーマンのツールですし、文章のみの情報には限りがある。懇談会だけではやりとりが足りない。そこで、保育記録を公開しようと考え、ドキュメンテーションが生まれました。基本的に、3歳児以上の様子は、毎日掲示しています。

ドキュメンテーションを通じて、子どもの様子がよくわかるので、親子に対話が生まれます。また、職員との交流も増え、普段から園の活動にも参加してもらいやすくなりました。加えて、わが子だけでなく他の子の様子もわかることで親同士のつながりができ、コミュニティの形成にもつながっています。

最初は何をドキュメンテーションに載せればよいかわからなかった職員も、作成が習慣づくと、自身の保育を掘り下げ、発信すべきポイントがイメージできるようになってきました。ドキュメンテーションを作るには、子どもをちゃんととらえていないとできませんので、職員の資質もアップしました。

内容は、同じ取り組みでの数日の流れなど、過程に重きを置いています。失敗でも、試行錯誤でも、そこに保育の重要な部分があります。子ども自身が「過程の存在」ですから、結果ではなく、学んでいるその過程を取り上げることに大きな意味があると考えています。

作成は手際よく、保育記録も兼ねて

一見すると、こんなすごいドキュメンテーションを毎日掲示するなんて、どれほど大変なことだろうと思うかもしれません。しかし、作成の現場をのぞくと、そうでもないようですね。パソコンを使い、写真をフォーマットに貼り付け、エピソードを書いて…。非常に手際よく作っています。単なる発信ではなく、保育記録としても機能している点にも注目です。

妹尾正教 園長

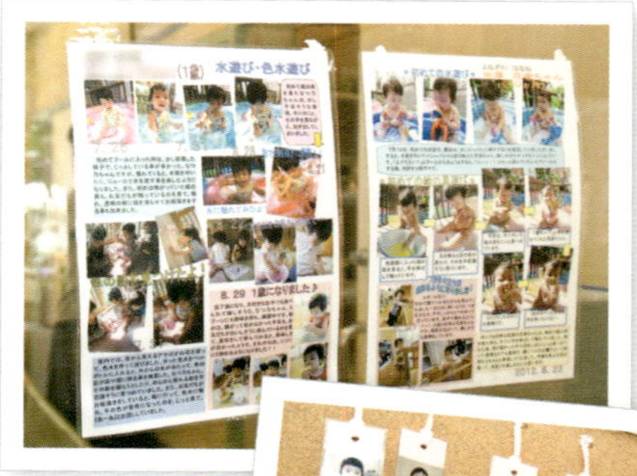

園舎内では、ドキュメンテーションの貼り出しだけでなく、マーク代わりに写真がふんだんに使われています。文字が読めない子どもでも、自分のものだとわかります。

ドキュメンテーションはファイルにして部屋の前に置いてあるので、いつでも振り返って見ることができます。

7

イラスト講座＆コピーして使える おたより用カット集

イラストレーターのイシグロフミカさんの簡単イラスト講座の応用編と
付録CD-ROMにも収録されている秋山純子さんによる季節のカット集です。
どちらもおたよりをより素敵にするために、ぜひ活用してください。

イシグロフミカの簡単イラスト講座

かわいいアイテムをどんどん描こう！

ここからは、描けると便利なアイテムをどんどん紹介します。

ほにゅうビン　ぷっくりした飲み口がポイント！

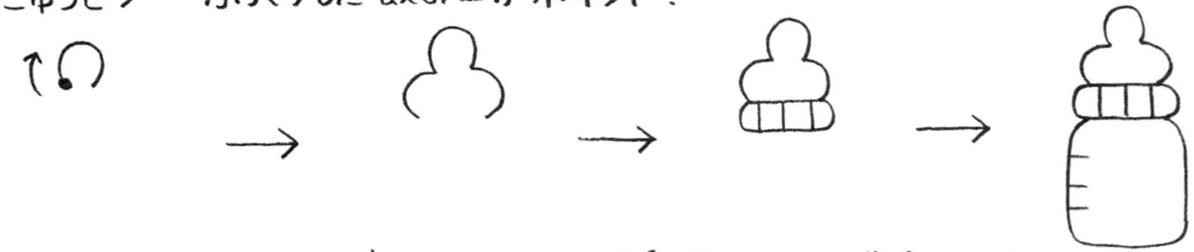

ガラガラ　耳の形を変えるといろいろな動物にアレンジできます！

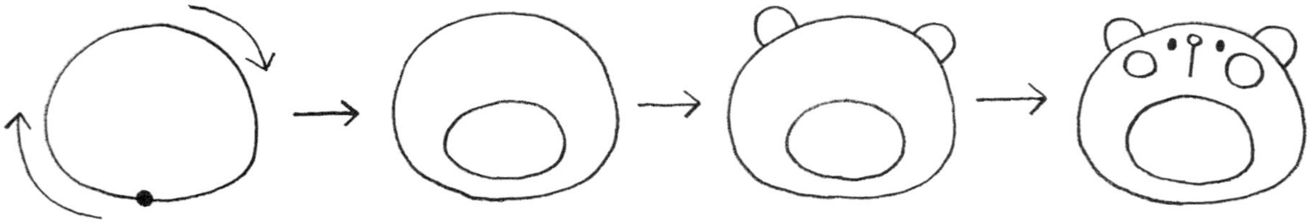

おむつ　下がふくらんだ半円を描くのがコツ！

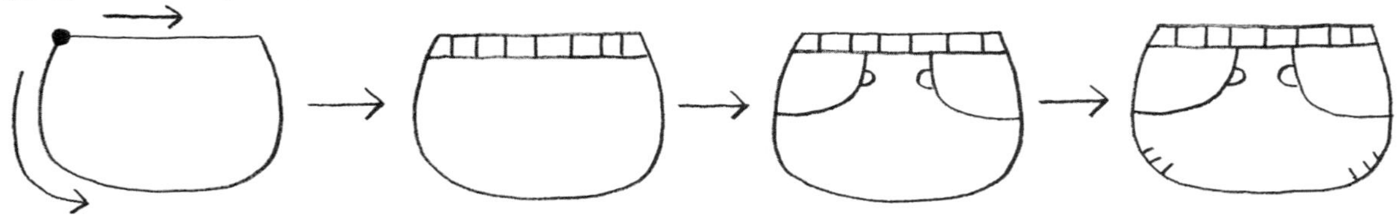

園ぼうし　最後のステップを省けば普通の帽子にも！

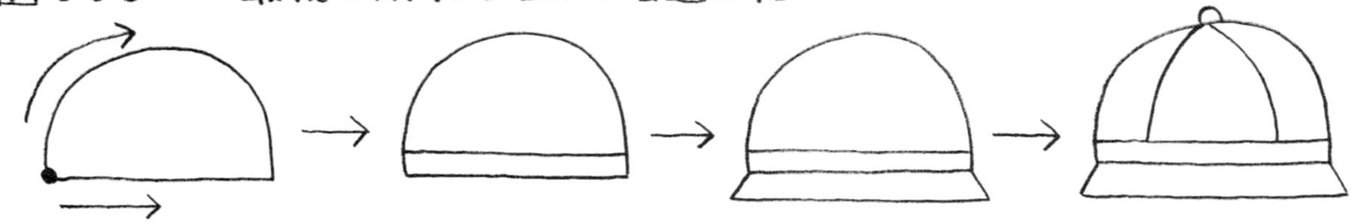

ハンカチ　ワンポイントの柄をいろいろアレンジすると楽しい！

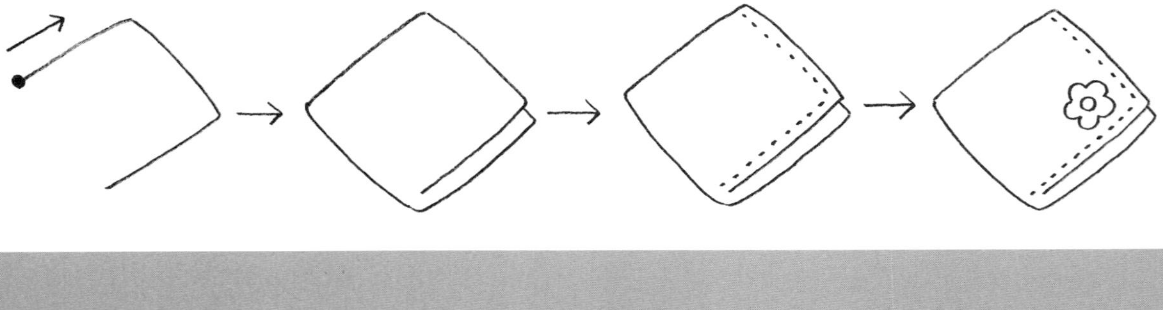

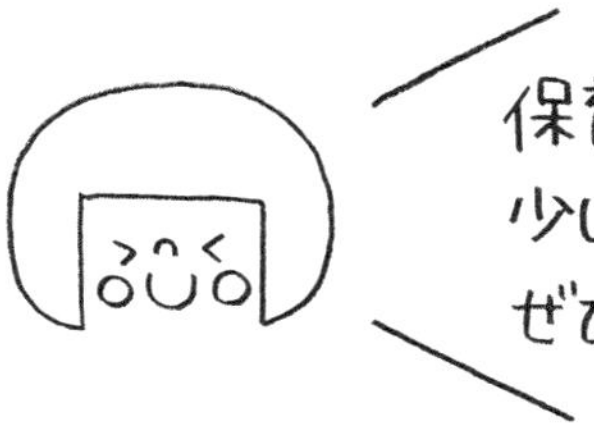

保育に役立つイラストを集めてみました。
少しアレンジしたり、色をぬったりすればさらにかわいくなります！
ぜひいろいろな場面で使ってみてください。

スプーン　まるをタテ長に描くと少し大人っぽい雰囲気に！

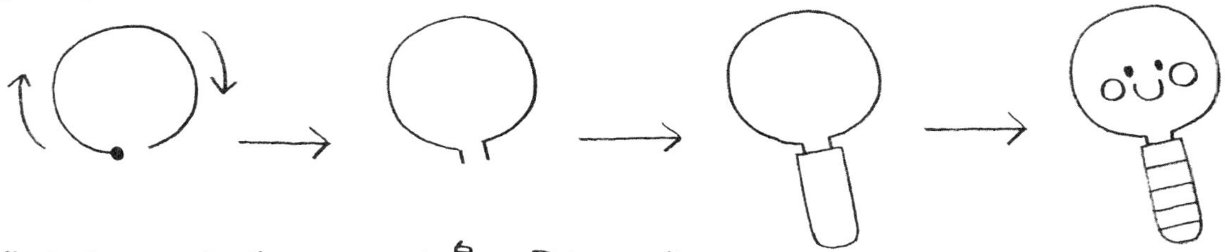

じょうろ　水が出るところを鼻に見立てて横顔を描いてみましょう！

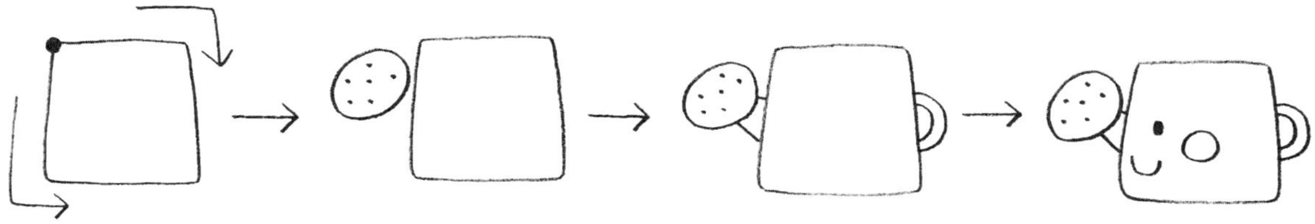

チューリップ　まんまるの葉っぱがポイント！

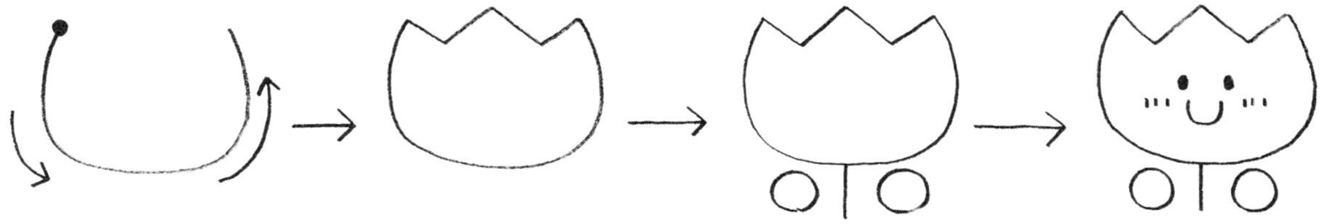

スモック　柄やワンポイントイラストを描いてもかわいくなります！

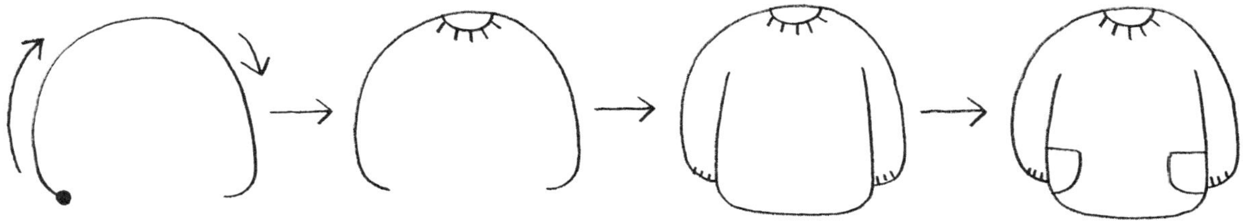

ピアニカ　表情をつけるとかわいさアップ！まわりに音符をちらしてもいいですね！

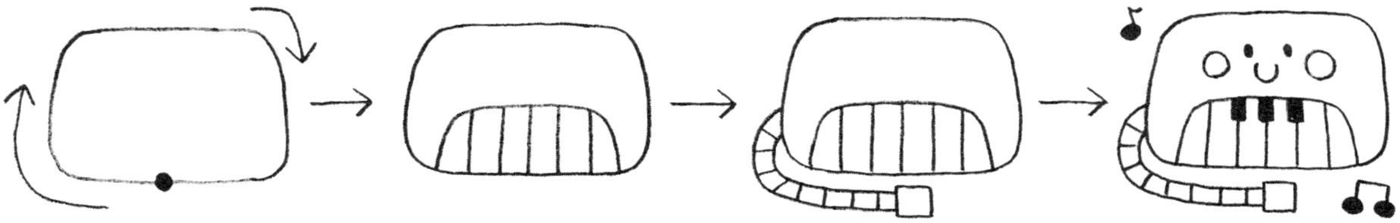

イシグロフミカの簡単イラスト講座

カンタン飾りラインを描こう！

おたよりのすき間をかわいくうめてくれるお役立ちイラスト！
手描きなら自分の好きな大きさ、長さに調整できて使いやすいですよ。

3種のまるを並べるだけでOK！

まるとr線だけでお花みたいに

しずくに顔や模様を描いても

ちょうちょをランダムに並べて

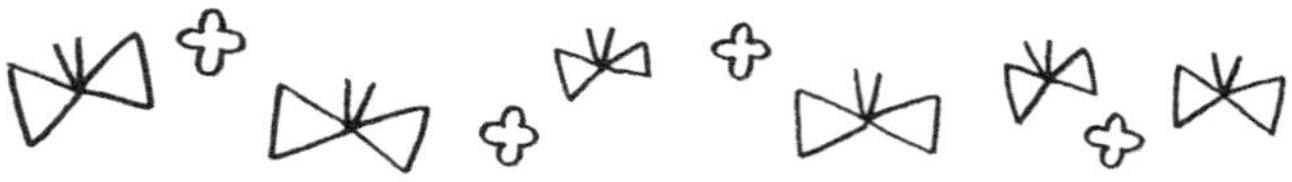

バケツにいろんな表情をつけてみよう！

スペースに合わせてモコモコの線を組み合わせて描けばOK！

Lesson5で描いたイラストを並べてもとってもかわいいラインができますよ♪

イシグロフミカの簡単イラスト講座

文字とイラストを組み合わせて

文字をイラストと組み合わせればとっても華やかになって目立ちます。
まずはなぞって練習してコツをつかんでください。

スプーンを忘れてほしくない時はスプーンにしゃべらせちゃいましょう！

キャラクターに紙を持たせて目立たせましょう！他の動物に変えてもOK！

目をふせて、手を前にするとおじぎをしているように見えます。

スペースに合わせてお花や葉っぱの数を調整しましょう。文字も黒まるでひと工夫！

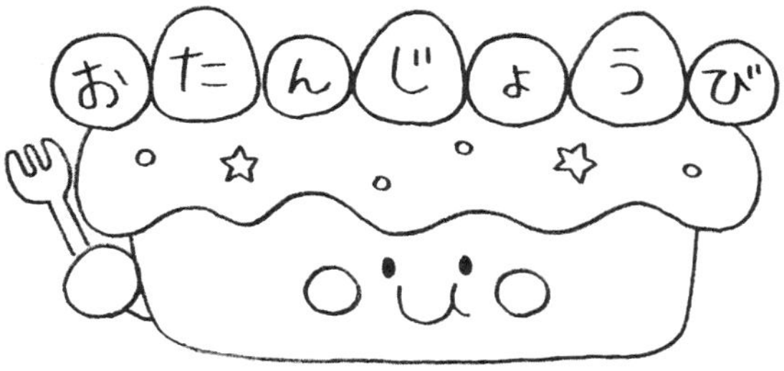

ケーキの上のフルーツから描くとバランスよく描けます。トッピングで華やかさアップ！

簡単イラスト講座は終了です。
いかがでしたか？
私にはムリ！と思わず、まずはまる、三角、四角など、簡単な形からチャレンジしてみてください。
このコーナーが少しでも毎日の保育の役に立ちますように。

もっと描きたい！と思われた方はぜひ私のホームページにアクセスしてください。

http://funyani.com

ワークショップもやっています！
いっしょにお絵描きしませんか？

イシグロフミカ

SPRING
春
金

夏 SUMMER

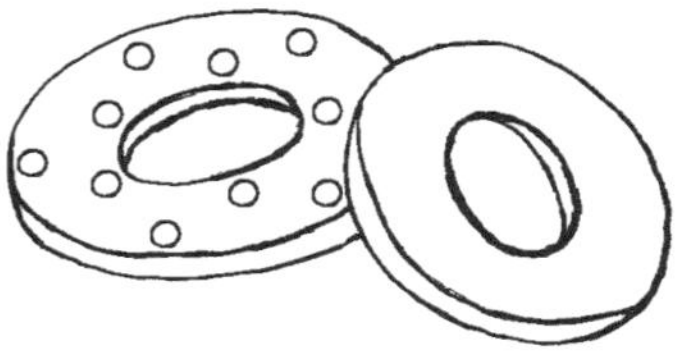

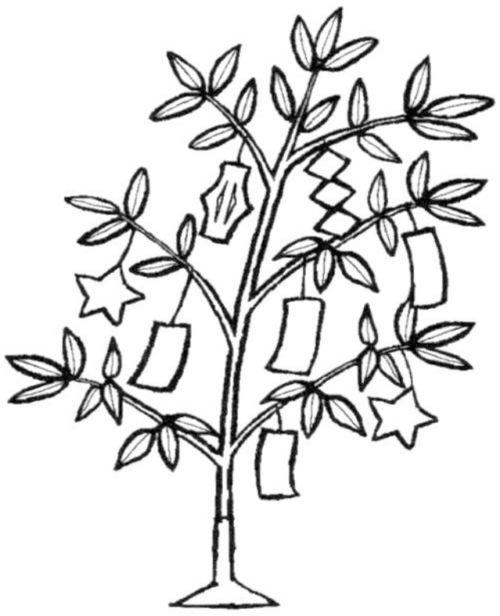

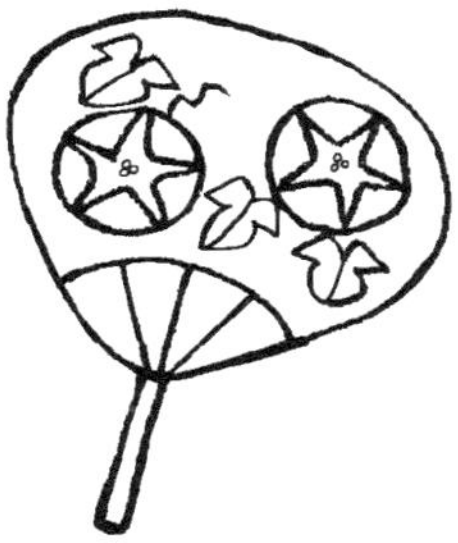

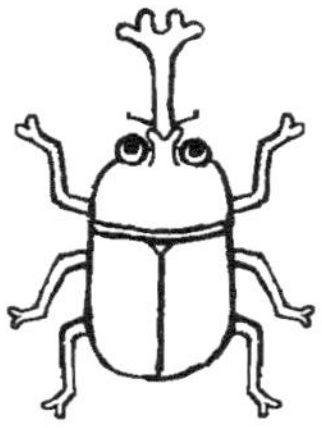

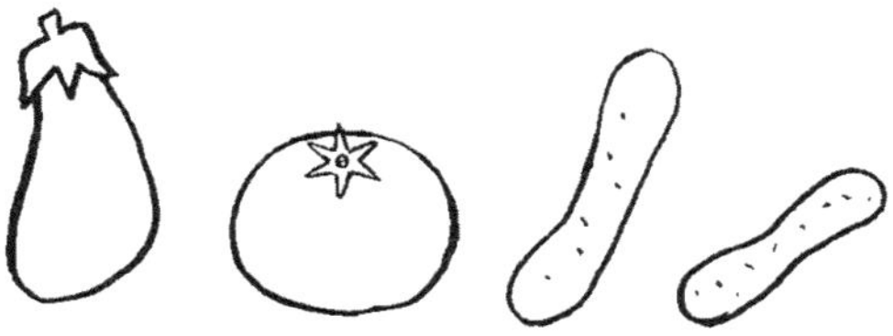

秋 AUTUMN

冬 WINTER

おわりに――保護者を園のファンにするために

保育者のみなさんが日々、子どもと懸命に向き合い、行っている保育という営みは、子どものその後の成長に大きな影響を与える、重要な根っこを作る作業です。しかし、その大切さや専門性については、保護者や社会に伝わりにくい性質があります。なぜなら、保育が単純な○×を付けるようなものではなく、子どもの心持ちや、意欲、態度など、目には見えにくいものを大事にしているからです。

しかし、それらについて、上手に「見える化」(可視化)する工夫を施し、保護者に発信している園を見てみると、保護者が園の理解者となり、協力者(ファン)になっていることがわかってきました。この本に載っている13園は、すべてそうです。どの園も、子どもの遊びや主体的な活動を非常に大事にし、保護者(親)がその保育の意義をきちんと理解しておられます。

園が保護者に向けて、日々の保育をわかりやすく発信する重要性について繰り返し述べてきましたが、大切なのは、もちろん発信だけではありません。保育参加、サークル活動、おしゃべり会、おやじの会など、保護者が園の活動などに参加する機会を積極的に設けることも同じくらい重要です。保護者は保育に巻き込まれることによって、園の理解者・協力者に変身していきます。

今後、保育のサービス化が進む一方で、園と保護者との温かな関係性が、子どもたちのため、質の良い保育をするうえで核となることは間違いありません。毎日、お忙しいとは思いますが、ぜひ、保護者に向けて「保育が見える化した発信」と保護者を「保育に巻き込む機会の充実」に取り組んでいただきたいと思います。

最後になりましたが、本書の作成にご協力いただいた13園のみなさまに厚く感謝申し上げます。

2013年2月　大豆生田　啓友

付録CD-ROM おたよりカット＆フォーマットの使い方

巻末のCD-ROMには、カットとフォーマットが収録されています。

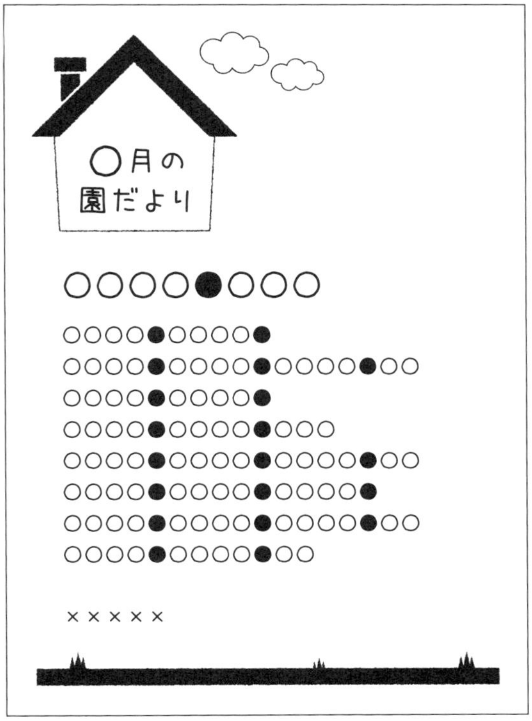

✻おたよりカット

データ形式：PNG

110 ～ 117 ページに掲載されているイラストと同じ内容です。４つのフォルダ（spring / summer / autumn / winter）に分かれて、イラストが収録されています。一覧からイラストを選び、ドラッグ＆ドロップしてデスクトップ上などにコピーできます。

✻フォーマット

データ形式：PDF

2つのフォルダ（A4サイズ、B4サイズ）にそれぞれ５種類のフォーマットが収録されています。そのままプリントしてお使いください。（文字などのデータを直接書きこむことはできません）

★ご使用にあたっての注意……付録CD-ROMを開封された場合、以下の事項に合意いただけたものとします。

◎動作環境

・Microsoft Windows XP 以降、または Mac OSX 以降。
・CD-ROM ドライブ必須。
・推奨ワープロソフト: Word98 以降、または一太郎 Ver.5 以降（本製品にはワープロソフトは付属しておりません）。
・メモリ 512MB 以上を搭載したパソコンを推奨。
・この CD-ROM を音楽用 CD プレーヤー等に使用しますと、機器に故障が発生する恐れがあります。パソコン用機器以外には入れないでください。
・CD-ROM データ、あるいはプログラムによって引き起こされた問題や損失に対しては、弊社はいかなる補償もいたしません。本製品の製造上での欠陥につきましてはお取替えしますが、それ以外の要求には応じられません。
・お使いになる機器によっては、正しく動作しない可能性があります。

◎著作権に関して

本書付属の CD-ROM に収録されているすべてのデータの著作権および許諾権は、株式会社赤ちゃんとママ社に帰属します。
園内での使用、児童・保護者向け配布物に使用する目的であれば、自由にお使いいただけます。それ以外の目的やインターネットなどへの使用はできません。

＊Microsoft Windows は、マイクロソフト社の登録商標です。
＊Mac は、アップルコンピュータ社の登録商標です。
＊その他記載されている製品名は各社の登録商標です。

◎収録フォーマット一覧

A4 おたよりフォーマット

A4 おたよりフォーマット

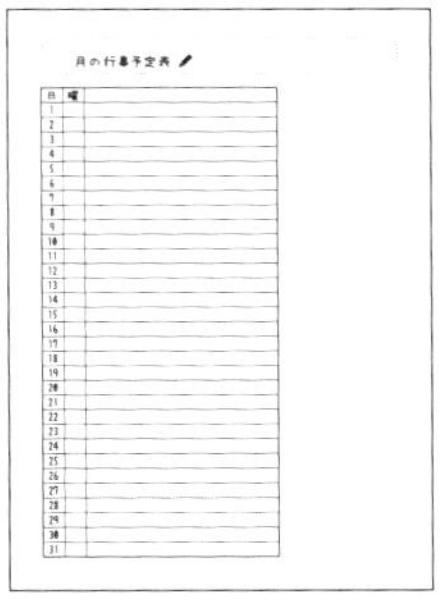
A4 行事予定表

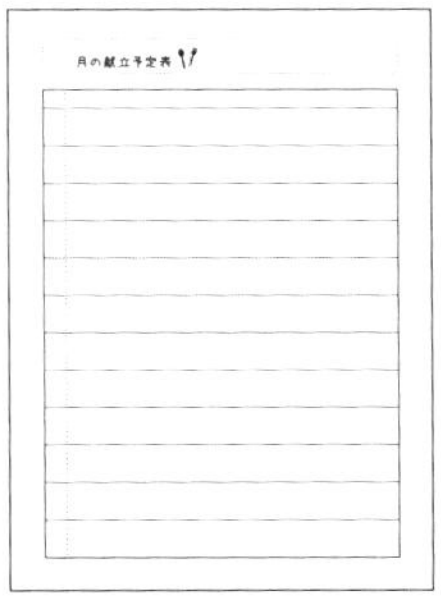
A4 献立予定表

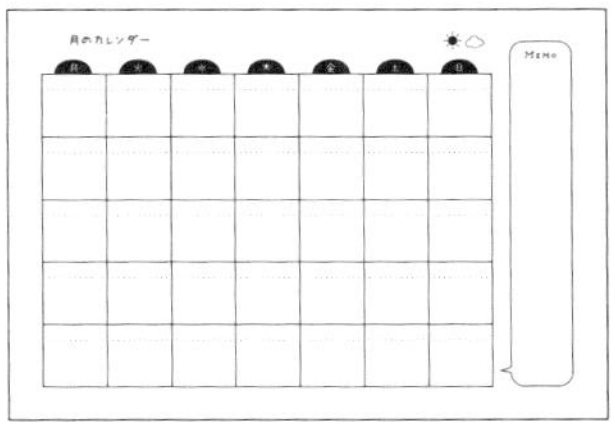
A4／B4 カレンダー

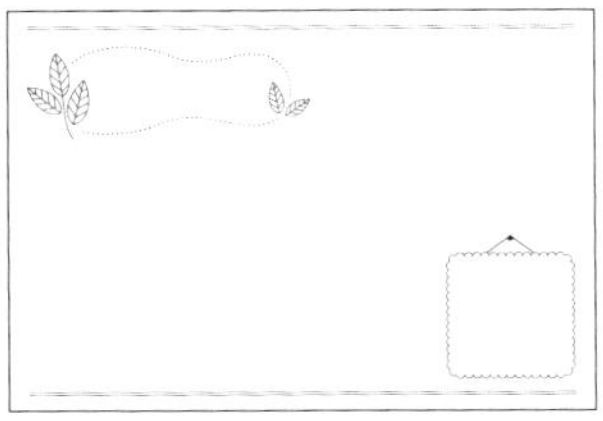
B4 おたよりフォーマット

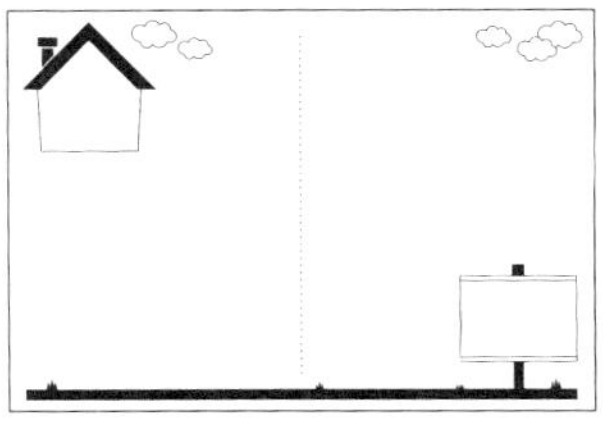
B4 おたよりフォーマット

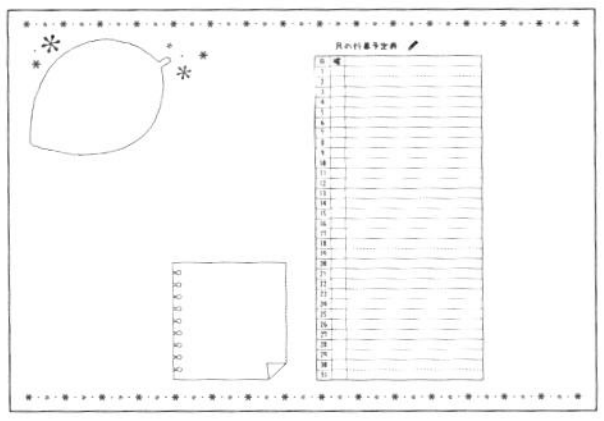
B4 行事予定表

B4 献立予定表

大豆生田啓友（おおまめうだ・ひろとも）

玉川大学教育学部教授。1965年栃木県生まれ。専門は、乳幼児教育学・保育学・子育て支援。青山学院大学大学院文学研究科教育学専攻修了後、青山学院幼稚園教諭を経て現職。子どもと保育総合研究所研究員、日本保育学会理事、NPO法人「びーのびーの」理事・アドバイザーも務める。3児の父親。テレビ出演のほか、講演活動など幅広く活躍中。著書に、『マメ先生が伝える　幸せ子育てのコツ』（赤ちゃんとママ社）ほか多数。

◎ご協力いただいた園（五十音順）

育和幼稚園（神奈川県横浜市）
港北幼稚園（神奈川県横浜市）
仁慈保幼園（鳥取県米子市）
中野どんぐり保育園（神奈川県横浜市）
中野幼稚園（神奈川県横浜市）
バオバブ保育園・バオバブ保育園ちいさな家（東京都多摩市）
八王子市立長房西保育園（東京都八王子市）
鳩の森愛の詩保育園（神奈川県横浜市）
ひかりの子幼稚園（神奈川県茅ケ崎市）
南横須賀幼稚園（神奈川県横須賀市）
めぐみの子幼稚園（神奈川県茅ケ崎市）
ゆうゆうのもり幼保園（神奈川県横浜市）
和光保育園（千葉県富津市）

保育が見えるおたよりづくりガイド
よりよい情報発信のために

発行：2013年3月15日　第1版第1刷発行
発行：2018年10月1日　第1版第3刷発行

著者：大豆生田啓友

発行人：小山朝史
発行所：株式会社　赤ちゃんとママ社
〒160-0003 東京都新宿区四谷本塩町14番1号
電話：03-5367-6592（販売）/03-5367-6595（編集）
URL：http://www.akamama.co.jp
振替：00160-8-43882

編集：伊藤邦恵
カバー・イラスト・カット集・CDイラスト：秋野純子
イラスト講座：イシグロフミカ
デザイン：井川祥子
撮影：神保誠
校閲：高田保子
印刷・製本：凸版印刷株式会社

ISBN 978-4-87014-079-0

日本音楽著作権協会（出）許諾第1301185-502号